Ralph Hartmann

Die glorreichen Sieger

Ralph Hartmann

Die glorreichen Sieger

Die Wende in Belgrad und
die wundersame Ehrenrettung
deutscher Angriffskrieger

Karl Dietz Verlag Berlin

Die Deutsche Bibliothek – CIP-Einheitsaufnahme

Hartmann, Ralph: Die glorreichen Sieger : die Wende in Belgrad und die wundersame Ehrenrettung deutscher Angriffskrieger /
Ralph Hartmann. – Berlin : Dietz, 2001

ISBN 3-320-02003-X

© Karl Dietz Verlag Berlin GmbH 2001
Umschlag: Trialon Berlin, Foto: Ullstein Bilderdienst
Typographie: Brigitte Bachmann
Satz: MediaService, Berlin
Druck und Bindearbeit: Wiener Verlag GmbH, Himberg
Printed in Austria

Inhalt

Vorwort von Hans Modrow   7

KAPITEL 1
Variationen eines Sieges   15
Die Wendesieger   15
„Die wenigen, die Stolzen, die Tapferen"   23
Der „Sieg" verflüchtigt sich   32

KAPITEL 2
Die kurzen Beine und der lange Atem der Lügen   44
„Nur was man erfindet, hat man exklusiv"   44
Stützpfeiler eines Lügengebäudes   56
Der Minister, die FAZ und die Amselfeldrede   66
Mit Vorsatz in den Krieg „geschlittert"   84

KAPITEL 3
Auf alte wird neue Schuld geladen   115
„Wohl dem, der frei von Schuld und Fehle"   115
Zerfall Jugoslawiens beschleunigt und besiegelt   121
„Jugoslawien im kleinen" in den Bürgerkrieg getrieben   124
Bestrafung eines ganzen Volkes initiiert und durchgesetzt   128
Militärischer Intervention den Weg bereitet   135
Innerstaatlichen Konflikt geschürt und internationalisiert   140
Beim Angriff in der ersten Staffel   152
Führungsrolle im „Dschungel von Chaos und Gewalt"   154

KAPITEL 4
**Mit zwei blutunterlaufenen blauen Augen
davongekommen** 162
Die NATO im Dilemma 162
UN-Resolution statt bedingungsloser Kapitulation 172
Blamable militärische Schlappe 175
Humanitäre Katastrophe herbeigebombt 180
Mißlungener Probelauf für neue NATO-Strategie 187

KAPITEL 5
**Der nachgeholte „Sieg" und der eingeplante
nächste Krieg** 205
Deutsche Revolutionshilfe 205
Die deutsche Bundeswehr auf der Überholspur 221

ANHANG 231
Chronologie des NATO-Krieges gegen Jugoslawien und
der nachfolgenden Entwicklung 233
Personenverzeichnis 253

Vorwort

Zwei Jahre sind seit dem Überfall der mächtigsten Militärallianz der Welt auf die Bundesrepublik Jugoslawien vergangen. Der völkerrechtswidrige Charakter des Angriffskrieges, der Bruch von Grundnormen des internationalen Rechts lagen von Anfang an offen zu Tage, die schrecklichen, alptraumartigen Folgen der 78tägigen Bombardierungen – die Ermordung von Tausenden unschuldiger Frauen, Männer und Kinder, die Zerstörung der Infrastruktur und ganzer Bereiche der Volkswirtschaft, eine Schädigung der Umwelt, wie sie Europa seit dem Zweiten Weltkrieg nicht erfahren hatte – schockierten die Welt. Woche für Woche, bis zum heutigen Tag, kam immer mehr ans Licht, mit welchen Manipulationen, Fälschungen und Lügen der Krieg vorbereitet, geführt und gerechtfertigt wurde. Der Angriffskrieg der NATO unter deutscher Beteiligung gegen Jugoslawien war und ist eine Zäsur in der europäischen Geschichte nach den beiden großen Weltkriegen im vergangenen Jahrhundert.

Vier Jahre, von 1991 bis 1994, haben Ralph Hartmann und ich im deutschen Bundestag zusammengearbeitet. Außenpolitisch war diese Zeit wesentlich geprägt von der Krise in Jugoslawien, dem dramatischen Zerfall der damaligen jugoslawischen Föderation und der rücksichtslosen, konfliktschürenden Einmischungspolitik der Bundesrepublik Deutschland. Am 21. Februar 1991 fand auf Initiative der PDS-Gruppe eine „Aktuelle Stunde betr. der Haltung der Bundesregierung zur Situation in Jugoslawien" statt. Damals sagte ich u. a.: „Deutsche Friedenspolitik muß darauf gerichtet sein zu verhindern, daß der Balkan und Jugoslawien als sein zentraler Teil erneut zu einem Pulverfaß werden. Das würde aber geschehen, wenn aus kurzsichtigen machtpolitischen Erwägungen heraus versucht würde, den drohenden Zerfall der jugoslawischen Föderation zu beschleunigen. Das würde den

Balkan erneut in ein Gebiet gefährlicher Spannungen mit nicht absehbaren Folgen für die gesamte europäische Entwicklung verwandeln ... Die europäische Entwicklung sollte sich so gestalten, daß nationale Probleme und Konflikte eine immer geringere Rolle spielen und daß wir über diesen Weg auch von Europa aus mithelfen, Probleme, die es auf diesem Gebiet gibt, zu lösen." Im Protokoll der Plenarsitzung ist an dieser Stelle ein aufschlußreicher Zwischenruf vermerkt: „Dr. Geißler (CDU/CSU): Und mithelfen, daß kommunistische Vorherrschaften überall verschwinden!"

Der Zweck heiligte also wieder einmal die Mittel, und der Krieg konnte bald darauf erneut Mittel der Politik sein.

Noch immer aber gibt es keinerlei Anzeichen dafür, daß die Kriegsverantwortlichen, die nicht müde werden, von anderen Geschichtsaufarbeitung zu fordern, zumindest ansatzweise beginnen, den Krieg, seine wahren Ziele und Folgen aufzuarbeiten. Ihr Verhalten nach dem Krieg gleicht dem vor und während des Krieges. Warnungen wurden in den Wind geschlagen, Proteste mißachtet, Fragen ignoriert, die Kriegsgegner unterschiedlichster Parteien und Bewegungen an die rot-grünen Regierenden richteten, die in Fortsetzung der Politik ihrer Vorgänger nur wenige Monate nach Amtsübernahme das staatlich vereinigte Deutschland in den Krieg führten.

Auch ich hatte mich nach vorangegangenen vergeblichen Warnungen unmittelbar nach Kriegsbeginn mit einem persönlichen Brief an Bundeskanzler Gerhard Schröder gewandt, gefordert, die Aggressionshandlungen sofort einzustellen und zu den Versuchen, diese zu legitimieren, u. a. geschrieben:

„Zur Rechtfertigung hat die von Ihnen geleitete Bundesregierung Argumente vorgebracht, die viele Deutsche und Europäer, darunter die Mitglieder meiner Partei und ich, nicht teilen können. Doch nehmen wir einmal an, sie träfen tatsächlich zu, d. h. es ginge wirklich darum, in Kosovo eine humanitäre Katastrophe zu verhindern, das Abkommen von Rambouillet sei kein nicht verhandeltes Diktat, mit dem ein europäischer Staat zur Aufgabe seiner Souveränität und territorialen Integrität gezwungen werden soll, sondern tatsächlich ein Friedensplan, Ziel der massiven

NATO-Luftangriffe sei es, Slobodan Milošević zur Annahme dieses Friedensplanes zu zwingen. Nehmen wir auch an, die Behauptungen der NATO seien wahr, sie würde keinen Angriffskrieg gegen das serbische Volk und die Bundesrepublik Jugoslawien führen, es gehe ihr um nichts anderes als um den Schutz der Menschenrechte der Albaner in Kosovo, was aus guten Gründen immer mehr Menschen in Zweifel stellen oder energisch bestreiten, dann bleibt doch immer noch die Frage, welchen Preis Präsident Clinton und seine Verbündeten, darunter leider auch Sie, Ihr grüner Außenminister Fischer und Ihr sozialdemokratischer Verteidigungsminister Scharping dafür bezahlen? Sind Ihre vorgeblichen Kriegsziele es tatsächlich wert, daß dafür die Charta der Vereinten Nationen, die Schlußakte von Helsinki, die Charta von Paris, die gesamte internationale Rechts- und Weltordnung zerschlagen werden? Rechtfertigen die angeführten Ziele es, das Grundgesetz der Bundesrepublik Deutschland und selbst das NATO-Statut auf das Gröbste zu verletzen? Wiegen diese Ziele den Bruch des Gelübdes auf, alles zu tun, um Schaden vom deutschen Volk abzuwenden und nie mehr zuzulassen, daß von deutschem Boden Krieg ausgeht? Rechtfertigen die angeführten Ziele, daß durch einen Angriffskrieg unter deutscher Beteiligung in Kosovo die humanitären Probleme sowohl für Kosovo-Albaner als auch für Serben vervielfacht und unschuldige Männer, Frauen und Kinder in ganz Jugoslawien erschlagen werden, daß der Balkan im Chaos zu versinken droht, daß die Beziehungen zu Rußland auf das Schwerste belastet werden und eine Kriegsspirale in Gang gesetzt werden kann, die zu stoppen immer schwerer würde?"

Die nachfolgende Entwicklung hat inzwischen eine doppelte Antwort auf diese Fragen gegeben. Die von der NATO und der deutschen Bundesregierung angegebenen Kriegsmotive waren konstruiert und wahrheitswidrig, die Folgen des Krieges für Jugoslawien, für die internationalen Beziehungen und das internationale Rechtssystem, für die Glaubwürdigkeit deutscher Politik und Politiker verheerend.

Mich holten die Probleme der NATO-Aggression gegen Jugoslawien im Europaparlament wieder ein, als es jüngst um den Einsatz der Munition mit dem abgereicherten Uran und dessen

Folgen ging. Rudolf Scharping tönte, es gäbe keinerlei Gefahren, rief aber die USA zu einer Klärung auf und zeigte sich bereit, in Kosovo und Metohien eingesetzte Soldaten ärztlich untersuchen zu lassen. Javier Solana stimmte im Europaparlament die gleiche Melodie an; der Mann, der als NATO-Generalsekretär den Krieg führte, gab sich in heuchlerischer Unwissenheit! Sie lügen einfach weiter.

Die deutsche Regierung, vor allem Außenminister Fischer und Verteidigungsminister Scharping, unternimmt immer neue Anstrengungen, um den Krieg doch noch zu rechtfertigen. Jüngster Anlaß ist die innenpolitische Entwicklung in Jugoslawien, die sogenannte politische Wende in Belgrad, die der Chef des Auswärtigen Amtes „serbische Freiheitsrevolution" nennt und als Ergebnis des NATO-Krieges darstellt.

Es ist das Verdienst von Ralph Hartmann, diesem erneuten Versuch, die Wahrheit über den Krieg zu verschleiern und das Verbrechen gegen die Menschlichkeit doch noch in einen Sieg der Demokratie umzumünzen, polemisch und faktenreich zu begegnen und ihn letztlich ad absurdum zu führen.

Wie ich weiß, hatte der Autor ursprünglich nicht die Absicht, seinem Bestseller „„Die ehrlichen Makler.' Die deutsche Außenpolitik und der Bürgerkrieg in Jugoslawien", der den Leser in seiner vierten, aktualisierten Ausgabe bis in die Tage nach dem NATO-Überfall führt, einen zweiten Teil folgen zu lassen. Doch der Krieg selbst, die ihn begleitenden monströsen Lügen und Verbrechen, die Siegestöne der NATO nach Beendigung der Luftangriffe ließen ihn umdenken. Den letzten Ausschlag gab der Jubel in Berlin über den politischen Machtwechsel im Oktober 2000 in Belgrad und dessen Umdeutung in eine nachträgliche Legitimation des Angriffskrieges.

Wer eine ausführliche Analyse der inneren Entwicklung Jugoslawiens nach dem NATO-Krieg erwartet, wird enttäuscht werden. Zwar verbirgt der Autor nicht seine Sympathien für die linken Kräfte in diesem Land, aber er vermeidet es, apodiktische Urteile über die verschiedenen politischen Kräfte zu fällen. In dieser Haltung schwingt gewiß noch immer jene Berufsauffassung eines DDR-Botschafters nach, die zur Nichteinmischung und zu einer Art innenpolitischer Neutralität gegenüber seinem Gastland verpflichtete.

Neutralität in gewissen Grenzen ja, Gleichgültigkeit keineswegs! In jedem Kapitel der „Glorreichen Sieger" spürt man, wie schmerzvoll den langjährigen Botschafter der DDR und Doyen des Diplomatischen Korps in Belgrad die Tragödie des Zerfalls des Landes berührte, das den in aller Welt, in Ost wie West, geachteten Namen Sozialistische Föderative Republik Jugoslawien trug, wie ihn das Leid und das Unrecht, die den jugoslawischen Völkern angetan wurden, erregen, wie ihn die immensen Schwierigkeiten bei der Überwindung der Kriegsfolgen und die Unwägbarkeiten der zukünftigen Entwicklung in Jugoslawien bewegen. Doch in einem ist er sich sicher: Wie sich die innere Entwicklung in Serbien und in Jugoslawien auch immer gestalten wird, nichts wird den NATO-Krieg gegen das Balkanland und die deutsche Kriegsteilnahme jemals rechtfertigen können.

Wer auch immer die politische Macht in Jugoslawien ausübt, die Zerstörungen des NATO-Krieges sind ein schlimmes Erbe, und wer meint, sie mit Dankbarkeit an die Aggressionsmächte zu überwinden, wird sich, wie es sich jetzt schon zeigt, irren. Für den Wahlsieg westlich orientierter Kräfte wurden mehr Mittel eingesetzt als bisher zur Überwindung der Kriegsschäden bereitgestellt worden sind. Eine Analyse der eingetretenen politischen Entwicklung braucht Zeit, der Autor hält sich hier aus guten Gründen zurück.

Es ist nicht die innere Entwicklung in Jugoslawien, auf die der Autor sein Hauptaugenmerk legt. Sein vorrangiger Gegenstand ist – wie schon in den „Ehrlichen Maklern" – die Politik der Bundesrepublik Deutschland gegenüber Jugoslawien. Hier übt er keine diplomatische Zurückhaltung. Er ergreift offen und in aller Schärfe Partei für die überfallenen Jugoslawen und gegen die Interventions- und Aggressionspolitik der deutschen Bundesrepublik auf dem Balkan. In keinem anderen Buch zu dieser Thematik ist das Schuldkonto, das die deutsche Jugoslawienpolitik, nunmehr schon in das neue Jahrtausend hinein, angehäuft hat, so umfassend und schonungslos kritisch dargelegt und dokumentiert wie in dem nun vorliegendem Buch.

Ralph Hartmann ist sich durchaus bewußt, daß es über den sogenannten Kosovo-Krieg – zu Recht nennt er das eine Tarnbezeichnung, denn um das südserbische Gebiet ging es nur am Rande – inzwischen Dutzende von Büchern gibt. An einigen von ihnen hat er selbst mitgeschrieben. Deshalb konzentriert er sich auf die Aspekte bundesdeutscher Außen- und Kriegspolitik, die bisher nicht oder nicht ausreichend untersucht wurden und die doch größte Aufmerksamkeit verdienen, um die Metamorphose deutscher Politiker von „ehrlichen Maklern" zu Kriegsbeteiligten und „glorreichen Siegern" bloßzulegen und ihre Versuche, den Sturz des früheren jugoslawischen Präsidenten und der von ihm geführten Sozialistischen Partei für nochmalige Kriegsrechtfertigung, erneuten Siegesjubel und eigene Ehrenrettung transparent zu machen.

Im deutlichen Unterschied zu anderen Publikationen zu diesem Thema verzichtet Ralph Hartmann darauf, die Chronologie des NATO-Krieges – abgesehen von einer detaillierten Zeittafel im Anhang des Buches – seinen völkerrechtswidrigen Charakter und die zahllosen bereits widerlegten Kriegslügen noch einmal im Detail darzulegen. All dies als inzwischen weitgehend bekannt und nachgewiesen voraussetzend, widmet er sich der Untersuchung der Legenden und Lügen, die, wie er meint, zwar kurze Beine, aber einen langen Atem haben und so bis zum heutigen Tag dazu dienen, Völkerrechtsbruch, Krieg und Kriegsverbrechen zu legitimieren oder zumindest in einem milderen Licht erscheinen zu lassen. Unter Verwendung eines reichen dokumentarischen Materials geht er dabei zum Teil ungewöhnliche Wege, um den Leser an der Wahrheitssuche zu beteiligen und zu noch immer verblüffenden Ergebnissen zu führen. In einigen Fällen analysiert er dabei Schlüsseldokumente aus der Periode des Zerfalls der jugoslawischen Föderation und der Vorbereitung des NATO-Krieges, deren grobe Fälschung durch noch amtierende deutsche Minister er erstmals aufdeckt, wofür er in gewissen Kreisen wenig Beifall zu erwarten hat.

Nicht ohne Widerspruch dürften auch manche vom Autor aufgestellte Thesen bleiben, so die Feststellung, daß die NATO nach wochenlangen massiven Luftangriffen Ende Mai/Anfang

Juni 1999 unmittelbar vor einem militärischen und politischen Desaster stand, durch einen Verrat der Jelzin-Administration an jugoslawischen und ureigensten russischen Interessen davor bewahrt wurde und trotzdem weder ihre vorgeblichen humanitären und ihre tatsächlichen militärischen Ziele noch ihre machtpolitischen, globalstrategischen Zielsetzungen erreichen konnte.

Nach Ralph Hartmanns Überzeugung brachte der Krieg gegen Jugoslawien der NATO keinen Sieg, keinen „glorreichen" und nicht einmal einen „halben", aber Europa und der Welt neue Unsicherheit und Kriegsrisiken. So ist es nur folgerichtig, daß er den Krieg als Katalysator für die Aufstellung einer selbständigen EU-Eingreifstreitmacht und den Umbau der Bundeswehr in eine moderne, hochflexible und mobile Interventionsarmee betrachtet, vor deren Gefahren er im Lichte des NATO-Balkankrieges eindringlich warnt. Diese Darstellung läßt ahnen, welche Widersprüche in dieser Entwicklung enthalten sind, deren Belastungen und Gefährlichkeit für den internationalen Frieden wahrlich nicht zu unterschätzen sind.

Geschrieben wurden die „Glorreichen Sieger" als Fortsetzung der „Ehrlichen Makler". Die Kenntnis des ersten erhöht das Verständnis für den zweiten Teil. Aber auch dieser ist eine selbständige, in sich geschlossene Abhandlung, in der Ralph Hartmann erneut beweist, daß sich auch anspruchsvolle politische Themen so behandeln lassen, daß sie dem Leser nicht nur notwendige und aufschlußreiche Fakten und Einblicke in Zusammenhänge, sondern zugleich eine interessante und aufregende Lektüre bieten.

Hans Modrow

KAPITEL 1
Variationen eines Sieges

Die Wendesieger

Auf diesen Tag hatten sie, die „ehrlichen Makler" Kohl, Genscher, Kinkel und ihre Nachfolger, zehn lange Jahre sehnsüchtig und ungeduldig gehofft und gewartet, in aller Offenheit und im verborgenen emsig und unermüdlich hingearbeitet – mit diplomatischen und geheimdienstlichen Aktivitäten, mit Propagandafeldzügen und völkerrechtswidrigen Interventionen, mit Erpressung fremder Staaten und eigener Verbündeter, mit stetiger Unterstützung von Separatisten und schnellstmöglicher Anerkennung neuer Staaten, mit Schürung von ethnischen Konflikten und Bürgerkriegen, mit Verteufelung und Isolierung eines ganzen Volkes, mit Sanktionen und militärischen Drohungen, mit der Teilnahme an einem kriminellen Angriffskrieg und der Kriminalisierung der Angegriffenen, mit vielen Millionen DM, Ködern und Lockrufen im Wahlkampf in einem anderen Land. Nun endlich war er gekommen: der 5. Oktober 2000 und mit ihm die Wende in Jugoslawien.

Bundeskanzler Gerhard Schröder erreichte die Nachricht, als er sich auf den Weg zu einer Ausstellungseröffnung in das Berliner Kronprinzenpalais Unter den Linden machte, Bundesaußenminister Joseph Fischer in seinem Balkan-Sonderstab im Auswärtigen Amt am Werderschen Markt. Der Außenamtschef hatte vorsorglich andere Termine abgesagt und auf solche Nachricht gewartet. Schließlich traf sie ein, und er konnte als einer der ersten verkünden, daß in Belgrad „die serbische Freiheitsrevolution" ausgebrochen war. „Es geht jetzt", so kommentierte er in einer ZDF-Spezialsendung die Erstürmung des Gebäudes der Bundeskupština in der jugoslawischen Hauptstadt, „zehn Jahre nach dem Fall der Mauer eigentlich um den letzten Einsturz der Mauer hier in Europa, um die letzte Diktatur und um den Frieden und die Demokratie in Serbien und damit in der ganzen Region."[1]

Wenig später, in den ARD-Tagesthemen, steigerte er sich noch. Nun war der Sturm auf das Parlament schon „eine beeindruckende Freiheitsrevolution des serbischen Volkes ... Mich erinnern diese Bilder sehr stark an das, was wir vor zehn Jahren erlebt haben. Und in der Tat, in Serbien fällt heute das letzte Stück Mauer, das letzte Stück Eiserner Vorhang. Hier erhebt sich das serbische Volk gegen einen Gewaltherrscher ..."[2]

Der Kanzler, eineinhalb Jahre zuvor noch kriegführender Gewalttäter gegen Jugoslawien, appellierte angesichts der Erstürmung des Parlamentsgebäudes an die jugoslawischen Machthaber: „Wendet keine Gewalt an!"[3] Der Appell wurde befolgt, und an den Folgetagen konnten die Tageszeitungen in fetten Schlagzeilen melden: „Das Volk steht auf – das Belgrader Regime wankt. Parlament und Fernsehsender besetzt. Polizisten und staatsnahe Medien wechseln die Fronten. Milošević auf der Flucht?" („Der Tagesspiegel", 6.10.2000) „Aufstand gegen Milošević in Belgrad. Feuer im Parlament und im Gebäude des Staatsfernsehens. Bewaffnete Einheiten übergelaufen." („Frankfurter Allgemeine Zeitung", 6.10.2000) „Das Volk siegt über Milošević. Koštunica ergreift die Macht. Armeechef sichert Loyalität zu. Designierter Präsident spricht mit seinem gestürzten Vorgänger über einen friedlichen Wechsel." („Berliner Zeitung", 7./8.10.2000).

Die Boulevardblätter überschrien einander: „Volksaufstand. Brände! Schüsse! Panzer! Jugoslawen stürmen Parlament. Der letzte Diktator Europas ist am Ende. Revolution in Belgrad. Prügel für Miloševićs Schergen" („Bild", 6.10.2000) dröhnte das auflagenstärkste Blatt aus dem Hause Springer, und das nach Format und Auflage kleinere aus Ostberlin schmetterte: „Jubel! Jugoslawien genießt den Sieg über Diktator Slobodan Milošević.

---

1 Interview mit Joseph Fischer in ZDF-Spezial, 5.10.2000
2 Interview mit Joseph Fischer in ARD-Tagesthemen, 5.10.2000
3 dpa, 6.10.2000

Belgrader Puls schlägt im Takt der Freiheit." („Berliner Kurier",
7.10.2000)

Zeitgleich mit den Schlagzeilen wurden die ersten Kommentare zur „serbischen Freiheitsrevolution" verfaßt. Sie brachten Überraschendes zu Tage. Bisher, so hatte man annehmen müssen, wurde das Belgrader Regime verteufelt, isoliert und mit allen Mittel bekämpft, weil es nationalistisch gewesen sei, andere nicht serbische Nationen unterdrückt, im Kampf um Großserbien Kriege geführt und ethnische Vertreibung betrieben habe. Nun, da es besiegt war und die Serben, wie es „Der Spiegel" ausdrückte, „in einem weitgehend unblutigen Volksaufstand" das erledigten, „was die Cruise Missiles nicht vermochten"[4], wurde ein ganz anderer Sieg kommentiert und gefeiert. Aber welcher? Das gleiche Nachrichtenmagazin gibt die Antwort: „Weggefegt hat der Wille des Volkes mit dem Neostalinisten Milošević die letzte kommunistische Bastion in Europa. Der Belgrader Volksaufstand setzt damit den Schlußstein in einer Zeitenwende, die in den achtziger Jahren mit wilden Streiks auf der Danziger Leninwerft begann."[5]

Mit dieser Einschätzung war der Spiegelautor nicht sonderlich originell, gleiche oder ähnliche Bewertungen gab es in den deutschen Medien zu Dutzenden. Ein gewisser Norbert Körzdörfer half in dem schon angeführten, in Millionenauflage erscheinenden Massenblatt dem Volk, sich eine Meinung zu bilden und kommentierte wie gewohnt kurz und präzise: „Es sind die Bilder, die wir kennen. Das Volk steht auf. Rufe, Demos, Tränengas. Das Volk läßt sich nicht stoppen. Erst Honecker, dann Ceaușescu, jetzt endlich Milošević."[6] Im seriösen „Tagesspiegel" triumphierte Christoph von Marschall im Leitartikel unter der Überschrift: „Die verspätete Revolution": „Nun endlich scheint sich das Volk vom Diktator befreien zu können, es stürmt das Parlament, ruft mit wehender Trikolore von den Portalen die Republik aus."[7] Nicht nur die Aufstände von 1989/90, nein, auch die Große

---

4 Der Spiegel, 41/2000, S. 22
5 Ebenda, S. 144/145
6 Bild, 6.10.2000
7 Der Tagesspiegel, 6.10.2000

Französische Revolution ließ grüßen. Einen Tag später jubilierte der gleiche Leitartikler: „Ein Jahrzehnt nach dem Wendeherbst 1989 ist der Balkan diktaturfrei. Endlich öffnen sich den Serben die Chancen, die Balten, Ungarn und Bulgaren schon lange nutzen, aber die Verspätung werden sie so leicht nicht aufholen."[8]

Genüßlich zitierten deutsche Medien ausländische Pressestimmen, so die Warschauer „Rzeczpospolita": „Heute sieht die ganze Welt nach Belgrad. Endlich, zehn Jahre nach Warschau, Prag, Budapest, mit großer Verspätung, hat dort etwas begonnen – die wohl letzte demokratische Revolution im postkommunistischen Teil Europas. Eines wissen wir sicher: Nach Jahren des Ringens mit dem Regime geht Jugoslawien den Weg von Freiheit und Demokratie."[9] Mit nicht minderem Behagen gaben sie den „International Guardian" wieder: „Elf Jahre nach der historischen Wende in Deutschland, Tschechien und Rumänien ist die Ära des Kommunismus in Europa endgültig unter dem Jubel einer echten Volksrevolution zu Ende gegangen. Solche Momente, gefüllt mit Hoffnung sowie dem Triumph von Gerechtigkeit und Demokratie, sind in der Geschichte selten. Sie sollten ausgekostet werden."[10]

Der Jubel über den „Volksaufstand" war, und das auch im Wortsinne, grenzenlos. Die „internationale Staatengemeinschaft", zu der sich EU- und NATO-Staaten im Zuge der Selbstmandatierung zum Balkan-Luftkrieg erklärt hatten, versicherte, Jugoslawien umgehend wieder in ihren Kreis aufzunehmen. Schon eine Woche danach begrüßten die in Biarritz versammelten Staats- und Regierungschefs der EU den neuen jugoslawischen Präsidenten Vojislav Koštunica, wie es Frankreichs Staatspräsident Jacques Chirac formulierte, „im Haus Europa". Nicht im geringsten stießen sie sich daran, daß der neue Präsident als „serbischer Nationalist" und als entschiedener Kritiker des Daytoner Vertrages gilt, dessen Unterzeichnung durch Milošević er als „Verrat geißelte", der den albanischen Separatisten mit einer MP in der Hand drohte und von diesen ein „Nationalist aus Überzeugung", der einen

---

8   Der Tagesspiegel, 7.10.2000
9   Rzeczpospolita, 6.10.2000
10 International Guardian, 6.10.2000

„Nationalisten aus Opportunismus" ersetzt habe[11], genannt wird. „Vojislav Koštunica ist ein eingefleischter Nationalist ... Doch er ist zweifellos ein Demokrat"[12], schrieb „Die Woche" nach seinem Amtsantritt. Letzteres war auch für USA-Präsident Bill Clinton entscheidend, der die Ereignisse in Belgrad ebenfalls mit dem Fall der Berliner Mauer verglich und betonte, Amerika stehe „an der Seite von allen, die für Demokratie kämpfen, in Serbien und überall".[13] Seine bewährte Vorkämpferin für Demokratie in der Welt, Außenministerin Madeleine Albright, die die freudige Kunde aus Belgrad während eines Fluges von Kairo nach Washington erreichte, äußerte deshalb frohgemut: „Ich hoffe, es endet so wie im Rest von Osteuropa und daß sie (die Serben) endlich vom Kommunismus befreit sind."[14]

Und tatsächlich, vor dem Plenum des Deutschen Bundestages im Berliner Reichstagsgebäude konnte Joseph Fischer eine zusätzlich in die Tagesordnung aufgenommene Debatte „Zur Situation in Jugoslawien" mit der kristallklaren und keinen Raum für unterschiedliche Deutungen lassenden Erklärung eröffnen, daß „mit der friedlichen, demokratischen und freiheitlichen Revolution in Belgrad ..., so können wir feststellen, der letzte Rest einer kommunistischen Diktatur gefallen (ist)".[15] Nicht weniger glücklich zeigte sich der Sprecher der CDU/CSU-Fraktion, Christian Schmidt aus Fürth, der in der politischen Wende in Jugoslawien „die Agonie der letzten stalinistischen Bastion Europas" sah und hinzufügte: „In Wahrheit sind mit dem Zusammenbruch des Reiches von Milošević auch ideologische Phantasien endgültig beerdigt worden, die in früheren Jahren, was Jugoslawien betrifft, bei uns sehr viel Sympathie gefunden hatten. Ich will an diesem Tag schon einmal erwähnen, was alles Rühmendes über das Modell der jugoslawischen Gesellschaft, der Arbeiterselbstverwaltung,

---

11 Veton Surroi, Herausgeber der kosovo-albanischen Zeitung „Koha Ditore" über Vojislav Koštunica, zitiert nach: Die Woche, 13.10.2000
12 Die Woche, 13.10.2000
13 Der Tagesspiegel, 6.10.2000
14 AP, 5.10.2000
15 14. Deutscher Bundestag, Stenographischer Bericht, 123. Sitzung am 11.10.2000, S. 11822

der Blockfreiheit, in linken Studierstuben geschrieben und geäußert worden ist. Wie kläglich hat dieses Modell jetzt ... geendet ..."[16]

Alles in allem: Die „internationale Gemeinschaft", von „Bild" bis „Guardian", von Joseph Fischer bis Madeleine Albright, war ein Jahrzehnt lang gegen den großserbischen Nationalismus des verbrecherischen Milošević-Regimes zu Felde gezogen, um urplötzlich den Sieg über die „letzte kommunistische Bastion" in Europa zu feiern. Sie bejubelte die Niederlage eines Gegners, gegen den sie bisher, urteilte man nach ihren Worten, gar nicht gekämpft, den sie bisher ganz anders bezeichnet hatte. Erst nach dem Triumph teilte sie mit, wer besiegt war: Nicht dem serbischen nationalistischen Drachen hatte man die Köpfe abgeschlagen, sondern dem letzten kommunistischen Ungeheuer in Europa. Vielleicht also ging es der NATO und der EU doch nicht so sehr um die Durchsetzung der edlen Menschenrechtsziele, die sie verkündeten, sondern viel mehr um die Beseitigung der kümmerlichen und verkümmerten Überreste eines in Europa gescheiterten Sozialismusversuches? Immerhin und ausgerechnet im 40 Jahre lang vom Osten beargwöhnten und vom Westen hofierten nichtpaktgebundenen Jugoslawien mit seinem scharf kritisierten und hochgelobten Selbsverwaltungssystem hatte die rote Fahne, beschmutzt und arg zerschlissen, auf dem Kontinent am längsten geweht.

Die „Berliner Zeitung" überschrieb ihren Hauptkommentar zur Wende in Belgrad mit „Dank an das serbische Volk", und ein Blatt, das die gleiche Abkürzung hat, sich immer noch als „Berlins größte Zeitung" bezeichnet und jahrelang die Serben als ein Volk von Schurken und Massenvergewaltigern behandelte, veröffentlichte auf der ersten Seite ein Bild der demonstrierenden Belgrader Massen vor dem von Rauch umhüllten Parlamentsgebäude und überdruckte es mit Riesenlettern: „Ihr tapferen Jugos!"[17]

Es hat ganz den Anschein, die „tapferen Jugos", die „Beseitiger der letzten Mauerreste", die „Milošević-Bezwinger" sollen nachträglich beweisen, daß der NATO-Krieg im Frühjahr 1999

---

16 Ebenda, S. 11824
17 B.Z., 6.10.2000

nicht gegen das serbische Volk, sondern allein gegen das Milošević-Regime geführt wurde, die erschlagenen Frauen, Männer und Kinder, die zertrümmerte Wirtschaft und Infrastruktur eben doch nur „Kollateralschäden" waren. Ihre „Freiheitsrevolution", ihr „Sturm auf die Zitadellen der Macht" sollen nachträglich eine Aggression rechtfertigen, die nicht zu rechtfertigen ist, Kriegsverantwortliche rehabilitieren, die von Internationalen Tribunalen in Berlin und New York sowie von einem ordentlichen Belgrader Gericht angeklagt und schuldig gesprochen wurden, und einen Sieg zurückbringen, den man im Frühsommer 1999 schon einmal gepriesen und der sich in den folgenden Monaten zusehends verflüchtigt hatte.

Selten ist diese Absicht so deutlich geworden wie auf der bereits erwähnten Sonderdebatte des Bundestages „Zur Situation in Jugoslawien" am 11. Oktober 2000. Hier wurde die politische Wende in Jugoslawien schlankweg als Ergebnis des NATO-Krieges dargestellt. Nach den Worten des Debatten-Hauptredners Joseph Fischer war der Angriffskrieg, er umschreibt ihn vornehm als „Eingreifen", „richtig" und „notwendig", ohne ihn „hätte es garantiert nicht einen Sieg der Demokratie in Belgrad gegeben".[18] Es ist ganz offenkundig: Dieser „Sieg der Demokratie", „die friedliche, demokratische und freiheitliche Revolution in Belgrad" sollen vergessen machen, was nicht vergessen werden darf.

Ganz gleich, wie in Belgrad die jetzigen und die kommenden Regierenden und Oppositionellen, die Parteien und die Medien, die Historiker und die Juristen die serbische Politik und ihre führenden Vertreter im letzten stürmischen Dezennium des vergangenen Jahrhunderts beurteilen, welche berechtigte Kritik und Selbstkritik geübt, Selbstbeweihräucherung und Selbstkasteiung betrieben wird, wieviele Schandtaten aufgedeckt oder erfunden werden, kurzum, wie auch immer sich die innere Situation in Jugoslawien entwickelt und wie man sie bewertet, nichts wird den NATO-Krieg gegen das Balkanland und die deutsche Kriegsteilnahme je rechtfertigen können. Sie waren ein Verbrechen wider die Menschlichkeit. Wie jeder Krieg so birgt auch dieser den

---

18 14. Deutscher Bundestag, Stenographischer Bericht, 123. Sitzung am 11.10.2000, S. 11822

nächsten schon in seinem Schoß, und jede Rechtfertigung des vergangenen bereitet dem neuen den Weg.

An der Schwelle des Jahres 2001 bot sich den Regierenden an der Spree noch einmal die Gelegenheit, den strahlenden „Sieg der Demokratie" in Belgrad zum Versuch zu nutzen, die NATO-Luftattacken auf die jugoslawische Metropole in ein freundliches Licht zu rücken. Was am 5. Oktober 2000 mit dem Sturm auf das Gebäude der Bundesskupština begonnen hatte, war am 23. Dezember mit den vorgezogenen Wahlen zum serbischen Parlament zu einem vorläufigen Ende gebracht worden. Das 18-Parteien-Wahlbündnis der Demokratischen Opposition Serbiens (DOS) hatte, angetreten als „DOS – Koštunica", den nach der Oktoberwende erwarteten haushohen Sieg über die Sozialistische Partei Serbiens (SPS) und die anderen Wahlkonkurrenten erzielt. Der in Serbien zu hohem Ansehen gelangte jugoslawische Präsident hatte dem Wahlbündnis seinen Namen gegeben und damit dem im eigenen Land nicht sonderlich, in deutschen Regierungs- und Wirtschaftskreisen um so mehr beliebten Führer der Demokratischen Partei (DS) Zoran Djindjić den Weg in das einflußreiche Amt des serbischen Ministerpräsidenten geebnet. Als dann am 24. Dezember, am Heiligabend, in Belgrad die Wahlergebnisse bestätigt wurden, da erklang mitten im Berliner Weihnachtsgeläut noch einmal ein lautes *Gloria, Viktoria*. Bundeskanzler Gerhard Schröder sandte ohne Verzug ein Glückwunschtelegramm an den noch nicht ernannten, aber designierten serbischen Premier Djindjić und versicherte ihn bundesdeutscher Unterstützung. Kanzlerberater Michael Steiner gar, einer der eifrigsten Apologeten der NATO-Angriffe auf Jugoslawien, freute sich unter dem festlich geschmückten Tannenbaum über das „Weihnachtsgeschenk für die europäische Demokratie".[19]

Gloria, Viktoria hatten die Kriegsverantwortlichen und Kriegsbefürworter schon eineinhalb Jahre zuvor gerufen – während der triumphalen Tage im Frühsommer 1999. Erinnern wir uns.

---

19 dpa, 24.12.2000

„Die wenigen, die Stolzen, die Tapferen"

Am Freitag, den 11. Juni 1999, von 11.21 bis 13.48 Uhr war im Deutschen Bundestag das Ende eines Krieges gefeiert worden, den die Bundesrepublik Deutschland nie erklärt und der eigentlich gar nicht begonnen hatte. Noch Tage nach dem Beginn des NATO-Angriffskrieges gegen Jugoslawien am 24. März des gleichen Jahres hatten sich die Regierenden geweigert, überhaupt zuzugeben, daß Deutschland Krieg führte.

NATO-Kampfflugzeuge, deutsche Tornados in den vorderen Staffeln, flogen bereits ihre ersten Angriffe auf Belgrad und andere jugoslawische Orte, da erklärte Bundeskanzler Gerhard Schröder über Funk und Fernsehen den „lieben Mitbürgerinnen und Mitbürgern": „Wir führen keinen Krieg, aber wir sind aufgerufen, eine friedliche Lösung im Kosovo auch mit militärischen Mitteln durchzusetzen."[20] Die deutschen Tornado-Piloten waren schon mehrmals „glücklicherweise heil und unversehrt" von ihren Bombenflügen zurückgekehrt, da wies Außenminister Joseph Fischer am 26. März vor dem Parlament „den Vorwurf, daß wir hier von deutschem Boden aus eine Politik des Krieges betreiben", „mit Nachdruck zurück".[21] Tags darauf beteuerte Verteidigungsminister Rudolf Scharping gegenüber der „Frankfurter Rundschau": „Ich habe große Probleme mit dem Wort Krieg in diesem Zusammenhang"[22], und sein Staatssekretär Walter Stützle rüffelte einen ARD-Journalisten, weil dieser das Wort „NATO-Bombardierungen" gebraucht hatte und klärte auf: „Es geht nicht um militärische Einsätze, sondern es geht in der Tat um den politischen Versuch, das Morden im Kosovo zu beenden."[23] Tatsächlich, Deutschland führte keinen Krieg, es „führte Frieden".[24]

---

20 Erklärung von Bundeskanzler Gerhard Schröder, dpa, 24.3.1999
21 14. Deutscher Bundestag, Stenographischer Bericht, 31. Sitzung am 26.3.1999, S. 2584
22 Frankfurter Rundschau, 27.3.1999
23 Zitiert nach Joachim Rohloff: Deutscher Djihad, in: konkret, Mai 1999, S. 46
24 konkret, Mai 1999, S. 11

Nun jedoch, Mitte Juni, da der Krieg vorerst zu Ende war und sich die rosa-grüne Regierung auf der Seite der Sieger wähnte, mußte man nicht mehr leugnen, Krieg geführt zu haben. Sieger kennen keine Scham. Fischer und Scharping, am Rednerpult im lichtdurchfluteten Glaspalast am Ufer des Rheins von Abgeordneten der SPD und der Grünen mit stürmischem Beifall begrüßt, priesen den scheinbar gewonnenen Krieg. „Dies war kein Krieg als Mittel der Politik, sondern dies war ein Krieg, damit der Krieg als Mittel der Politik in Europa dauerhaft zugunsten der Herrschaft des Rechts und des Gewaltverzichts der Vergangenheit angehört"[25], jubelte der Außenminister, ganz vergessend, daß solche Beteuerungen nach Kriegen nichts Neues sind. Schon der britische Premierminister Lloyd George hatte den völkermordenden Ersten Weltkrieg als „Krieg, um alle Kriege zu beenden", bezeichnet. Doch auch der Verteidigungsminister stimmte in den Fischer-Jubelruf ein: „Es ist ein Krieg zu Ende gegangen, der die Chance beinhaltet, Menschenrechte und Menschenwürde sowie die Bedingungen, die man dafür braucht, wirklich zu sichern."[26] So klopften sie sich auf die Schulter, die von Kriegsbefürwortern zu Friedensbringern mutierten Minister, und der für Äußeres teilte seine großen Blumensträuße, weiße Rosen und weiße Lilien, die ihm Parteifreunde überreicht hatten, mit dem für Militärisches und dem freudestrahlenden Kanzler. „Der Stolz der Sieger" – so überschrieb die „taz" am nächsten Tag ihren Bericht – stand ihnen ins Gesicht geschrieben.

Schon eine Woche zuvor, am 3. Juni, waren sie in einen Freudenrausch gefallen, als sie während des Kölner Gipfeltreffens der Staats- und Regierungschefs der 15 EU-Staaten erfuhren, daß Belgrad den sogenannten Kosovo-Friedensplan der Vermittler Martti Ahtisaari und Viktor Tschernomyrdin angenommen hatte. Die Nachricht, daß der Plan, der auf einer Vereinbarung der sieben führenden Industriestaaten des Westens und Rußlands, der sogenannten G-8-Gruppe, basierte, vom jugoslawischen Präsidenten Slobodan Milošević und dem serbischen Parlament ak-

---

25 14. Deutscher Bundestag, Stenographischer Bericht, 43. Sitzung am 11.6.1999, S. 3562
26 Ebenda, S. 3376

zeptiert werde, erreichte die Herren zur Mittagszeit im Rathaus bei Kalbsrücken auf Kalbsschwanzragout und Spargel. Als sie später, geschützt von tausenden Polzisten und von auf den Dächern postierten Scharfschützen, ins Konferenzzentrum, ins mittelalterliche „Gürzenich", zurückkehrten, „feierte", wie ein Augenzeuge berichtete, „das Volk, das zusammengeströmt war, um einen Blick auf die europäischen Staatsmänner zu erhaschen, die zum EU-Gipfel angereist waren ..., plötzlich seine eigenen Regierenden als Friedensbringer. Der sonst so schlagfertige Fischer wußte vor Verlegenheit und Rührung kaum, wohin er gucken sollte. Und auch Gerhard Schröder winkte befreit in die applaudierende Menge, als er sich im Kreise seiner Kollegen zum Gruppenfoto stellte. Dem hartgesottenen Niedersachsen drückte bisweilen Rührung die Kehle zusammen."[27] Als er später den Überbringer der Friedensbotschaft, den EU-Unterhändler und finnischen Staatspräsidenten Ahtisaari, in die Arme schließen konnte, waren Verzückung und Hochstimmung schier unbeschreiblich.

Anschließend hatte die NATO noch weiter bombardiert und noch ein paar Dutzend Menschen massakriert, doch auch unter dem anhaltenden Kriegslärm wurde in New York jene Sicherheitsratsresolution ausgearbeitet, die am 10. Juni bei Stimmenthaltung Chinas unter der Registrier-Nummer 1244(1999) angenommen und auf deren Grundlage der unerklärte Angriffskrieg gegen Jugoslawien de facto für beendet erklärt wurde. Sicherheitshalber setzte die NATO ihre Bombardierungen vorerst nur aus.

Nun also konnte der Bundestag über die „deutsche Beteiligung an einer internationalen Sicherheitspräsenz im Kosovo zur Gewährleistung eines sicheren Umfeldes für die Flüchtlingsrückkehr und zur militärischen Absicherung einer Friedensregelung für das Kosovo auf der Grundlage der Resolution 1244(1999) des Sicherheitsrats der Vereinten Nationen vom 10. Juni 1999 (Drucksache 14/1133)" beraten. Die Debatte geriet zu einer Siegesfeier, auch wenn die in Bonn zu hörenden Töne nicht ganz so triumphal wie bei den Bündnispartnern in Washington und Lon-

---

27 Der Spiegel, 23/1999, S. 22

don klangen. Dort hatte Präsident Bill Clinton dem amerikanischen Volk berichtet, „daß wir einen Sieg errungen haben für eine sichere Welt, für unsere demokratischen Werte und für ein starkes Amerika", um abschließend „Gottes Segen" für „unsere wundervollen Vereinigten Staaten von Amerika" herbeizurufen.[28] Großbritanniens Premierminister Tony Blair sprach gar von einem „Sieg der Zivilisation. Das Gute hat über das Böse triumphiert."[29]

Aber auch in Bonn fielen den Siegern nach der am Vortag erfolgten Annahme der Sicherheitsratsresolution „Wackersteine vom Herzen", wie es die verteidigungspolitische Sprecherin der Grünen, Angelika Beer, ausdrückte, und für ihren Parteifreund, den Bundesminister des Auswärtigen, war es „für uns alle in ganz Europa ein sehr guter, ja ein historischer Tag", „ein großer Tag für die Durchsetzung von Gerechtigkeit in Europa", „ein großer, zukunftsweisender, ein vielleicht historischer Erfolg der Diplomatie".[30] Dem Fraktionsvorsitzenden der SPD, Peter Struck, war eine solche Würdigung, wie es schien, noch nicht ausreichend. Er erinnerte an die Erklärung des UN-Generalsekretärs Kofi Annan während dessen Deutschlandbesuches im April, nach der es ein Sieg für Europa und die ganze Menschheit sein werde, wenn die Bewohner Kosovos in Frieden und Sicherheit und unter voller Achtung der bürgerlichen Rechte aller leben können, und meinte: „Diesem Sieg sind wir seit gestern einen wichtigen Schritt näher gekommen."[31]

Der historische Erfolg, der wichtige Schritt zum Sieg hatte viele Väter, allen wurde gedankt, und die Siegesfeier selbst wurde, berücksichtigt man die Inbrunst, mit der z. B. Rudolf Scharping und der Sprecher der CDU/CSU-Fraktion Karl Lamers Gottes Namen in den Mund nahmen, zu einer Art Dankgottesdienst. Während der Verteidigungsminister sich darauf beschränkte, dem Bundestag für die „breite Unterstützung" und „vor allen Dingen ... den Soldaten und ihren Familien" zu danken, richtete sein Mi-

---

28 Die Welt, 12.6.1999
29 dpa, 11.6.1999
30 14. Deutscher Bundestag, Stenographischer Bericht, 43. Sitzung am 11.6.1999, S. 3562/3563
31 Ebenda, S. 3570

nisterkollege und Kriegskamerad Fischer namens der Bundesregierung Dank an „die große Mehrheit des Bundestages ... für die volle Unterstützung in dieser schwierigen Zeit", an „Präsident Ahtisaari, dessen Einsatz den Durchbruch in Belgrad erst möglich gemacht hat", „Präsident Jelzin für sein persönliches Engagement und ganz besonders ... Viktor Tschernomyrdin, seinen Sonderbeauftragten, aber auch an meinen russischen Kollegen Igor Iwanow", an „Madeleine Albright, Strobe Talbott und ganz besonders Präsident Clinton, der mit seinem persönlichen Einsatz in den entscheidenden Phasen gemeinsam mit dem Bundeskanzler und mit Boris Jelzin dazu beigetragen hat, daß dieser Prozeß vorangekommen ist" und natürlich auch an „alle Soldaten für das, was sie geleistet haben". Peter Struck schließlich blieb es vorbehalten, darüber hinaus der Bundesregierung selbst und dem Herrn Bundeskanzler, dem Herrn Außenminister, dem Herrn Verteidigungsminister, der Koalitionsfraktion der Grünen und der eigenen Fraktion zu danken und selbstverständlich ebenfalls „der Bundeswehr, allen unseren Soldaten, die mit ihrem schwierigen Einsatz zum Aufgeben des Diktators beigetragen haben".[32]

Als wenig dankbar und damit als Störenfriede erwiesen sich lediglich der PDS-Fraktionsvorsitzende Gregor Gysi und Hans Christian Ströbele von der Bündnisgrünen-Fraktion. Ersterer begrüßte „ausdrücklich das von Anfang an von uns geforderte Ende der Bombardierung Jugoslawiens durch die NATO und damit das Ende eines völkerrechtswidrigen Angriffskrieges"[33], und der grüne Abweichler bat, „bevor hier der Stolz ausbricht ..., doch nicht (zu) vergessen, daß der militärische Teil der Doppelstrategie der NATO zu Tausenden von Toten, zu Tausenden von verletzten, verstümmelten Menschen in Serbien und im Kosovo geführt hat, daß einem ganzen Volk die Lebensgrundlage weggebombt worden ist und daß einem ganzen Land die Infrastruktur zusammengebombt worden ist".[34]

Nachdenklich mußte stimmen, daß auch von den anderen Rednern niemand der NATO dankte, obwohl diese doch den

---
32 Ebenda, S. 3561 f.
33 Ebenda, S. 3572
34 Ebenda, S. 3583

„Sieg" mit über 32.000 Lufteinsätzen erfochten hatte. Weder der Name des Generalsekretärs Javier Solana noch solcher im Krieg verdienstvollen Militärs wie des NATO-Oberbefehlshabers in Europa, General Wesley Clark, des Vorsitzenden des NATO-Militärausschusses, General Klaus Naumann, des Generalinspekteurs der Bundeswehr, General Bagger und des Inspekteurs des Heeres, General Helmut Willmann, wurden genannt. Gehörten nicht gerade auch sie zu den „glorreichen Siegern"?

Glücklicherweise sprangen einige Medien in die Bresche, darunter die hauptstädtische Zeitung, die am 24. März mit der das ganze Titelblatt füllenden Schlagzeile „Die Schlacht beginnt. Deutsche Tornados fliegen in der ersten Reihe" ihre Kriegsberichterstattung begonnen hatte. Sie hatte schon am 5. Juni die „Sieger und Verlierer des Krieges" aufgelistet und dabei mit einem großformatigen Porträt den NATO-Generalsekretär an die Spitze der „Sieger" gestellt, allerdings gefolgt, wenn auch mit kleineren Fotos, von jenen, denen auch im Bundestag besonderer Dank zuteil wurde: „Gerhard Schröder: Sieger, weil der Kanzler, der vor Ausbruch des Kosovo-Krieges wegen innenpolitischer Pannen in schwere Turbulenzen geraten war, außenpolitisch Statur gewonnen hat ... Joschka Fischer: Sieger, weil der Außenminister in den Wochen des Krieges zum populärsten Politiker der Republik wurde ... Rudolf Scharping: Sieger, weil der Verteidigungsminister, wie Schröder, einen unbeirrten Kurs steuerte. Auch wenn er sich in den ersten Wochen bei der Schilderung serbischer Greueltaten in der Wortwahl vergriff (‚Holocaust'), hat auch Scharping die Bewährungsprobe als ‚Vater der Kompanie' bestanden."[35]

Ja, es gab „fast nur noch Sieger", wie zeitgleich ein großes Nachrichtenmagazin, dessen Chefredakteur besonderen Wert auf Fakten legt, in großen Lettern feststellte.[36] Zu ihnen zählten „die unverzichtbaren Frauen und Männer hinter den Kulissen ..., die in Wahrheit den Frieden machen". Wer sind diese selbstlosen Friedenshelden? Am Tag der Bundestagssitzung wurden sie von der „Welt" ins Rampenlicht der Öffentlichkeit gezerrt. Unter der

---

35 B.Z., 5.6.1999
36 Focus, 23/1999

Schlagzeile „Die Manager des Friedens"[37] wurden sie vorgestellt: Fischers Staatssekretär Wolfgang Ischinger, Schröder-Berater Michael Steiner, Scharpings Staatssekretär Walter Stützle. „Während der Kanzler und die Minister entscheiden, tragen diese Männer den Hauptteil der eigentlichen Arbeit." Nicht ganz allein, denn „Ischinger", so das Blatt, „erwähnt nicht nur die Spitzenbeamten, sondern auch die Sekretärinnen, die bis tief in die Nacht ausharren, und seinen Oberamtsrat Koch, der morgens um 7.20 Uhr auf der Matte steht und nachts nach Mitternacht das Büro verläßt. Die Friedensarbeit im Büro ist mühsam und oftmals unspektakulär. Doch dies sind die Menschen, die jene Papiere sorgfältig vorbereiten, die dann später vor laufenden Kameras ein brillanter Elitesoldat wie der britische Fallschirmjäger-General Michael Jackson unterschreibt. Das sehen die Arbeitenden nur zeitgleich über CNN im Fernsehen. Dabei mag sie das ganz heimliche Wohlgefühl beschleichen, ein wenig an der Fernsteuerung zu sitzen."

Gewiß ist es zu bezweifeln, daß des Außenministers Staatssekretär Ischinger und dessen Oberamtsrat das militärischtechnische Abkommen, und davon ist die Rede, von Kumanovo, das NATO-General Michael Jackson und die serbischen Generale Svetozar Marjanović und Obrad Stefanović am 9. Juni nach langen zähen Verhandlungen unterschrieben „sorgfältig vorbereitet" haben, ganz so weit reichte ihr Arm nicht, aber Anteil an dem schmutzigen Krieg und dem ihm folgenden faulen Frieden hatten sie durchaus. Ehre, wem Ehre gebühret! „Die Welt" erwies sie ihnen. Ihr halbseitiger Beitrag begann mit dem schmückenden Hinweis darauf, daß der Traditionsmarsch jener 2.200 United States Marines, die am Vortag morgens am Strand von Lithoro nahe Thessaloniki den Boden Griechenlands betraten, um in Kosovo einzuziehen, „Semper Fidelis" – „In Treue fest" heißt. Daß sie jetzt zum Einsatz kommen, so meint das Blatt, daran haben Ischinger, Steiner, Stützle, der Oberamtsrat und die anderen ihren Anteil. Nach getaner Arbeit können sie sich ein wenig zurücklehnen und, so schließt der Beitrag über die „Manager des Friedens", die „Frauen und Männer hinter den Kulissen", „am nächsten

---

37 Die Welt, 11.6.1999

Morgen betrachten sie dann aus der üblichen Fernsehdistanz die Bilder der anlandenden US-Marines, und vielleicht, in kleinen pathetischen Sekunden, mag ihnen in den Sinn kommen, daß deren Motto auch auf sie zutreffen könnte: ‚The few, the proud, the brave' – ‚Die wenigen, die Stolzen, die Tapferen'."[38]

Ein kämpferisches Lied, ein schönes Motto! Es kann mit guten Gründen nicht nur für die so Geehrten, sondern für alle „glorreichen Sieger" gelten, die dafür gesorgt haben, daß erstmals nach 1945 wieder Krieg von deutschem Boden ausging, und die im Bundestag ihren Erfolg feierten.

„The few, the proud, the brave" aus der Bundesrepublik blieben jedoch erst einmal zu Hause, am Rhein und an der Spree, als die ersten schwerbewaffneten Einheiten des deutschen KFOR-Kontingentes, dessen Aufstockung von 6.000 auf 8.500 der Bundestag gegen die Stimmen der PDS auf seiner Festsitzung beschlossen hatte, in Jugoslawien einmarschierten. In der Mittagsglut des zweiten Sonntags im Juni setzten sich die Truppenverbände, zu deren Ausrüstung u. a. 30 Leopard-Panzer, 30 Marder-Schützenpanzer, 30 Fuchs-Transportpanzer und 24 Luchs-Spähpanzer gehörten, in Mazedonien in Marsch, um nach einem Umweg über Albanien am nächsten Mittag bei Morina die albanisch-jugoslawische Grenze zu überschreiten. Empfangen wurden sie von einem Vorauskommando, das ihnen der Bataillonskommandeur Fritz von Korff aus Prizren entgegengeschickt hatte. Dieser hatte mit seinen Männern bereits am Vortag im Gefolge britischer Einheiten die jugoslawische Staatsgrenze passiert und Geschichte geschrieben. Deutsche Kriegsberichterstatter meldeten aufgewühlt und hochgestimmt nach Hause, daß die Erde unter den schweren Stahlketten bebte und dicke Diesel-Rußwolken den strahlend blauen Himmel verdunkelten, als die ersten deutschen Leopard-Panzer bei drückenden 31 Grad in den Kosovo vorstießen. Millionen von Bundesbürgern verfolgten das Schauspiel, nur leicht zeitversetzt, am Bildschirm und der Chefreporter der auflagenstärksten deutschen Sonntagszeitung meldete der Heimat: „Es ist genau 15.35 Uhr, als der erste deutsche Kampfpanzer Leopard 2 A5 die Grenze von Mazedonien zum Kosovo überfährt. Ein hi-

---

38 Ebenda

storischer Tag. Zum ersten Mal seit dem Zweiten Weltkrieg marschieren deutsche Soldaten in ein feindliches Land ein ..."[39]

Es ist dasselbe „feindliche Land", an dem sich am 15. Mai 1945 – eine Woche nach der bedingungslosen Kapitulation Hitlerdeutschlands – die Überreste der faschistischen deutschen Balkanarmee im Raum Zagreb–Maribor der 14. Infanteriedivision der jugolawischen Volksbefreiungsarmee ergaben. Es ist dasselbe Land, dem die Bundesrepublik Deutschland im September 1990 wie allen anderen Staaten auch feierlich erklärt hatte, „daß das vereinte Deutschland keine seiner Waffen jemals einsetzen wird, es sei denn in Übereinstimmung mit seiner Verfassung und der Charta der Vereinten Nationen".[40]

Nun war es ausgerechnet das von der Deutschen Wehrmacht barbarisch zerstörte und geschundene Jugoslawien, das wieder zum „feindlichen Land" geworden war, in dem Deutschland unter Bruch seiner Verfassung und der Charta der Vereinten Nationen seine Waffen einsetzte, zur lang angestrebten „Normalität" zurückfand und wieder als militärische Großmacht auftrat. Die Teilnahme am NATO-Krieg gegen Jugoslawien hatte das vor wenigen Jahren noch Unvorstellbare möglich gemacht. Auf der Bundestagssitzung am 11. Juni, einen Tag vor dem Aufbruch der deutschen Soldaten nach Kosovo und Metohien, hatte Joseph Fischer eine stolze Bilanz gezogen: „Wir waren von Anfang an voll militärisch engagiert. Auf allen Ebenen haben wir uns militärisch beteiligt. Es war geplant, daß wir uns an der Umsetzung des Rambouillet-Abkommens beteiligen. Wir haben uns beteiligt, als es darum ging, Militäraktionen gegen Milošević durchzuführen. Wir werden uns jetzt, so der Bundestag zustimmt, ebenfalls an der Um- und Durchsetzung des Waffenstillstandes und der Erreichung des Friedens beteiligen."[41]

---

39 Bild am Sonntag, 13.6.1999
40 Zwei-plus-Vier-Vertrag über die abschließende Regelung in bezug auf Deutschland, Texte zur Deutschlandpolitik, Reihe III, Band 8b – 1990, S. 672
41 14. Deutscher Bundestag, Stenographischer Bericht, 43. Sitzung am 11.6.1999, S. 3564

Als die Leopard-Panzer auf jugoslawischem Territorium in Stellung gegangen waren, wurde Rudolf Scharping ein wenig deutlicher. Ins Schlußkapitel seines „Kriegstagebuches" schrieb er: „Zum ersten Mal übernimmt Deutschland neben den USA, Großbritannien, Frankreich und Italien im Kosovo führende Verantwortung für einen Sektor. Dies ist Ausdruck eines größeren außen- und sicherheitspolitischen Gewichts und zugleich Signal eines noch vor wenigen Monaten kaum vorstellbaren politischen Fortschritts."[42]

Der „Sieg" verflüchtigt sich

Seit der Jubelfeier des deutschen Parlaments und dem Einmarsch der deutschen Soldaten als Teil der KFOR-Einheiten ins „feindliche" Jugoslawien, dessen integraler Bestandteil Kosovo und Metohien[43] nach wie vor ist, sind mittlerweile viele Monate ins Land gegangen. Einsatzgebiet der Bundeswehrtruppe, die sich vorrangig aus den noch von der CDU/CSU-FDP-Regierung und von Verteidigungsminister Volker Rühe geschaffenen Krisenreaktionskräften (KRK) rekrutiert, ist der Süden des autonomen Gebietes mit dem Zentrum in Prizren, wo sie noch sehr lange stationiert bleiben sollen, nämlich solange ein Mandat des UN-Sicherheitsrates, ein adäquater Beschluß des NATO-Rates sowie die Zustimmung des Bundestages vorliegen. So jedenfalls sieht es ein Beschluß des Berliner Parlamentes über eine unbefristete Einsatzverlängerung vor, für den 534 Abgeordnete im Juni 2000 votierten, als das ursprünglich für 12 Monate beschlossene Mandat für den militärischen Auslandseinsatz abgelaufen war.

---

42 Rudolf Scharping: Wir dürfen nicht wegsehen. Der Kosovo-Krieg und Europa, Berlin 1999, S. 221

43 „Kosovo und Metohien" ist die offizielle Bezeichnung des rund 1000 Quadratkilometer großen südserbischen autonomen Gebietes. Es besteht aus dem hügeligen Amselfeld (Kosovo polje) und dem etwa gleich großen Tal Metohien (griech.: „metochi" – Klosterfeld), das mit über 1000 serbisch-orthodoxen Klöstern und Kirchen eine weltweit einmalige Dichte an Sakralbauten aufweist.

Als die ersten deutschen Einheiten auf das jugoslawische Territorium vorrückten, wurden sie von Kosovo-Albanern mit Jubel begrüßt und überschwenglich als „Befreier" gefeiert. Nicht anders erging es Bundeskanzler Gerhard Schröder, als er einige Zeit danach, Ende Juli 1999, ohne Absprache mit Belgrad und unter Mißachtung der Souveränität Jugoslawiens der deutschen Besatzungszone einen Besuch abstattete. Wie stark und nachhaltig ihn dieser euphorische Empfang beeindruckte, kann man seiner Rede entnehmen, die er am 2. September 1999 vor der Deutschen Gesellschaft für Auswärtige Politik in Berlin zum Thema „Außenpolitische Verantwortung Deutschlands in der Welt" hielt und in der er u. a. ausführte: „Es ist schon beeindruckend und hat mich tief berührt, als ich in Prizren auf der einen Seite deutsche Panzer, deutsche Soldaten mit Maschinenpistolen gesehen habe, und auf der anderen Seite konnte ich miterleben, wie mit ungewöhnlich euphorischem Jubel ein deutscher Bundeskanzler begrüßt worden ist. Ich finde, daß das vor dem Hintergrund der spezifisch deutschen Geschichte in dieser Region eigentlich jeden berühren muß."[44]

Dem Kanzler ist zuzustimmen: Wen sollte dieser Jubel unberührt lassen? Nur dürften die geweckten Gefühle vor dem Hintergrund deutscher Kriegs- und Expansionspolitik auf dem Balkan, die Gerhard Schröder „spezifisch deutsche Geschichte in dieser Region" nennt, sehr unterschiedlich sein. Immerhin hatten albanische Bewohner der jugoslawischen Provinz deutsche Soldaten schon einmal mit grenzenloser Freude als „Befreier" begrüßt. Das allerdings lag inzwischen viele Jahre zurück, und die damals willkommengeheißenen Deutschen trugen statt olivgrüner feldgraue Uniformen, statt schwarz-rot-goldener Aufnäher den Wehrmachtsadler mit den weiten Schwingen. Doch so sehr sich auch historische Vergleiche, Parallelen und freilich auch Unterschiede aufdrängen, soll die Vergangenheit an dieser Stelle ruhen. Tatsache ist: „Im Kosovo sind 44.000 KFOR-Soldaten aus 19 NATO- und 19 Nicht-NATO-Staaten einschließlich Rußlands eingesetzt. Die Bundeswehr stellt mit 5.600 Soldaten nach den Vereinigten Staaten das größte Kontingent für KFOR ... Deutschland selbst ist

---

44 Internationale Politik, Nr. 10/1999, S. 69

mit der Bundeswehr sogenannte Lead Nation im Süden des Kosovo. Soldaten aus Rußland, den Niederlanden, der Slowakei, Bulgarien, der Türkei, Österreich, Georgien, der Schweiz und Aserbaidshan wirken hier mit den Deutschen zusammen."[45]

Das Zitat ist einem Artikel von Bundesverteidigungsminister Rudolf Scharping zum 1. Jahrestag des Angriffs auf Jugoslawien entnommen, einem der wenigen Pressebeiträge zu diesem Anlaß, in dem der NATO-Krieg ohne Wenn und Aber gerechtfertigt und der NATO-Sieg gefeiert wurde. Ansonsten war auch in der Bundesrepublik Deutschland der Siegesjubel verklungen. Spätestens zu diesem Jahrestag bestimmte Ernüchterung die Betrachtungen der meisten deutschen Kommentatoren, Politiker und Militärs. Selbst die Regierung mochte sich aus diesem Anlaß nicht mehr so recht freuen. Knappe fünf Minuten sprach Außenminister Joseph Fischer am 24. März 2000, dem Jubiläumstag, auf der Regierungssitzung, routiniert, aber schwunglos, um eine elfseitige Jahresbilanz zu erläutern. Auch die beiden anderen „glorreichen Sieger" waren nicht in Feststimmung. Der Kanzler enthielt sich jeden Kommentars, und der Verteidigungsminister hüllte sich in Schweigen. Keine Blumen, keinen Sekt und schon gar kein Schulterklopfen.

Auch das Bundespresseamt zeigte sich außerstande, das Berliner Kabinett mit einer Auswahl von freundlichen Jubiläumsbeiträgen zu erfreuen. Nicht einmal in den Redaktionen, die die Regierenden zum militärischen Vorgehen gedrängt, die maßgeblich geholfen hatten, eine antiserbische Eingreifpsychose zu schaffen, und die den Krieg propagandistisch bis zum „Sieg" begleiteten, wollte dem Jahrestag gemäßer, regierungsfreundlicher Jubel aufkommen. „Die Welt", die schon kurz nach dem ersten öffentlichen Auftreten der UCK die Kriegstrommel geschlagen und sich für ein Eingreifen des Westens, mit oder ohne die Führung der USA, stark gemacht hatte,[46] schrieb am Vorabend des Jahrestages: „Jeder Tag, den NATO und UN-Missionäre im Kosovo verbringen, rückt mehr ins Bewußtsein, daß die Intervention vor einem

---

45 Rudolf Scharping: Die Kosovo-Krise wirkt wie ein Katalysator, in: Frankfurter Allgemeine Zeitung, 24.3.2000
46 Siehe Die Welt, 13.3.1998

Jahr politisch ein Fehlschlag war ... Die NATO steckt nicht im Dilemma, sie sitzt geradezu in der Falle ..."[47]

Während die „Welt"-Redakteure diesen Vorjubiläumskommentar mit der Überschrift „Fehlschlag Kosovo" versahen, titulierte die „Frankfurter Allgemeine Zeitung" ihren Beitrag zum Jahrestag mit „Vor den Bug geschossen". Darin heißt es einleitend: „Als vor einem Jahr die Bomber der NATO gen Jugoslawien starteten, geschah das auf der Grundlage einer Fehlkalkulation. Die Alliierten hatten erwartet, einige wenige Luftschläge würden den jugoslawischen Präsidenten Milošević zum Einlenken und zur Beendigung der ‚ethnischen Säuberung' des Kosovo bringen. Die Fixierung auf ein solches Ergebnis, vor der in jedem Generalstabslehrgang gewarnt wird, führte das Atlantische Bündnis zum 50. Jahrestag seiner Gründung in eine Zerreißprobe, die es nur knapp bestand."[48]

Wenn schon in der „Welt" und in der FAZ für die Serbenbezwinger so wenig Erbauliches zu lesen war, dann wunderte es nicht, daß auch andere Blätter der Kriegstroika Schröder, Fischer, Scharping wenig Tröstliches mitzuteilen hatten. Kritik, Vorwürfe, Anklagen kamen von allen Seiten, sie wuchsen zur Flut an, als sich bestätigte, was lang schon bekannt war: Das „Racak-Massaker" war eine UCK-Inszenierung mit US-amerikanischer Schützenhilfe und deutscher Rückendeckung, der „Hufeisenplan" war ein west-östliches Gemeinschaftswerk von Geheimdiensten und der Bonner Hardthöhe, der NATO-Feldzug für die Menschenrechte ein Krieg, in dem international geächtete Waffen gegen Menschen, Militärs und Zivilisten eingesetzt wurden. Statt Lob und Anerkennung für den vor Jahresfrist begonnenen siegreichen Krieg erhielten die Sieger Presseübersichten, deren Studium ihnen wenig Vergnügen bereitet haben dürfte.

In nahezu allen seriösen Blättern erschienen Rezensionen und Kommentare zum pünktlich zum Jahrestag erschienenen Buch des Mitarbeiters der OSZE in Wien Heinz Loquai „Der Kosovo-Konflikt. Weg in einen vermeidbaren Krieg", in dem der ehemalige Brigadegeneral der Bundeswehr schwerste Vorwürfe gegen

---

47 Die Welt, 8.3.2000
48 Frankfurter Allgemeine Zeitung, 24.3.2000

die deutsche Bundesregierung, vor allem gegen Verteidigungsminister Scharping, erhebt. Nach seiner Auffassung war die Intervention der NATO eine Einmischung in einen Bürgerkrieg: „Als Luftwaffe der UCK gewann die NATO den Bürgerkrieg für die UCK."[49] Er legte Beweise vor, die den Verdacht bestätigten, daß es sich beim sogenannten Hufeisenplan um eine Fälschung handelte. Die „Berliner Zeitung"[50] bewies nach gründlichen Recherchen, daß das angebliche Račak-Massaker „keine gezielte Hinrichtung" war. Tags darauf war im gleichen Blatt zu lesen, daß die verteidigungspolitische Sprecherin der Bundestagsfraktion von Bündnis 90/Die Grünen, Angelika Beer, eine lückenlose Aufklärung der Vorwürfe verlangte. Die schon immer von inneren Zweifeln geplagte, aber scheinbar deshalb besonders lautstarke Advokatin des NATO-Krieges, forderte eine „selbstkritische Überprüfung der deutschen Beteiligung am Kosovo-Krieg ..., damit sich – im schlimmsten Fall – in einer ähnlichen Situation mögliche Fehler nicht wiederholen".[51]

„Die Woche" titelte ihren Jubiläums-Beitrag von Johannes Dieterich mit fetten Lettern: „Die Kriegslüge. Woche-Recherchen zum Jahrestag der NATO-Luftschläge auf Serbien belegen: Verteidigungsminister Rudolf Scharping nahm es mit der Wahrheit nicht so genau. Und ein Bundeswehrgeneral behauptet: „Der Krieg hätte vermieden werden können"[52], und die „Berliner Morgenpost" überschrieb ein Gespräch mit dem Direktor des Institutes für Friedensforschung und Sicherheitspolitik in Hamburg, Dieter S. Lutz: „Der Krieg war eine ‚Meisterleistung' der UCK." Im Gesprächsverlauf erklärte der Friedensforscher: „Ich teile die Ansicht des deutschen Generals a. D. Loquai: Der amerikanische OSZE-Missionsleiter Walker zündete mit seiner unbewiesenen Version von ‚Račak' die Lunte zum Krieg gegen Jugoslawien. Scharping löschte mit dem ‚Hufeisenplan' die Kritik an diesem Krieg. Beide Anschuldigungen wurden, Zweifel hin oder her, un-

---

49 Heinz Loquai: Der Kosovo-Konflikt. Weg in einen vermeidbaren Krieg, Baden-Baden 2000, S. 147
50 Berliner Zeitung, 24.3.2000
51 Berliner Zeitung, 25.3.2000
52 Die Woche, 24.3.2000

geprüft für wahr ausgegeben und konnten so ihren Zweck erfüllen."[53]

Im „Tagesspiegel" kam einer der Hauptverantwortlichen für den Krieg, der ehemalige Vorsitzende des NATO-Militärausschusses Klaus Naumann zu Wort. Nach seiner Einschätzung hatte die NATO „nicht alle Möglichkeiten genutzt", „einen Waffengang zu vermeiden".[54] Als General dachte er in militärischen Kategorien und demzufolge „unter anderem" an die ausgebliebene „Androhung des Einsatzes von Bodentruppen", aber eben *„unter anderen"*; welche anderen Möglichkeiten zur Kriegsvermeidung ungenutzt blieben, verschwieg er, aber auch so war es ein heftiger Vorwurf und ein aufschlußreiches Eingeständnis zugleich.

Die Selbstbezichtigung des Generals erregte Aufsehen, den „moralischen Schaden des 24. März" ließ er – verständlicherweise – unerwähnt. Auf diesen wurde unter eben dieser Überschrift in dem Blatt hingewiesen, das als eines der wenigen den NATO-Krieg von Anfang an konsequent verurteilt hatte. Im „Neuen Deutschland" schrieb Chefredakteur Jürgen Reents, früherer Bundestagsabgeordneter der Grünen, u. a.: „Warum diese Erinnerung, warum ein Rückruf der Bilder des von tödlichem Feuer erhellten Himmels über Belgrad, des zerbombten Personenzuges auf der Brücke von Grdelička, der zerstörten Autofabrik Zastava in Kragujevac, des ‚versehentlich' getroffenen Flüchtlingstrecks auf der Straße bei Djakovica? Weil dies die ungeheuerliche Ungerechtigkeit eines ‚Menschenrechtskrieges' bezeugt, der unter Umgehung der UNO, gegen das Völkerrecht, gegen die menschliche Moral angezettelt wurde, auf die die beteiligten Staaten sich in kräftigster Abgrenzung zu ihrem verteufelten Gegner berufen haben – und auch ein anderes Mal bereit sein könnten, sich zu berufen."[55]

Nicht vom „moralischen Schaden", sondern vom „Tabubruch" sprach Roderich Reifenrath in der „Frankfurter Rundschau". Er ging auf die Motive ein, weshalb deutsche Soldaten

---

53 Berliner Morgenpost, 23.3.2000
54 Der Tagesspiegel, 23.3.2000
55 Neues Deutschland, 24.3.2000

zum ersten Mal nach dem Ende des Zweiten Weltkrieges wieder zu den Waffen gegriffen haben, und nannte dabei „den Wunsch, die deutsche Fanfare allüberall lauter als sonst ertönen zu lassen. Das spürte man den dauergestreßten Krisenmanagern im Kabinett Schröder schnell an, daß sie einerseits überhaupt keine Zeit hatten, um konzentriert über die politischen Folgen ihres Tuns für das eigene Land nachzudenken, und andererseits vom Stolz beflügelt waren, dabei zu sein – auf der richtigen Seite stehend, gemeinsam mit den anderen dem Belgrader Diktator schmerzhaft in die Parade fahrend, anerkennend wahrgenommen von den USA. Wie viele deutsche Politiker haben nach 1945 genau darauf gewartet."[56]

Die Reihe dieser und ähnlicher Stimmen zum 1. Jahrestag des NATO-Überfalls auf Jugoslawien ließe sich fortsetzen. Jeder Versuch, sie alle lückenlos zu erfassen, würde den Rahmen eines Buches sprengen. Deshalb sei an dieser Stelle nur noch eine zitiert, die es verdient, ausführlich wiedergegeben zu werden. Der Schriftsteller und langjährige Berliner Akademiepräsident Walter Jens empfahl zum Jahrestag, wieder einmal Karl Kraus' Tragödie „Die letzten Tage der Menschheit" zu lesen und ein Jahr nach Beginn des Kosovo-Krieges und mit Blick auf die NATO-Propaganda den Satz zu bedenken: „Nicht daß die Presse die Maschinen des Todes in Bewegung setzte – aber daß sie unser Herz ausgehöhlt hat, das ist ihre Kriegsschuld." Und Walter Jens gab zu bedenken: „Unser Herz ausgehöhlt: jawohl – durch Beschönigung einer Strategie, die sich mehr und mehr gegen die Zivilbevölkerung richtete, durch die Verniedlichung des Mords mit Hilfe scheinbar neutraler Vokabeln (,Kollateralschäden'), durch das Vertuschen monströser Tatbestände, die erst nach und nach ans Licht kommen (Abwurf von urangetränkten Bomben), durch eine rüde Scharzweiß-Zeichnung (die bösen Serben, die gute UCK) und durch das Verschweigen von Details, die ein chronologisch exaktes Bild ermöglicht hätten.

Aber das Herz einer Bevölkerung, die auf strikter Einhaltung deutscher Friedensgebote bestand, war immer noch nicht unterhöhlt – Grund genug für das Täuscher-Paar in moralischer Drapierung, Scharping voran und Fischer hinterher, eine Schmieren-

---

56 Frankfurter Rundschau, 24.3.2000

komödie zu inszenieren und – unglaublich! – einen ‚Hufeisenplan' aus dem Hut zu zaubern, der klipp und klar bewiese, daß die Unholde in Belgrad bereits Monate vor dem Beginn westlicher Strafaktionen ihre Genozid-Pläne punktgenau formuliert hätten. Eine plumpe Fälschung sollte die Herzen der Deutschen endgültig aushöhlen: Wer möchte schon mitschuldig sein an einem zweiten Auschwitz? Ach, welch ein widerwärtiger Coup wurde da inszeniert – doppelt widerwärtig, weil Scharping Lüge Lüge sein ließ und bis zum heutigen Tag vom ‚Erfolg' des Krieges schwadroniert ...

Schämt euch, allesamt, sagte man in Zeiten, da Moral noch etwas galt. Ihr zwei aber, Rudolf und Joseph, stellt euch in die Ecke – und zwar sofort."[57]

Aus nachvollziehbaren Gründen sind die Kriegsverantwortlichen bis zum heutigen Tag der Aufforderung von Walter Jens, sich in die Ecke zu stellen, nicht nachgekommen. Sie spreizen sich weiterhin vor jeder Kamera, führen die Regierungsgeschäfte wie eh und je, vertreten Deutschland nach außen, modernisieren die Bundeswehr zur Interventionsarmee.

In jeder halbwegs geordneten parlamentarischen Demokratie wäre angesichts der Tricks und Manipulationen, mit denen das Land in einen Angriffskrieg getrieben wurde, ein Untersuchungsausschuß eingesetzt worden, wären zumindest Minister, die das Parlament hintergangen und die Öffentlichkeit betrogen haben, zum Rücktritt gezwungen worden. Nicht so in der Bundesrepublik Deutschland. Hier benutzte die Regierung das Plenum des Parlaments zum Versuch, sich von jeder Kriegsschuld reinzuwaschen und aus der Defensive zu gelangen.

Zum Jahrestag des Kriegsbeginns fand – verständlich, es gab keinen Sieg mehr zu feiern – keine Bundestagssitzung statt, doch knappe zwei Wochen danach, am 5. April kam das Thema, das nicht zu umgehen war, doch zur Sprache. Keiner der dem Plenum vorliegenden Anträge beschäftigte sich mit der Verantwortung der Regierung für den Krieg, ihr Gegenstand war zwar nicht unwichtiger, aber doch wesentlich unverfänglicher, ja nahezu freundlicher Natur. „Unterstützung des Stabilitätspakts Südosteu-

---

57 Die Woche, 31.3.2000

ropa" überschrieben die SPD und Bündnis 90/Die Grünen ihren Beschlußentwurf, und die bürgerlichen Oppositionsparteien konterten mit ihren Anträgen „Den Stabilitätspakt Südosteuropa mit Leben erfüllen" (CDU/CSU) und „Für eine zügige Umsetzung und Vertiefung des Stabilitätspaktes Südosteuropa".

Angesichts der allein schon daran zu erkennenden Meinungsverschiedenheiten zwischen Regierung und Oppositionsmehrheit – nur die PDS wollte auch dieses Mal nicht so recht mitspielen – fiel es der Regierung nicht schwer, einen Entlastungsangriff zu starten und zu versuchen, vor der Öffentlichkeit wenigstens einen Teil des vor Jahresfrist errungenen Kriegssieges zu retten.

Die Arbeitsteilung entsprach in etwa der im Kabinett. Der Kanzler übte Zurückhaltung und schwieg. Joseph Fischer übernahm die Rolle des Regierungsadvokaten, wie üblich wortreich, aber irgendwie fehlte es ihm an dem agitatorischen Schwung, der ihn in den Tagen des Dauerbombardements ausgezeichnet hatte. So fiel sein Verteidigungsplädoyer ziemlich kläglich aus.

Verkündend, daß es an der Lage in Kosovo nichts zu beschönigen gibt, beschönigte er sie nach Kräften: „Seit der humanitären Katastrophe des letzten Frühjahrs ist viel geleistet und erreicht worden. Fast alle Vertriebenen sind in ihre Häuser zurückgekehrt. Mit vereinten Kräften ist es gelungen, die Bevölkerung während des Winters zu versorgen. Es gibt wieder Polizisten, die für Sicherheit und Ordnung sorgen und nicht, wie in den letzten Jahren, für Angst und Unterdrückung. Die Zahl der ethnisch motivierten Gewalttaten ist erheblich zurückgegangen. Heute können kosovoalbanische Kinder wieder reguläre Schulen besuchen, nachdem sie jahrelang auf ein inoffizielles, paralleles Schulsystem ausweichen mußten ..."[58]

Offen ließ der Minister, was er unter der „humanitären Katastrophe des letzten Frühjahrs" verstand – die tragischen Auswirkungen der bewaffneten Auseinandersetzungen zwischen der vom Ausland, vor allem auch von Deutschland, unterstützten UCK und den jugoslawischen Sicherheitskräften auf die Zivilbevölkerung in Kosovo und Metohien oder die Folgen der Eskalation der

---

58 14. Deutscher Bundestag, Stenographischer Bericht, 97. Sitzung am 5.4.2000, S. 9008

Gewalt und des Chaoses nach Beginn der NATO-Luftangriffe. Wohlweislich verzichtete er auf eine solche Präzisierung. Da er jedoch nichts „beschönigen" wollte, ging er mit einem Satz, einem einzigen, exakt anderthalb Zeilen, auf „die gewaltsamen Übergriffe auf Serben, Roma und andere ethnische Minderheiten" in Kosovo ein, die es zu beenden gelte.

Wie wortgewaltig und engagiert, mit wieviel flammendem Zorn, mit welchem Beben in der Stimme hatte er doch vor Jahresfrist das Martyrium der Kosovo-Albaner beklagt und das Belgrader Regime angeprangert! Und ein Jahr danach: Zur Heimsuchung der Nicht-Albaner unter den Augen der KFOR ein nüchterner, kurzer Satz, fast ein Nebensatz. Dabei verfügte der Chef des Auswärtigen über eine Fülle an Informationen, um die Lage in Kosovo und Metohien ein Jahr nach Kriegsbeginn zu schildern. Ihm und seinem Amt lagen zahllose Berichte, keineswegs nur aus Belgrad, vor, in denen die katastrophale Situation in der jugoslawischen Provinz, ihre weitgehende ethnische Säuberung von den Serben und Angehörigen anderer Volksgruppen realistisch beschrieben wurde.

Auf dererlei Fakten mochte der Parlamentsredner, der glühende Verfechter der Menschenrechte und leidenschaftliche Gegner ethnischer Vertreibung, nicht eingehen. Der Schutz der Serben, Roma und der anderen war ihm nur einen kurzen Satz wert. Statt dessen widmete er weite Teile seiner Rede dem Selbstschutz, der Verteidigung gegen den, wie er formulierte, „erneuten Versuch der Mythenbildung in politisch verfälschender Absicht", was sein Koalitionspartner und SPD-Fraktionschef Peter Struck mit dem mutmachenden Zwischenruf „Sehr wahr!" quittierte. „Diesen Versuchen", so der vom „Sieger" zum Verteidiger mutierte Minister, „ist eines gemeinsam, nämlich die Unterstellung, der Westen und vor allem die Bundesregierung habe den Militäreinsatz vor einem Jahr mutwillig herbeigeführt und dazu Fakten manipuliert. Diese Unterstellung war und ist absurd und sie wird durch Wiederholungen nicht wahrer – weder im Fall Račak noch beim sogenannten Annex B der Verhandlungsdokumente von Rambouillet, noch beim sogenannten Hufeisenplan."[59]

---

[59] Ebenda, S. 9009

Zu jedem dieser Fälle brachte er „entlastendes Material" vor, das von Insidern, Experten und recherchierenden Journalisten längst widerlegt worden war. Das hinderte ihn allerdings nicht daran, die Vorwürfe „falsch und böswillig" zu nennen. So nimmt es auch nicht wunder, daß er die Entscheidung für den Krieg, für den ersten Kriegseinsatz der Bundeswehr nach dem Zweiten Weltkrieg – und diesen gegen ein früheres Mitglied der Antihitlerkoalition – als „gewiß schwierig" und „auch bitter" bezeichnete. „Aber selbst mit dem Abstand von einem Jahr füge ich hinzu: Sie war die einzig richtige."[60]

Fischers Kabinettskollege, der Bundesminister der Verteidigung Rudolf Scharping, einer der folgenden Redner und am häufigsten der Manipulation von Fakten beschuldigt und überführt, ging mit keinem Wort auf „Račak", „Rambouillet" oder den „Hufeisenplan" ein. Er übte äußerste Zurückhaltung und sich in der Rolle dessen, dessen Hauptanliegen die Verstärkung der „präventiven Möglichkeiten der Politik" sowie „die geduldige, zähe und konsequente Friedensarbeit" ist.[61]

Ja, so ist er, unser Friedensminister, wenn er sich den Kriegsschaum von den Lippen gewischt hat. Seine Kriegsrechtfertigung hatte er schon einige Tage zuvor zu Papier gebracht, in dem bereits erwähnten Jahresbeitrag in der „Frankfurter Allgemeinen Zeitung". Hier hatte er einleitend geschrieben: „Die Luftoperationen der NATO gegen Jugoslawien waren eine bittere und notwendige Konsequenz. Präventive Politik, so mangelhaft sie auch gewesen sein mag, war gescheitert, die fast verzweifelten Bemühungen der Verhandlungen in Rambouillet und Paris ebenso wie die Mission unbewaffneter OSZE-Beobachter in Kosovo. Mehr als 400.000 Menschen waren im März 1999 auf der Flucht vor einer mörderischen Vertreibungs- und Unterdrückungspolitik. Schon bald darauf sollte der Generalsekretär der Vereinten Nationen mit Blick auf das Kosovo von der ‚dunklen Wolke des Völkermordes' sprechen. Diesen zu verhindern, den vierten ethnischen Vertreibungskrieg seit 1991 auf dem Balkan zu beenden, die fragile Stabilität Südosteuropas zu retten und die eigene Si-

---

60 Ebenda, S. 9010
61 Ebenda, S. 9024

cherheit zu bewahren, dazu die politische Initiative, die humanitäre Hilfe und das militärische Handeln klug zu koordinieren, all das wurde zu einer erfolgreich angenommenen Herausforderung."[62]

Selten sind auf so knappen Raum, in einem einzigen Absatz so viele Lügen, Halb- und Unwahrheiten untergebracht worden. Eine wahre Meisterleistung, ein echter Scharping! Selbst den Generalsekretär der Vereinten Nationen, Kofi Annan, den die NATO mit ihrem Angriff ohne UN-Mandat brüskiert und der den Krieg gleich zu Beginn kritisiert hatte, bemühte er für seine Argumentation zur Rechtfertigung des Krieges und Würdigung des Kriegserfolges, eines Sieges, der sich mehr und mehr verflüchtigte und sich endgültig in Luft aufgelöst hätte, wenn die innenpolitischen Ereignisse in Jugoslawien, die Wende in Belgrad den „Siegern" nicht die Möglichkeit geboten hätte zu versuchen, die Öffentlichkeit ein weiteres Mal hinters Licht zu führen. Über einige der Scharpingschen Behauptungen wird noch zu reden sein.

---

[62] Frankfurter Allgemeine Zeitung, 24.3.2000

KAPITEL 2

Die kurzen Beine und der lange Atem der Lügen

„Nur was man erfindet, hat man exklusiv"

In der Jugoslawiendebatte des Bundestages vom Oktober 2000, dieser Reprise der Jubelfeier vom Juni des vorangegangenen Jahres, mit der der entschwindende Kriegssieg zurückgeholt werden sollte, erläuterte Außenminister Joseph Fischer mit Blick auf den Balkan, daß Vertrauen nur wachsen werde, wenn „die Wahrheit ausgesprochen wird. Sie ist die Grundlage der Versöhnung, und Versöhnung ist die Grundlage, auf der der Frieden steht."[63]

Man ist versucht, in dieses Hohelied auf die Wahrheit einzustimmen, wüßte man nicht: DieWahrheit macht nur dann einen Sinn, wenn sie nicht als hohle Phrase, sondern in konkreter Gestalt daherkommt. Doch dazu war von Fischer kein einziges aufklärendes Wort zu hören. Im Gegenteil, mit seiner These, daß das militärische Eingreifen der NATO eine Voraussetzung für den „Sieg der Demokratie in Belgrad" gewesen sei, fügte er den alten Unwahrheiten eine neue hinzu, ohne sich von diesen auch nur mit einer Silbe zu distanzieren. Gründe dafür hätte er im Überfluß gehabt.

Seit den Zeiten von Reichspropagandaminister Goebbels ist in Deutschland nicht mehr so viel und so abscheulich gelogen worden wie vor und während des NATO-Krieges gegen Jugoslawien. Für Psychologen und Politologen, Geschichtsphilosophen und Historiker, ja selbst für Sprachwissenschaftler wäre es eine lohnenswerte Aufgabe, die Lügen und Falschinformationen zu sammeln, nach Herkunft, Zweckbestimmung und Verbreitung, nach Wirksamkeit und Lebensdauer, nach Gruppen und Unter-

---

63 14. Deutscher Bundestag, Stenographischer Bericht, 123. Sitzung am 11.10.2000, S. 11824

gruppierungen zu ordnen, zu katalogisieren und der Nachwelt als Anschauungsmaterial zu erhalten. An Stoff fehlt es nicht und auch nicht an Vorarbeiten, die vor allem anläßlich des 1. Jahrestages des Überfalls, aber auch zuvor und bis zum heutigen Tag geleistet wurden. Lügen gab es zuhauf, so viele, daß sie auch ohne tiefergehende, systematisierende Forschung der Übersicht halber mit Eigennamen versehen wurden und zumeist schon keiner ausführlichen Erläuterung mehr bedürfen: die Račak-Lüge, die Völkermord-Lüge, die Rambouillet-Lüge, die Vertreibungs-Lüge, die Wir-führen-keinen-Krieg-Lüge, die KZ-Lüge, die Hufeisenplan-Lüge, die Fötengrill-Lüge, die Vergewaltigungs-Lüge, die Albaner-Führer-Hinrichtungs-Lüge, die Massengräber-Lüge, die Albaner-Schutzschild-Lüge, die neue Auschwitz-Lüge.

Einige der angeführten Desinformationen und Schwindeleien waren auch Gegenstand der Untersuchungen vor und während des Internationalen Europäischen Tribunals über den NATO-Krieg gegen Jugoslawien. Zu Recht, denn mit den Lügen wurden der Krieg, der Bombenterror und die Kriegsverbrechen gerechtfertigt. Die Falschinformationen hatten ihren Ausgangspunkt nur in den seltensten Fällen in den Redaktionen der Zeitungen. Beizupflichten ist Heinz Odermann, emeritierter Professor für Massenkommunikation und Recht in den internationalen Beziehungen, wenn er feststellt: „Die Journalisten sind in der Regel nicht die Fälscher. Sie sind die Vermittler von Falschinformationen."[64] Verfolgte man die Spur der Lügen zurück, so gelangte man zumeist in die Stäbe der psychologischen Kriegsführung in Brüssel und in den NATO-Metropolen, in die Vor- und Amtszimmer der Regierenden.

Eckart Spoo hatte deshalb allen Grund auf dem ersten Hearing zur Tribunalvorbereitung Ende Oktober 1999 in der Heiligen Kreuz Kirche in Berlin zu erklären: „Ich klage die NATO und besonders die auf das Grundgesetz vereidigte Regierung der Bundesrepublik Deutschland an, die Öffentlichkeit systematisch irregeführt, uns die Wahrheit über Kriegsgründe, Kriegsziele, den Kriegsgegner, den Kriegsverlauf, Kriegsschäden, Kriegsopfer,

---

64 Heinz Odermann: Der psychologische Krieg und sein System der Fälschung, in: Neues Deutschland, 3.5.1999

Kriegskosten, Kriegsergebnisse vorenthalten, uns statt dessen dreist belogen zu haben. Dieser Mißbrauch politischer Macht hat unser Grundrecht auf Information verletzt und das Fundament der Demokratie beschädigt.

Ohne Irreführung der Öffentlichkeit, ohne Lügenpropaganda wäre es nicht möglich gewesen, diesen völkerrechtswidrigen Krieg zu führen. Nachdem die Kriegspläne spätestens im Oktober 1998 fertiggestellt waren, folgte eine monatelange Desinformationskampagne, um Widerstände friedliebender Menschen zu paralysieren. Dazu gehörte eine permanente Diffamierung der Bundesrepublik Jugoslawien, eine Dämonisierung, ja Verteufelung ihres Präsidenten Slobodan Milošević, eine nationalistische Hetze gegen die Serben, die als blutgierige Wilde, als Barbaren dargestellt wurden wie einst in Zeiten des Kolonialismus afrikanische Völker, die unterworfen werden sollten."[65]

Wie berechtigt die Anklage von Eckart Spoo war, dafür lieferten das genannte Hearing, das ihm folgende in Hamburg und das Tribunal im Juni 2000 in Berlin selbst viele Beweise. Manche der dort angeführten Propaganda-Lügen und Greuelmärchen waren so grotesk, daß sie schon Gelächter, wenn auch bitteres, hervorriefen; andere waren so perfide, daß sie selbst denen den Atem verschlugen, die sie längst kannten und nie an ihren Wahrheitsgehalt geglaubt hatten. Lassen wir einige der auf den Hearings aufgetretenen Experten noch einmal, wenn auch nur kurz, zu Wort kommen.

Sarah Flounders, Koordinatorin des amerikanischen Tribunals, führte u. a. aus: „Jeder Krieg wird mit einem Sperrfeuer von Kriegspropaganda und der Dämonisierung eines ganzen Volkes gerechtfertigt. Die vereinten Medien wirken als integraler Bestandteil der Kriegsmaschinerie. Betrachten Sie die endlosen Beschreibungen von Massakern. Uns wurde erzählt, es wären 100.000 Kosovo-Albaner massakriert worden. In anderen Be-

---

65 Eckart Spoo: Irreführung der Öffentlichkeit, in: Die Wahrheit über den NATO-Krieg gegen Jugoslawien. Schrift des Internationalen Vorbereitungskomitees für ein Europäisches Tribunal über den NATO-Krieg gegen Jugoslawien. Hrsg. Wolfgang Richter, Elmar Schmähling, Eckart Spoo, Schkeuditz 2000, S. 148/149

richten wurde behauptet, 50.000 lägen in Massengräbern. Die Bombardierung durch die NATO wäre notwendig gewesen, um Leben zu retten.

Nach den Bombardements begaben sich Gerichtsexperten aus 17 Ländern nach dem Kosovo, um die Toten zu zählen. Wo gibt es Massengräber? Es gab lebhafte reißerische Beschreibungen in den europäischen und US-Medien, daß 700 Leichen in die Schächte von Trepca geworfen worden wären. Es wurden keine gefunden. Spanischen Pathologen war gesagt worden, es sei mit 2.000 Autopsien von Opfern in Massengräbern zu rechnen. Sie fanden keine Massengräber, lediglich 183 individuell bestattete Leichen."[66]

Mit den gleichen Fälschungen befaßte sich Wolfgang Gehrcke, stellvertretender Fraktionsvorsitzender der PDS im Bundestag: „Die Bundesregierung sprach von einem Völkermord, der im Kosovo stattfände. Streckenweise wurden Zahlen von mehreren zehntausend Toten und vom Tode Bedrohter genannt ... Der Internationale Gerichtshof für Kriegsverbrechen im ehemaligen Jugoslawien (ITCY) präsentierte im November 1999 dem UN-Sicherheitsrat das vorläufige Ergebnis seiner Untersuchungen: Im Kosovo wären 200 angebliche Massengräber mit insgesamt 2.018 Toten gefunden, geöffnet und die Toten gerichtsmedizinisch untersucht worden. Die Ergebnisse allerdings, ob es sich bei den Opfern um Kriegstote oder um Opfer von Exekutionen handelt, um Albaner oder Serben, wurden vom Tribunal ohne Angaben von Gründen als geheim eingestuft."[67] Wolfgang Gehrcke fügte hinzu: „Eine weitere Rechtfertigung des Krieges bestand im Hinweis auf eine Vertreibungssituation im Kosovo. Lassen wir auch hier die Zahlen sprechen: Das UNO-Flüchtlingshilfswerk hatte unmittelbar vor dem NATO-Angriff

---

66 Sarah Flounders: Für die Zukunft kämpfen. Das ist die Herausforderung, in: Die Wahrheit über den NATO-Krieg gegen Jugoslawien, S. 59/60
67 Wolfgang Gehrcke: Antworten der Bundesregierung auf Anfragen der PDS, in: Die deutsche Verantwortung für den NATO-Krieg gegen Jugoslawien. Schrift des Internationalen Vorbereitungskomitees für ein Europäisches Tribunal über den NATO-Krieg gegen Jugoslawien. Hrsg. Wolfgang Richter, Elmar Schmähling, Eckart Spoo, Schkeuditz 2000, S. 89/90

14.500 Flüchtlinge aus dem Kosovo in den angrenzenden Ländern registriert. Am Ende des Krieges sollen es zwischen 700.000 und 800.000 gewesen sein. Offenkundig hat der Luftkrieg der NATO gegen die Bundesrepublik Jugoslawien erst das ausgelöst, was er angeblich verhindern wollte: eine massenhafte Flüchtlingswelle."[68]

Doris und George Pumphrey beschäftigten sich in der bisher gründlichsten Studie mit der Račak-Lüge und wiesen anhand sorgfältig recherchierter Fakten nach, daß das gleichnamige „Massaker" ein „Schlüsselereignis auf dem Weg in den Krieg der NATO" und eine „gelungene Inszenierung" war, „damit der nötige Druck auf zögerliche Politiker und die Bevölkerung der NATO-Länder ausgeübt werden (konnte), um einen Angriff der NATO auf Jugoslawien zu rechtfertigen".[69]

Nicht weniger bemerkenswert war der Beitrag des Philosophie-Professors Ernst Woit, der sich mit der ideologisch-psychologischen Rechtfertigung des Krieges befaßte und dabei auch mit dem Vertrag der US-amerikanischen Public Relations Agentur Finn mit den Regierungen von Kroatien, Bosnien-Herzegowina sowie der albanischen Exilregierung Kosovos von 1992 zur Durchführung einer politischen Propaganda-Kampagne, „mit dem Ziel, die Serben mit den Nazis gleichzusetzen und entsprechend emotional geladene Begriffe wie ‚ethnische Säuberung' oder ‚Konzentrationslager' in der öffentlichen Meinung fest mit ihnen und nur mit ihnen zu verbinden ... Es hängt eben mit dieser Zielsetzung zusammen, wenn Bundeskanzler Gerhard Schröder sich im Phoenix TV auf die Frage nach Beweisen für KZs im Kosovo zu folgender ‚Definition' versteigt: ‚Es kommt darauf an, was man dem Begriff Konzentrationslager unterlegt. Wir wissen, daß die Menschen zusammengefaßt werden, konzentriert. Das reicht, um zu handeln.'"[70]

---

68 Ebenda, S. 90
69 Doris und George Pumphrey: Das „Račak-Massaker": Casus Belli der NATO, in: Die deutsche Verantwortung für den NATO-Krieg gegen Jugoslawien, S. 66-84
70 Ernst Woit: NATO gegen Jugoslawien – die ideologisch-psychologische Rechtfertigung des Krieges, in: Die Wahrheit über den NATO-Krieg gegen Jugoslawien, S. 82/83

Der Dresdner Professor ging auch auf die Albaner-Schutzschild-Lüge ein, die NATO-Sprecher Shea am 7. April 1999 in Umlauf setzte: „Eine Behauptung, die Bundesverteidigungsminister Scharping umgehend übernimmt und die die Bild-Zeitung vom 9. April 1999 mit der Behauptung noch übertrifft, nach einem Geheimbericht der NATO seien am 2. April nicht weniger als 500 albanische Männer auf einem Feld nahe der Ortschaft Krajiane zusammengetrieben und als ‚menschliche Schutzschilde' vor Kanonen der serbischen Artillerie gestellt worden. Es genügt, sich vorzustellen, wieviele Kanonen die Serben wohl auf diesem Feld aufgestellt haben mußten, um 500 albanische Männer als ‚menschliche Schutzschilde' für sie zu verwenden, um zu ahnen, was für eine krankhafte Phantasie notwendig war, um eine derartige Horrormeldung zu erfinden. Ein besonders krasses Beispiel psychologischer Kriegsführung lieferte die britische Zeitung ‚Sun' vom 14. April 1999 mit folgendem Text: ‚Serbische Soldaten führen sich auf wie Barbaren. Sie verdienen es, wie wilde Hunde erschossen zu werden. Anders als der NATO-Pilot, der versehentlich einen Zug bombardiert hat, wissen die Serben ganz genau, was sie tun ... Slobas (Slobodan Miloševićs) Tiere sind eine Beleidigung für die Menschheit.'"[71]

Einige deutsche Massenblätter standen der „Sun" nicht nach. Darauf machte u. a. Hermann L. Gremliza aufmerksam, als er zur „deutschen Kriegsberichterstattung" ausführte: „Zur Propaganda im Krieg gehört unverzichtbar die Greuelpropaganda, das heißt die Propaganda mit Nachrichten über Greuel, die der Feind verübt habe. Es war nicht ganz einfach, den Bedarf an den entsprechenden Nachrichten zu stillen. Was weiter half, war die alte Journalisten-Maxime: Nur was man erfindet, hat man exklusiv. Hier einige der tollsten Ergebnisse:

‚Bild': *Serben töten Babys, vergewaltigen Frauen. Die Miloševićs – eine schreckliche Familie – ihn nennen sie ‚Schlächter', seine Frau ‚Hexe von Belgrad' – 300 Schwerverbrecher aus dem Zuchthaus ins Kosovo losgelassen.*

Die ‚B.Z.':*Milošević – Der Feind intim – Der Alkoholiker – Er nimmt immer stärker die Züge eines zweiten Hitler an.*

---

71 Ebenda, S. 83

‚Bild': 1. April, ganzseitig: über einem Foto, das Flüchtlinge an der Grenze zu Albanien zeigt ... *Sie treiben sie ins KZ. Nun wird der Alltag im Kosovo KZ-Wirklichkeit. Hitler und Stalin sind in Milošević wieder auferstanden. Serben feuern auf schutzlose Flüchtlinge.* – Es gibt Sätze, die mehr Lügen enthalten als Worte, hat Kay Sokolowski kürzlich in ‚konkret' geschrieben."[72]

Der gleiche Redner ging auch auf die Albaner-Führer-Hinrichtungs-Lüge ein und wußte zu berichten: „Am 30. März meldete ‚B.Z.' Berlin: *Gestern wurden zwei Spitzen-Politiker der Kosovo-Albaner hingerichtet: Fehmi Agani und Baton Haxhiu.*

Am 30. März meldete die ‚Bild'-Zeitung: *Hinterhalt auf Beerdigung, Milošević läßt fünf prominente albanische Oppositionelle erschießen* (der Vorgang wird detailliert beschrieben).

Am selben Tag meldet aber auch die als seriös geltende ‚Süddeutsche Zeitung': *Serben exekutieren fünf Albaner-Führer, darunter auch Fehmi Agani und den 37jährigen Journalisten Baton Haxhiu.*

Eine Woche später, am 6. April, meldet die ‚Frankfurter Rundschau': *Am Montag sind sechs namhafte kosovo-albanische Intellektuelle mit Hilfe der deutschen Botschaft in einer Bundeswehr-Maschine nach Bonn gekommen: Fehmi Agani, Baton Haxhiu und so weiter.*

Am 30. März meldete die ‚B.Z.': *Ibrahim Rugova konnte untertauchen, sein Haus wurde dem Erdboden gleichgemacht.*

Zwei Wochen später hieß es ganz nebenbei im ‚Spiegel': *Die Straße vor Rugovas weißgetünchter Residenz wirkt merkwürdig leer. Erst nach langem Klingeln öffnet Rugova.*"[73]

Bei weitem nicht alle Propaganda-Lügen platzten so schnell wie die letzteren, aber derartige propagandistische Fehlschläge häuften sich. Um trotzdem den Sieg in der Informationsschlacht zu erringen, zerstörte die NATO große Teile des jugoslawischen Rundfunks und Fernsehens. Als das immer noch nicht die erhoffte Wirkung zeitigte – auch nach dem Angriff auf das Hauptgebäude des serbischen Fernsehens, bei dem 16 Mitarbeiter an ihrem Ar-

---

72 Hermann L. Gremliza: Deutsche Kriegsberichterstattung, in: Die deutsche Verantwortung für den NATO-Krieg gegen Jugoslawien, S. 167-169
73 Ebenda, S. 170

beitsplatz erschlagen wurden, verbreitete Belgrad via Satellit weiter Beiträge über die Folgen der NATO-Aggression – beschloß das europäische Satelliten-Konsortium auf deutsche Initiative, das jugoslawische Fernsehen aus dem Verbund auszuschließen. Daraufhin protestierte, wie Eckart Spoo auf dem Berliner Hearing berichtete, das „Kasseler Friedensforum" bei Bundesaußenminister Joseph Fischer und erhielt mit dem Absender „Auswärtiges Amt – Sonderstab Internationale Friedensbemühungen westlicher Balkan" eine Antwort, in der es heißt: „Vielen Dank für Ihr o.g. Schreiben an Herrn Bundesminister Fischer, das gebeten wurde zu beantworten. – Ich teile Ihre Ansicht, daß die Gewährleistung objektiver Informationsmöglichkeiten eine wichtige Rolle im Zusammenhang mit dem Kosovo-Konflikt spielt. Die Einstellung der Übertragung des staatlichen jugoslawischen Senders RTS durch EUTELSAT steht dem jedoch nicht entgegen. Dieser Sender dient ausschließlich den Propagandazwecken der jugoslawischen Regierung, nicht aber objektiver Information. – Mit Blick auf die Informationsmöglichkeiten der serbischen Bevölkerung kann ich Ihnen folgendes mitteilen: Im Ausland gibt es zahlreiche Initiativen, die serbische Bevölkerung informiert zu halten. Zu den wichtigsten Radioprogrammen auf Mittelwelle in serbischer und albanischer Sprache zählen das erweiterte Programm der Deutschen Welle, Voice of America, BBC, Radio Free Europe und Radio France International ..."[74]

Geht es noch höhnischer, grotesker? Scheinbar geht es. Gerade die „glorreichen Sieger" Fischer und Scharping setzten sich an die Spitze derer, die die Kriegspropaganda zu seit dem Zweiten Weltkrieg nicht gekannten Höhen führten. Der eine als Erfinder des „serbischen Faschismus" und der neuen Auschwitz-Lüge, der andere als unübertroffener Greuelmelder.

Joseph Fischer hatte sich schon lange auf den Weg begeben, um die deutsche Schuld an den Verbrechen der Vergangenheit auf Deponien auf dem Balkan zu entsorgen und mit ihr deutsche Untaten in der Gegenwart zu rechtfertigen. Bereits 1995, als in seiner Partei eine heftige Debatte um deutsche Bundeswehreinsätze in

---

74 Eckart Spoo: Irreführung der Öffentlichkeit, in: Die Wahrheit über den NATO-Krieg gegen Jugoslawien, S. 151/152

Bosnien geführt wurde, hat er in seinem berühmt-berüchtigten zehnseitigen Brief an seine grünen Parteifreunde vom „Wiederauftauchen eines blutigen völkischen Faschismus" gesprochen und die Interventionsforderung für Bosnien verteidigt. Wörtlich hatte er erklärt: „Ich habe die Position der Interventionspflicht bei Völkermord – es ist für mich der unveräußerliche Kern des Antifaschismus und seines Vermächtnisses des ‚Nie wieder Auschwitz' – schon immer vertreten."[75] Judith Demba, Gründungsmitglied der Grünen in der DDR, die nach dem Überfall auf Jugoslawien aus der inzwischen gesamtdeutschen Partei austrat, konstatierte dazu ebenso knapp wie zutreffend: „Damit war der zu Kriegen verpflichtende Antifaschismus in der Welt, der später als Hauptlegitimation des NATO-Krieges gegen Jugoslawien dienen sollte."[76]

Und Joseph Fischer bediente sich dieser „Legitimation". Er machte die „serbische Sonderpolizei" zur „SS von Herrn Milošević" und die Albaner zu unter Schock stehenden Leuten, „weil sie denken, sie sind plötzlich im Film ‚Schindlers Liste' aufgewacht".[77] Für ihn stand außer Zweifel: „Es war ein wirklicher Schock, daß Milošević bereit war, zu handeln wie Stalin und Hitler."[78]

Deshalb war der „Faschismus" des jugoslawischen Präsidenten für den deutschen Außenminister kein gewöhnlicher Faschismus: „Was Milošević treibt, ist eine völkische Politik, es ist eine rohe, barbarische Form des Faschismus."[79]

Auch damit befand sich Fischer in schönster Übereinstimmung mit Scharping. Dieser hatte Wochen vor Kriegsbeginn mit einer Gruppe von Bundeswehrsoldaten die Gedenkstätte Auschwitz besucht und dort erklärt: Um ein neues Auschwitz zu verhindern, „ist die Bundeswehr in Bosnien" und wird „wohl auch

---

75 Zitiert nach Judith Demba: Von der Friedenstaube zum Tornado, in: Frieden schaffen! Mit UNO-Waffen? Hrsg. Sylvia-Yvonne Kaufmann, Berlin 2000, S. 32
76 Ebenda
77 Zitiert nach Stefanie Christmann: Magier der Worte, in: Freitag, 7.5.1999
78 taz, 13.4.1999
79 Interview mit Joseph Fischer in taz, 15.4.1999

in das Kosovo gehen".⁸⁰ Als die deutschen Tornados in den Himmel über Jugoslawien eindrangen, um der Bundeswehr den Weg nach Kosovo und Metohien freizubomben, diente die neue Auschwitz-Lüge zur Rechfertigung dieses Gewaltaktes. Auf dem Hamburger Hearing stellte Peter Gingold, Auschwitz-Überlebender und Bundessprecher der Vereinigung der Verfolgten des Nazi-Regimes – Bund der Antifaschistinnen und Antifaschisten, dazu fest: „Mit ‚Nie wieder Auschwitz' führte Deutschland seit dem 24. März Krieg. Auschwitz, Holocaust! Welch ungeheuerliche Verharmlosung, Banalisierung dieses in der Weltgeschichte einmaligen entsetzlichsten Verbrechens gegen die Menschheit, in dem alle hohen Werte der deutschen Dichter und Philosophen des ‚Wahren, Schönen und Guten' an Auschwitz zerschellten! Dies mit dem Bürgerkrieg im Kosovo, wie grausam er auch sein mag, gleichzusetzen! Eine neue Art der Auschwitzlüge! Was ist die alte Auschwitzlüge? Der Versuch, Auschwitz zu leugnen. Die neue Lüge leugnet nicht Auschwitz, sie banalisiert, verharmlost das gräßlichste, das entsetzlichste Menschheitsverbrechen, das es jemals in der Weltgeschichte gab, indem es Auschwitz mit dem, was im Kosovo geschah, gleichstellt. Was dort geschah, wurde derartig überhöht, als ginge es darum, einen neuen Holocaust zu verhindern. Holocaust, das war Ausrottung von ‚unwertem Leben', Vernichtung wie Ungeziefer, millionenfaches industriemäßiges Morden von sechs Millionen jüdischer Menschen, einer halben Million Sinti und Roma und auch von Millionen der slawischen Bevölkerung nur deshalb, weil sie als Juden, Sinti, Roma oder Slawen geboren wurden. Fast alle meine Verwandten wurden in der Gaskammer ausgerottet. Mein zweijähriges Kind mußte ich in einem Versteck unterbringen, um es vor der Gaskammer zu retten. Ach, wären die Millionen Todgeweihten damals mit nichts anderem bedroht gewesen, wie schlimm es immer auch gewesen wäre, nur vertrieben worden zu sein, aber das Leben behalten zu können! Welch eine Ungeheuerlichkeit, dies mit den Vorgängen in Kosovo gleichzusetzen! Wel-

---

80 Zitiert nach der Erklärung von Auschwitz-Überlebenden zu Parallelen Auschwitz-Kosovo, in: Die deutsche Verantwortung für den NATO-Krieg gegen Jugoslawien, S. 125/126

che Schamlosigkeit, mit einer solchen Art der Auschwitzlüge den völkerrechtswidrigen Angriffskrieg gegen Jugoslawien zu rechtfertigen."[81]

Soweit eine Stellungnahme zu Fischers Kriegspropaganda. Die Scharpingsche bedarf eigentlich keiner Kommentierung. In ihrer einzigartigen Geradlinigkeit und Überzeugungskraft spricht sie für sich selbst. Ein Beispiel soll für viele sprechen. Am 21. April 1999 berichtete der deutsche Verteidigungsminister vor der European Business School in Oestrich-Winkel folgendes: „Wenn ich leider sehr ernstzunehmende Berichte höre, daß innerhalb einer Nacht ein Stadtteil Prištinas geräumt wurde, daß 3.000 Menschen zusammengetrieben wurden, daß man am nächsten Tag nicht mehr feststellen konnte, wo diese Menschen waren, wohl aber Leichenberge auf dem Friedhof selbst, dann ist das ein solches Beispiel. Wenn ich höre, daß in einem kleinen Ort 28 Lehrer einer Schule aus den Klassenzimmern herausgetrieben und vor den Augen ihrer Schülerinnen und Schüler erhängt werden, dann ist das ein zweites Beispiel. Und wenn einem Flüchtlinge erzählen, und das nicht einmal, sondern mehrfach, daß man Frauen ihre Kinder aus den Armen reißt und ihre Köpfe abschneidet, um mit ihnen Fußball zu spielen, wenn ermordeten Schwangeren der Bauch aufgeschlitzt wird und der Fötus erst gegrillt und dann in den Bauch zurückgelegt wird ... Wenn man dies alles weiß, hoffe ich, kommt jedem in Deutschland die eine oder andere Erinnerung hoch."[82]

Dazu nun doch ein Kommentar. Er stützt sich auf eine Einschätzung von Günter Gaus, der wenige Tage nach dem Auftritt Scharpings vor der Business School, möglicherweise in Unkenntnis der dortigen, aber in Kenntnis analoger Äußerungen des Greuelexperten, in der Ost-West-Wochenzeitung „Freitag" schrieb: „Zur Zwischenbilanz des ersten Krieges, an dem die Deutschen nach 1945 wieder beteiligt sind, gehört zunehmend die Frage, ob die Politiker in Schröders Kriegskabinett uns, ihr Stimmvieh, nur für

---

81 Peter Gingold: Die neue Auschwitzlüge – nicht nur ein Beiwerk der NATO-Aggression gegen Jugoslawien, in: Die deutsche Verantwortung für den NATO-Krieg gegen Jugoslawien, S. 120
82 Zitiert nach Jürgen Elsässer: Tödliche Lügen, in: konkret 5/2000

dumm verkaufen wollen (wie öfter schon, aber jetzt schamloser), oder ob sie selber an das glauben, was sie verkünden. Es gibt beide Sorten. In Rudolf Scharping besitzt die Bundesrepublik einen ehrlichen Militärminister, der so empfindet, wie er sich öffentlich äußert. Man meint, den Schaum auf seinen Lippen zu sehen. Es ist zum Fürchten."[83]

Hier scheint es, muß man dem verehrten und geschätzten Günter Gaus ausnahmsweise widersprechen. Es ist unwahrscheinlich, daß Scharping als ein Mensch von zwar zweifelhafter, aber nicht zu bezweifelnder Intelligenz tatsächlich so empfand, wie er sich öffentlich äußerte, das glaubte, was er zum Beispiel in Oestrich-Winkel verkündete.

Wie dem auch sei: Zum Fürchten ist es allemal, denn die Ausführungen, die einem kranken Hirn zu entstammen scheinen, kamen aus dem Mund des mit weitreichenden Vollmachten ausgestatteten Verteidigungsministers, der im Krieg nach weit verbreiteter Auffassung „an Statur gewann", der an die Spitze der beliebtesten deutschen Politiker sprang und dem noch immer heimliche Ambitionen auf das Amt des Kanzlers nachgesagt werden.

Die NATO-Kriegslügen waren von jener Art, über die Arnold Zweig sagte, ihre Beine seien um so kürzer, je dicker sich diese Lügen vollgefressen haben. Die meisten von ihnen hatten sich so überfressen, daß sie platzten. Einige allerdings hatten und haben einen so langen Atem, daß sie immer noch unterwegs sind und zuweilen Leute anfallen, die eigentlich gegen Manipulation und Geschichtsklitterung immun sein sollten. Auch heute noch dienen die Langatmigen der Rechtfertigung der militärischen Interventionspolitik und der Beschönigung der deutschen Kriegsbeteiligung. Zwei vor allem sind es, die trotz kurzer Beine immer noch nimmermüde und nimmersatt durch die politische Landschaft in Deutschland ziehen und die Wahrheit fressen.

„Schuld an dem Unglück auf dem Balkan sind die Serben, das Belgrader Regime, Milošević; auch für den Kosovo-Konflikt und seine Folgen sind sie allein oder zumindest hauptverantwortlich, sie haben 1989 die Kosovo-Autonomie beseitigt und die albani-

---

83 Günter Gaus: Bericht aus der deutschen Etappe, in: Freitag, 30.4.1999

sche Bevölkerung ihrer Rechte beraubt" – so etwa lautet die eine Legende, und „die NATO und insbesondere Deutschland haben den Krieg nicht ernsthaft gewollt, sie sind nur hineingestolpert, hineingeschlittert" die andere. Beide entstellen die Wahrheit. Solange sie nicht widerlegt sind, solange wird das über die NATO-Aggression gesponnene Lügengewebe nicht völlig zerreißen, wird die Rechtfertigung des stattgefundenen Krieges und der geplanten zukünftigen begünstigt.

Stützpfeiler eines Lügengebäudes

Bei dem Versuch, die erste Legende, die von der „Alleinschuld der Serben" zu widerlegen, kommt der Autor nicht umhin auf sein Buch „Die ehrlichen Makler" zu verweisen. Hier hatte er sich noch vor dem NATO-Überfall bemüht, die reiche und komplizierte Geschichte von Kosovo und Metohien sowie die Vielschichtigkeit des schweren Konfliktes in diesem südserbischen Gebiet darzustellen, betonend, daß es über die Ursachen des Untergangs der SFRJ, und die Kosovo-Krise ist ein wesentlicher Teil der ihn begleitenden Tragödie, keine allein selig machende Wahrheit gibt und gerade die Deutschen, die schon in der Vergangenheit so viel Leid über Jugoslawien und seine Völker gebracht haben, sich mehr als andere hüten müssen, vorschnell Schuld zuzuweisen und allwissend zu beurteilen, worüber sich die Betroffenen und die Historiker noch nach Jahrzehnten streiten werden.

Der Verweis auf früher Geschriebenes erspart es, mittlerweile weithin bekannte historische Fakten und Geschehnisse zu wiederholen, und ermöglicht es zugleich, sich auf jene Fragen zu konzentrieren, die den Kern der bis heute weit verbreiteten, an die serbische, an die Belgrader Adresse gerichteten Anschuldigungen bilden. In komprimierter Form sind sie in Rudolf Scharpings sogenanntem Kriegstagebuch „Wir dürfen nicht wegsehen" dargelegt. Im Abschnitt „Über Miloševićs Machtpolitik auf dem Balkan" schreibt der Verteidigungsminister: „Am 23. März 1989 beschloß das serbische Parlament, die in der Verfassung garantierte Autonomie des Kosovo aufzuheben. Am 28. Juni des gleichen Jahres waren über eine Million Serben versammelt, um auf dem Amselfeld im Kosovo des 600. Jahrestags jener Schlacht zu gedenken, die im Denken und Fühlen der Serben identitätsstiftende, fast mystische Bedeutung hat: vom dauernden Opfer, von der schweren Niederlage der (orthodoxen) Christenheit gegen die (osmanischen) Muslime und vom schließlich doch zu erringenden Sieg. An diesem Tag sprach Milošević von ‚Großserbien' und davon, daß dieses Land ein ethnisch reines sein solle."[84]

Mit seiner Behauptung, das serbische Parlament habe am 23. März 1989 die Autonomie Kosovos aufgehoben und Milošević habe in seiner Amselfeldrede von „Großserbien" und davon gesprochen, daß dieses Land, also Serbien, ethnisch rein sein soll, hat Scharping die gegen die Serben erhobenen Anschuldigungen auf den Punkt gebracht. Allerdings hat er dabei die Wahrheit ein wenig auf den Kopf gestellt. Auf den Füßen sieht sie anders aus.

Am 23. März 1989 beschloß nicht das serbische Parlament die in der Verfassung garantierte Autonomie Kosovos aufzuheben, sondern das Parlament von Kosovo entschied – freilich unter massivem Druck aus Belgrad – den Veränderungen der Verfassung der Republik Serbien zuzustimmen. Die Reform veränderte die Verfassung der SFRJ von 1974, die die zu Serbien gehörenden autonomen Gebiete Kosovo und Vojvodina de facto mit den gleichen Rechten wie die die jugoslawische Föderation bildenden sechs Republiken ausgestattet und damit weitgehend der staatlichen Hoheit der Republik Serbien entzogen hatte. In Kosovo führten dieser Status und die außerordentlich weitgehenden Autonomierechte nicht zu der auch von Josip Broz Tito gewünschten Schwächung des albanischen Separatismus und stärkeren Integration des Gebietes in die jugoslawische Föderation. Im Gegenteil, in dem multiethnischen Gebiet, das die Serben als „Wiege ihrer Staatlichkeit und Kultur" betrachten, übernahmen Angehörige der albanischen Bevölkerungsmehrheit sukzessive alle führenden Positionen in Staat und Gesellschaft. Der albanische Separatismus erhielt Auftrieb, und seine Führer forderten immer offener eine Lostrennung des Gebietes von Serbien und seine

---

84 Rudolf Scharping: Wir dürfen nicht wegsehen, S. 19

Umwandlung in eine selbständige „Republik Kosovo" als Vorstufe zum Austritt aus der jugoslawischen Föderation. Parallel dazu vergrößerte sich trotz beträchtlicher Zuwendungen aus dem sogenannten engeren Serbien, d. h. dem serbischen Staatsgebiet ohne die autonomen Gebiete, und den anderen Republiken der Abstand in der ökonomischen Entwicklung: Kosovo blieb das Armenhaus in Jugoslawien, die sozialen Konflikte wuchsen und schufen mit den nationalen eine überaus gefährliche, nicht mehr zu kontrollierende Gemengelage. Auch aus verfassungsrechtlicher Sicht war der 1974 geschaffene widersinnige Zustand auf die Dauer unhaltbar. Nirgendwo auf der Welt existieren autonome Gebiete, die in ihren Rechten mit dem Staat, dem sie offiziell angehören, gleichgestellt oder gar übergeordnet sind.

Matthias Küntzel stellte in seinem Buch „Der Weg in den Krieg" fest, daß „Serbien für die Verfassungsrevision gute Gründe (hatte), war es doch durch die 1974 eingeführte Reform in einen Zustand potentieller Handlungsunfähigkeit versetzt ... So verfügten das Kosovo und die Vojvodina bei der serbischen Gesetzgebung über ein Veto, während die Einwirkungsmöglichkeiten der Serben auf die internen Belange ihrer Provinzen gen Null gingen."[85]

Zu einem Zeitpunkt, in dem sich in ganz Jugoslawien die Desintegrationserscheinungen – auch das nicht zuletzt eine Folge der Verfassung von 1974 – vermehrten und die Gefahr eines Zerfalls der jugoslawischen Föderation und damit auch einer Abtrennung Kosovos von Serbien wuchs, war die serbische Führung nicht länger bereit, diesen konfusen verfassungsrechtlichen Zustand hinzunehmen. Der dazu eingeschlagene Weg ist bis heute stark umstritten. Belgrad versicherte sich nach heftigen Auseinandersetzungen der Unterstützung der gesamtjugoslawischen Staatsführung – Vorsitzender des SFRJ-Präsidiums war zu dieser Zeit der Moslem und ehemalige Außenminister Raif Dizdarević – und setzte die Veränderung der Verfassung der Republik Serbien gegen den heftigen Widerstand der albanischen Bevölkerungsmehrheit durch. Die Reform beseitigte die faktische Gleichstel-

---

85 Matthias Küntzel: Der Weg in den Krieg. Deutschland, die NATO und das Kosovo, Berlin 2000, S. 26

lung der autonomen Gebiete mit den jugoslawischen Republiken und damit ihre Vollmachten in den Bereichen der inneren Sicherheit, der Verteidigung, des Bildungswesens, der Justiz und der Wirtschaftsplanung. In wesentlichen Elementen führte sie das Maß der Autonomie auf das Niveau von vor 1974 zurück, die „Autonomierechte der Kosovo-AlbanerInnen wurden ... drastisch beschnitten", wie es der sicherheitspolitische Experte der Grünen Uli Cremer formulierte[86], sie wurden, wie die Jugoslawienkennerin Marie-Janine Calic feststellte, „stark zurückgestutzt".[87]

Beseitigt, „aufgehoben", wie Scharping und mit ihm verwunder- und bedauerlicherweise unzählige andere Autoren aus allen politischen Lagern behaupten, wurde die Autonomie von Kosovo und Metohien durch die Verfassungsänderungen nicht. Wer trotz aller gegenteiligen Erklärungen an dieser Behauptung, an dieser Falschinformation, die, und es kann gar nicht oft genug hervorgehoben werden, zum Kern der gegen die Serben und Belgrad gerichteten Anschuldigungen gehört, festhält, dem sei das Studium der Verfassung der Republik Serbien empfohlen. Darin ist in Artikel 13 festgelegt, daß „die Bürger in ihren Rechten und Pflichten gleich sind und den gleichen Schutz vor den staatlichen und anderen Organen genießen, ungeachtet ihrer Rasse, ihres Geschlechts, ihrer Geburt, ihrer Sprache, ihrer nationalen Zugehörigkeit, ihres Glaubensbekenntnisses, ihrer politischen und anderen Überzeugung, ihrer Bildung, ihrer sozialen Herkunft, ihres Besitzstandes oder irgendeiner persönlichen Eigenschaft."[88]

Natürlich stellt ein solcher demokratischer Verfassungsgrundsatz, den man in einigen Konstitutionen allseits gepriesener westeuropäischer Demokratien vergeblich suchen würde, noch keinen Beweis dafür dar, daß mit der Verfassungsänderung die Autonomie von Kosovo und Metohien nicht „aufgehoben" wurde. Wer weiter Zweifel hegt, der muß sich schon die Mühe machen, auch

---

86 Uli Cremer: Positionspapier zum Kosovo-Konflikt vom 14.10.1998, S. 1
87 Marie-Janine Calic: Kosovo: Krieg oder Konfliktlösung, in: Südosteuropa-Mitteilungen, 1998/Nr. 2, S. 114
88 Ustav Republike Srbije (Verfassung der Republik Serbien) in Sluzbeni glasnik RS, Nr.1/90, S. 2 (Übersetzung – R.H.)

den zweiten Teil der Verfassung durchzusehen, auch wenn dieser, was Grundgesetztexten nun einmal eigen ist, sich nicht gerade wie ein spannender Politthriller liest. In Kapitel VI der nach wie vor geltenden Verfassung wird die „Territoriale Organisation" der Republik behandelt. Hier ist ein gesonderter Abschnitt zu finden, der die Überschrift trägt. *„Autonomes Gebiet Vojvodina und Autonomes Gebiet Kosovo und Metohien".* Der Abschnitt besteht aus 5 Verfassungsartikeln, die da lauten:

Artikel 108.

Die autonomen Gebiete sind in Übereinstimmung mit den besonderen nationalen, historischen, kulturellen und anderen Eigenschaften ihrer Gebiete geschaffen.

Die Bürger im autonomen Gebiet verwirklichen selbständig Rechte und erfüllen Verpflichtungen, die durch Verfassung und Gesetz bestimmt sind.

Das Territorium des autonomen Gebietes wird durch Gesetz bestimmt.

Artikel 109.

Das autonome Gebiet

1. beschließt über seine Organe das Programm der wirtschaftlichen, wissenschaftlichen, technologischen, demographischen, regionalen und sozialen Entwicklung, der Entwicklung der Landwirtschaft und des Dorfes in Übereinstimmung mit dem Entwicklungsplan der Republik Serbien und bestätigt die Maßnahmen zu seiner Durchführung;

2. verabschiedet das Budget und die Abschlußrechnung;

3. verabschiedet Beschlüsse und allgemeine Akte, in Übereinstimmung mit der Verfassung und dem Gesetz, mit denen die einzelnen Fragen von Interesse für die Bürger im autonomen Gebiet geregelt werden in den Bereichen: der Kultur, der Bildung, des amtlichen Gebrauches von Sprache und Schrift der Nationalitäten, der öffentlichen Information, des Gesundheits- und Sozialschutzes, der gesellschaftlichen Sorge um die Kinder, des Schutzes und der Verbesserung der Umwelt, der Städteplanung und in anderen vom Gesetz vorgesehenen Bereichen;

4. führt Gesetze, andere Vorschriften und allgemeine Akte der Republik Serbien aus, deren Ausführung den Organen des autonomen Gebietes anvertraut ist und verabschiedet Vorschriften für ihre Erfüllung, wenn das durch Gesetz vorgesehen ist, sichert die Erfüllung der Beschlüsse und allgemeinen Akte des Gebietes;
5. bildet Organe, Organisationen und Dienste des autonomen Gebietes und bestimmt ihre Organisation und Arbeit;
6. erfüllt auch andere Aufgaben, die durch Verfassung und Gesetz sowie durch das Statut des autonomen Gebietes bestätigt sind.
Durch Gesetz kann die Republik Serbien dem autonomen Gebiet die Erfüllung von einzelnen Aufgaben aus dem Bereich seiner Rechte und Pflichten anvertrauen und ihm die Mittel für diese Aufgaben übertragen.
Dem autonomen Gebiet gehören die vom Gesetz bestätigten Einnahmen.

Artikel 110.

Das Statut ist der höchste rechtliche Akt des autonomen Gebietes, mit dem auf der Grundlage der Verfassung die Zuständigkeiten des autonomen Gebietes, die Wahl, die Organisation und die Arbeit seiner Organe und andere Fragen von Interesse für das autonome Gebiet festgelegt sind.
Das Statut des autonomen Gebietes wird von seiner Skupština nach vorangegangener Zustimmung durch die Volksskupština angenommen.
Die Abgeordneten in der Skupština des autonomen Gebietes dürfen für geäußerte Auffassungen oder ihr Abstimmungsverhalten in der Skupština des autonomen Gebietes nicht zur Verantwortung gezogen werden. Die gleiche Immunität genießen die Mitglieder des Exekutivrates.

Artikel 111.

Organe des autonomen Gebietes sind die Skupština, der Exekutivrat und die Verwaltungsorgane.
Die Skupština des autonomen Gebietes wird von den Abgeordneten gebildet, die in direkten und geheimen Wahlen gewählt werden.

Artikel 112.

Wenn ein Organ des autonomen Gebietes trotz der Hinweise des entsprechenden Republiksorgans einen Beschluß oder einen allgemeinen Akt des autonomen Gebietes nicht erfüllt, kann das Republiksorgan seine Umsetzung direkt gewährleisten.[89]

Es steht außer Frage: Im Vergleich zum Grundgesetz von 1974 engte dieser Verfassungstext die Rechte der autonomen Gebiete innerhalb der Republik Serbien ein, er „beschnitt sie", er „stutzte sie zurück", doch zugleich räumte er beiden Gebieten, der Vojvodina wie Kosovo und Metohien, und ihren Bewohnern, und damit natürlich auch den Kosovo-Albanern, beachtliche Autonomierechte ein, Rechte, die bei weitem nicht allen nationalen Minderheiten – und noch einmal ist ein solcher Vergleich angebracht – in den abendländischen Demokratien gewährt werden. Die Albaner haben nicht nur wie alle anderen nationalen Minderheiten in Serbien das verfassungsmäßige Recht, sich politisch zu organisieren, in alle staatlichen Gremien und Organe, von der Kommune bis zur Föderation, gewählt zu werden, eigene Kultureinrichtungen zu unterhalten, sich in ihrer Muttersprache von der Schule bis zur Universität zu bilden, Zeitungen und Zeitschriften herauszugeben – noch Anfang 1999 erschienen in Kosovo und Metohien über 50 Periodika, darunter zwei Tageszeitungen, in Albanisch –, sie haben auch das Recht, ein eigenes Provinzparlament zu wählen und angesichts ihres hohen Bevölkerungsanteils wesentlichen Einfluß auf seine Zusammensetzung und auf die Bildung der Provinzregierung zu nehmen.

Ungeachtet dessen riefen die Separatisten in Kosovo und Metohien durch Streiks, Demonstrationen, Straßenschlachten und andere Massenproteste gegen die Verfassungsänderungen zum Boykott serbischer Gesetze und Einrichtungen auf, der von einer großen Mehrheit der albanischen Bevölkerung befolgt wurde. Boykottiert wurde nahezu alles – die Arbeit in zahlreichen mittleren und Großbetrieben, die Schulen und andere Bildungseinrichtungen, in denen in Albanisch, aber nach Lehrplänen der Republik gelehrt werden sollte, der öffentliche Dienst, die Einrichtungen des Gesundheitswesens, die Wahlen zum Provinz- und Republiksparlament.

---

89 Ebenda, S. 19/20

Die Belgrader Regierung reagierte auf diese Entwicklung mit verstärktem Druck, mit administrativen und polizeilichen Zwangsmaßnahmen, mit der Verkündung des Ausnahmezustandes und letztlich mit der Einführung einer Zwangsverwaltung. Ihre Appelle an die albanische Bevölkerungsmehrheit, zur Normalität zurückzukehren und ihre verfassungsmäßigen Rechte, einschließlich der Autonomierechte, wahrzunehmen, blieben unbeantwortet. Die separatistischen Führer lehnten die Wahrnehmung der von der Verfassung eingeräumten Autonomierechte ab, nicht weil sie ihnen zu gering waren, sondern weil sie keine Autonomie innerhalb der Republik Serbien, jedoch aber die Unabhängigkeit, die völlige Lostrennung von Serbien anstrebten. Dieser sezessionistische Kurs wurde zielstrebig verfolgt. Der Proklamierung der „Republik Kosovo" folgten von Belgrad geduldete, aber nicht anerkannte Wahlen eines Parlamentes sowie eines Präsidenten, die Bildung einer Exilregierung mit Sitz in Deutschland und schließlich die Bildung der UCK (Ushtria Clirimtare e Kosoves Befreiungsarmee von Kosovo)

Seitens maßgeblicher Führer der Separatisten wurde nie ein Hehl daraus gemacht, daß die Lostrennung von Kosovo aus dem serbischen und jugoslawischen Staatsverband nur ein, wenn auch ein ganz entscheidender Schritt auf dem Weg des Zusammenschlusses mit Albanien sein sollte, wobei dem höher entwickelten Kosovo mit seinem Zentrum in Priština die führende Rolle zufallen sollte. Schon 1991 hatte Ibrahim Rugova, der „Präsident der Republik Kosovo", erklärt: „Ich persönlich strebe eine Vereinigung mit Albanien an, weil wir mit sieben Millionen Menschen und einem viel größeren Potential für effiziente Entwicklung ein stabilisierender Faktor im Balkan wären."[90] Gleichermaßen offenherzig war sein „Ministerpräsident" Bujar Bukoshi, der im darauffolgendem Jahr offenbarte: „Unsere Absicht war es nie, zwei albanische Staaten auszurufen, aber wir wurden dazu gezwungen. Doch wir werden alles tun, damit die freie Republik Kosovo und Albanien eines Tages eins werden."[91] Folgerichtig heißt es im Eid der UCK-Kämpfer: „... schwöre ich, für die Befreiung der be-

---

90 Zitiert nach Matthias Küntzel: Der Weg in den Krieg, S. 37
91 Ebenda

setzten Gebiete Albaniens und ihre Vereinigung zu kämpfen ..."[92] (Übrigens: Auch heute ist das Projekt „Großalbanien" nicht aus der Welt, auch wenn einige versierte Albanienkenner es als „Schreckgespenst" apostrophieren, das sachlicher Analyse nicht standhalte. Es genügt allein schon, das Interview zu lesen, das „der gemäßigte Kosovo-Führer" Ibrahim Rugova Ende 2000 dem „Spiegel" gab und in dem er seine Erklärung von 1991, wenn auch verklausuliert, wiederholte. Er stellte fest: „Das Kosovo ist heute dank der Präsenz von Friedenstruppen der KFOR, der Unterstützung durch die NATO und der Aufbauhilfe durch die UNO de facto unabhängig ...", um fortzufahren: „Natürlich ist es verständlich, daß alle Albaner im selben Staat leben möchten. Wir sehen eine solche Integration aber erst im Rahmen eines geeinten Europa. Ich kann natürlich nicht ausschließen, daß sich eines Tages auch andere Zukunftsalternativen zeigen – möglicherweise eben auch die Vereinigung mit Albanien."[93])

Nein, die separatistischen Führer der Kosovo-Albaner wollten keine Autonomie, sie boykottierten sie. Zurückgeführt auf früheres Niveau, „drastisch beschnitten", „stark zurückgestutzt" wurde die Autonomie in Belgrad, „aufgehoben" wurde sie in Priština und Tirana, die die insgeheime und auch offene Unterstützung der deutschen Bundesrepublik und anderer westeuropäischer Staaten genossen. Dort wußte man sehr gut, wie es tatsächlich um die Selbstverwaltung in Kosovo und Metohien stand – durch ihre offiziellen diplomatischen Beobachter, ihre Geheimagenten vor Ort und nicht zuletzt durch hochrangige Informanten aus Belgrad. 1993 trat selbst der damalige jugoslawische Präsident, der auch international bekannte Romancier Dobrica Ćosić, vor dem außenpolitischen Komitee des Europäischen Parlaments in Brüssel auf. Er beklagte, daß weder die Europäische Gemeinschaft noch die KSZE einen Weg gefunden hatten, bei „der Lösung des albanisch-jugoslawischen und des albanisch-serbischen Problems zu helfen". Die Ursache sah er darin, daß „der wesentliche Faktor beflissen übersehen wurde: die Bestrebung der jugoslawischen

---

92 Amt für Nachrichtenwesen der Bundeswehr, Abteilung II: Leitfaden für Bundeswehrkontingente im Kosovo, Stand: 06/99, S. 34
93 Interview mit Ibrahim Rugova in Der Spiegel, 50/2000, S. 194/196

Albaner, sich mit Albanien zu vereinigen und ein ‚Großalbanien zu schaffen'. Das sezessionistische Ziel der albanischen nationalistischen Bewegung ist der eigentliche Kern ihrer Forderungen der Menschenrechte. Aus dieser Zielsetzung ergibt sich eine Haltung der Destruktion in jedem Bereich des gesellschaftlichen Lebens: in Politik, Kultur, Bildung, Wirtschaft und den Medien. Denn das Problem ist nicht, daß die Albaner ihrer kulturellen, politischen und anderer Rechte beraubt würden; das Problem ist, daß sie alle diese Rechte haben, aber sich weigern, sie auszuüben. Sie boykottieren insgesamt die Gesellschaft, in der sie leben; sie anerkennen sie nicht." Dobrica Ćosić bekannte: „Ich betrachte die Tatsache, daß die Albaner sich selbst vom politischen Leben ausgeschlossen haben und daß sie ihre Autonomie nicht wahrnehmen, als ein großes Unglück. Sie haben alle bürgerlichen und politischen Rechte, die sie brauchen, um sich als autonome Gemeinschaft zu konstituieren. Das ist amtlich garantiert ... Das Argument der Menschenrechte ist nichts anderes als eine ideologische Waffe, die von den Sezessionisten und deren ausländischen Förderern eingesetzt wird im Blick auf die Verwirklichung ihres nationalen Zieles: die Vereinigung aller Albaner in einem einzigen Staat. Und solange sie dieses Ziel nicht erreicht haben, wird die Frage der Menschenrechte in Kosovo-Metohien immer wieder angeheizt werden ..."[94] Schon damals, 1993, sprach das damalige jugoslawische Staatsoberhaupt von „der Existenz von 60.000 bis 70.000 Albanern, die im Kosovo in paramilitärischen Einheiten organisiert waren. Das ist eine Armee, die bereit ist, an dem Tag in den Krieg zu ziehen, an dem die Herren Rugova, Berisha oder irgendein anderer Albaner mit den besänftigenden Formeln, die sie der KSZE auftischen, ihr Ziel erreicht haben." Und er fragte, was geschehen würde, wenn sich die serbische Armee der Sezession entgegenstellen würde, „werden sie dann Marschflugkörper schicken, um unsere Städte und Flughäfen auszuradieren?"[95]

---

94 Zitiert nach Diana Johnstone: Das Kosovo-Problem und die „Internationale Staatengemeinschaft", in: Marxistische Blätter, Sonderheft vom 17.4.1999, S. 40/41
95 Ebenda, S. 41

So geschah es dann auch. Je zielstrebiger und gewalttätiger die Separatisten die Abtrennung des autonomen Gebietes betrieben, desto lauter und drohender forderten die EU- und NATO-Staaten von Belgrad, Kosovo die längst gewährte Autonomie einzuräumen. Als schließlich die Regierung Serbiens am 20. November 1998 den Entwurf eines neuen Statuts für eine wesentlich erweiterte Autonomie für Kosovo und Metohien vorlegte, nahmen sie ihn schlicht und einfach nicht zur Kenntnis, denn anderenfalls wäre ihnen der Kriegsvorwand, der Vorwand, Marschflugkörper zu schicken, abhanden gekommen. Nach dem Krieg aber rechtfertigte Scharping Krieg und Marschflugkörper mit einem angeblichen Beschluß des serbischen Parlamentes, die Autonomie Kosovos aufzuheben.

Nun bleibt es freilich jedem selbst überlassen, von welcher Warte aus er die Gesamtentwicklung in Kosovo und Metohien beurteilt, wie er die Bedeutung einzelner Ereignisse in ferner und jüngster Vergangenheit gewichtet, ihre kausalen Zusammenhänge betrachtet, ob und wie er versucht, das komplizierte Knäuel der ökonomischen und sozialen, der politischen und nationalen Widersprüche zumindest gedanklich zu entwirren, den Anteil der Schuld der Konfliktparteien an der Tragödie zu messen und das Maß der Mitschuld äußerer Kräfte an der Eskalation des von innen heraus entstandenen Konfliktes zu bestimmen – eines jedoch kann man ohne grobe Entstellung der Wahrheit nicht tun: zu behaupten, daß „das serbische Parlament (beschloß), die in der Verfassung garantierte Autonomie des Kosovo aufzuheben". Diese weit verbreitete, von Scharping neu aufgelegte Behauptung, die als Stützpfeiler für ein ganzes Lügengebäude herhalten muß, ist schlicht und einfach falsch.

Der Minister, die FAZ und die Amselfeldrede

Doch wie steht es um die zweite Aussage des deutschen Verteidigungsministers, Milošević habe am 28. Juni 1989 auf dem Amselfeld „von ‚Großserbien' und davon (gesprochen), daß dieses Land ein ethnisch reines sein solle", ein Vorwurf mit dem der

NATO-Krieg und die gesamte vorangegangene Interventionspolitik der EU und der NATO in die innerjugoslawischen Konflikte seit 1990 gerechtfertigt wird? Auf den ersten Blick scheint es leicht zu sein, diese schwerwiegende Anschuldigung an die Adresse von Slobodan Milošević zu überprüfen. Es sollte genügen, den Text der Rede des damaligen Vorsitzenden des Präsidiums der Sozialistischen Republik Serbien zum 600. Jahrestag der Schlacht auf dem Amselfeld, in der die vereinigten Heere Serbiens, Bosniens und Mazedoniens den türkischen Heerscharen unterlagen und der Balkan für Jahrhunderte der Osmanischen Fremdherrschaft geöffnet wurde, durchzusehen und die unsäglichen, chauvinistisch-rassistischen Passagen anzustreichen. Doch in vielen deutschen Medien und in nicht wenigen Sachbüchern zur Jugoslawienkrise findet der Suchende Meldungen der Nachrichtenagenturen, kommentierende Berichte, kritische Betrachtungen oder einige bruchstückhafte Auszüge, nicht jedoch den Wortlaut der Rede. Fündig kann er schließlich in einer großen deutschen Tageszeitung werden, in der „Frankfurter Allgemeinen Zeitung", was nicht zwangsläufig bedeuten muß, daß andere Blätter die Ansprache nicht ebenfalls dokumentiert haben. In der FAZ jedenfalls wurde der Text am 10. Jahrestag der Jubiläumsfeier auf dem Amselfeld, am 28. Juni 1999, veröffentlicht; unter der Überschrift „Die Zeit der Erniedrigung Serbiens ist abgelaufen'. Mit einer von Chauvinismus durchwirkten Rede hat Milošević vor zehn Jahren in Kosovo eine für den Balkan verhängnisvolle Entwicklung in Gang gesetzt", am Schluß versehen mit der Notiz: „Der Redetext wurde von der slowenischen Nachrichtenagentur STA übermittelt und unter Mitarbeit von Tamara Labas übersetzt."

Angesichts der Legenden, die nicht nur um die historische Schlacht, sondern auch um die 600 Jahre später gehaltene Ansprache des damaligen serbischen Präsidenten gewoben wurden, und der Bedeutung, die dieser in den Rang eines Schlüsseldokumentes erhobenen Rede beigemessen wird, lädt der Autor dieser Betrachtung die geschätzte Leserin, den geschätzten Leser ein, sich an der Suche nach den inkriminierten Aussagen zu beteiligen. Die FAZ veröffentlichte unter der angeführten Überschrift folgenden Redetext:

„Freunde! Kameraden!

An diesem Platz, auf diesem Fleck im Herzen von Serbien, auf dem Amselfeld des Kosovo, fand vor 600 Jahren eine der größten Schlachten aller Zeiten statt. Wie bei allen großen Ereignissen blieb auch dieses von vielen Fragen und Geheimnissen geprägt, die immer wieder Gegenstand wissenschaftlicher Forschung und gewöhnlicher volkstümlicher Neugier waren.

Der 600. Jahrestag der Schlacht auf dem Amselfeld fällt auf ein Jahr, in dem Serbien seine nationale und geistige Integrität wiedererlangt hat. Deshalb ist es für uns nicht so schwer, die seit jeher gestellte Frage zu beantworten: ‚Was können wir Miloš, dem Helden der Schlacht auf dem Amselfeld, heutzutage präsentieren?' Im ungewissen Lauf der Geschichte und des Lebens scheint es, daß Serbien in diesem Jahr 1989 sein Staatswesen und seine Würde zurückgewonnen und somit Grund hat, ein Ereignis zu feiern, das sich als ein historisch und symbolisch überaus bedeutsames für seine Zukunft erweisen sollte.

Wahrheit und Legende liegen nahe beieinander in der Geschichte der Schlacht auf dem Amselfeld. Von dem Leiden der Jahre erdrückt und doch voller Hoffnung, sind unserem Volk einige Erinnerungen geblieben. Es verschmähte den Verrat und pries das Heldentum. Deshalb ist es schwierig zu sagen, ob die Schlacht auf dem Amselfeld eine Niederlage oder ein Sieg für das serbische Volk war, ob wir aufgrund dieser Ereignisse in die Sklaverei geraten sind oder dank dieser die Sklaverei überlebt haben.

Die Geschichte und das Volk suchen noch immer die Antwort auf diese Fragen. Eines wissen wir jedoch genau nach all diesen Jahren: Die verlorene Schlacht war weniger das Ergebnis gesellschaftlicher Überlegenheit und militärischer Stärke des Osmanischen Reiches als das Resultat tragischer Uneinigkeit der damaligen Führung des serbischen Staates ... Uneinigkeit und Betrug im Kosovo haben die serbische Nation wie ein übles Schicksal während der gesamten Geschichte verfolgt. Und im letzten Krieg hat dieser Dissens und Betrug die serbische Bevölkerung und Serbien in eine Agonie getrieben, deren historische und moralische Konsequenzen die der faschistischen Aggression übertrafen.

Später, als das sozialistische Serbien gegründet wurde, blieb die serbische Führung in diesem neuen Land gespalten und ging auf Kosten der eigenen Bevölkerung viele Kompromisse ein. Kein Volk der Welt könnte unter ethnischen und historischen Gesichtspunkten die Zugeständnisse akzeptieren, welche die verschiedenen serbischen Führer zu Lasten ihres Volkes gemacht haben. Das gilt um so mehr, als die Serben im Laufe ihrer Geschichte andere Völker niemals erobert oder ausgebeutet haben. Der nationale und historische Geist des serbischen Volkes hat sich während seiner gesamten Geschichte und auch während der zwei Weltkriege bis heute als befreiend erwiesen. Die Serben haben ihre Freiheit stets verteidigt und überdies anderen geholfen, sich zu befreien. Und die Tatsache, daß sie in dieser Region eine große Nation sind, ist keine Sünde, derer sich die Serben schämen müßten. Es ist ein Vorzug, den sie gegenüber anderen nie ausspielten. Aber ich muß hier auf dem legendären Feld des Kosovo feststellen, daß die Serben den Vorteil einer großen Nation für sich selbst niemals nutzten.

Die Uneinigkeit unter den serbischen Politikern, verbunden mit einer Vasallenmentalität, trug zur Erniedrigung Serbiens und dazu bei, es minderwertig erscheinen zu lassen. So ging es über Jahre und Jahrzehnte. Heute nun sind wir hier auf dem Amselfeld versammelt, um zu sagen, daß diese Zeit abgelaufen ist ...

Serbien ist heute vereint wie andere Republiken auch. Es ist bereit, die materielle und soziale Position seiner Bürger zu verbessern. Wenn es Harmonie, Kooperation und Ernsthaftigkeit gibt, wird es erfolgreich sein. Daher ist der Optimismus, der heute in Serbien mit Blick auf seine Zukunft vorherrscht, realistisch ...

Niemals in der Geschichte war Serbien nur von Serben bewohnt. Heute mehr als jemals zuvor leben hier Bürger aller ethnischen und nationalen Gruppen. Dies ist kein Handikap für das Land. Ich bin aufrichtig davon überzeugt, daß dies ein Vorteil ist ...

Der Sozialismus als eine progressive und demokratische Gesellschaftsform darf eine Trennung nach Nationalität und Religion im Zusammenleben nicht erlauben. Der einzige Unterschied, der im Sozialismus erlaubt ist, ist der Unterschied zwischen arbeitenden Menschen und denen, die nichts tun, zwischen ehrenhaften und unehrenhaften Menschen. Deshalb verdienen alle, die in Serbien rechtschaffen von ihrer Arbeit leben, den Respekt der anderen. Darüber hinaus muß unser ganzes Land auf dieser Basis organisiert werden. Jugoslawien ist eine multinationale Gesellschaft und kann nur auf der Grundlage völliger Gleichberechtigung aller hier lebenden Nationen überleben ...

Seit Bestehen multinationaler Gesellschaften liegt der Schwachpunkt in den etablierten Beziehungen zwischen den verschiedenen Nationen. Gleich einem Schwert über ihren Köpfen besteht eine konstante Drohung, daß eines Tages eine Nation durch andere bedroht werden und eine Welle freigesetzt werden könnte, die mit Verdächtigungen, Anklagen und Intoleranz behaftet und schwer zu stoppen ist. Innere und äußere Feinde derartiger Gesellschaften wissen dies und trachten deshalb danach, innerethnische Konflikte zu stimulieren. Wir verhalten uns heute in Jugoslawien so, als ob diese Erfahrung für uns absolut unbekannt sei und als ob wir in der entfernten und nahen Vergangenheit die Tragödie nationaler Konflikte nicht erfahren hätten, die es zu durchstehen und zu überleben galt. Gleichberechtigte und harmonische Beziehungen zwischen den Völkern Jugoslawiens sind die unumgänglichen Bedingungen für den wirtschaftlichen und sozialen Wohlstand des Landes. In dieser Beziehung unterscheidet sich Jugoslawien nicht von anderen modernen Nationen der entwickelten Welt. Diese Welt ist mehr und mehr gekennzeichnet durch Toleranz, Kooperation und nationale Gleichberechtigung. Die moderne wirtschaftliche und technische, aber auch politische und kulturelle Entwicklung hat die verschiedenen Völker zusammengeführt, macht sie auch voneinander abhängig und untereinander gleichberechtigt. In die Zivilisation, zu der sich die Menschheit hin bewegt, können wir als gleichberechtigte und geeinte Menschen eintreten. Wenn wir den Weg in eine solche Zivilisation aber nicht anführen können, so brauchen wir uns auch nicht hinten anzuschließen.

Zur Zeit der berühmten Kosovo-Schlacht haben die Menschen die Sterne um Hilfe gebeten. Heute, sechs Jahrhunderte später, schauen sie wieder in die Sterne und bitten für den Sieg. Damals schien es so, daß sie sich Uneinigkeit, Haß und Betrug erlauben konnten, da sie in kleineren, untereinander kaum verbundenen Welten lebten. Heute, als Bewohner des Planeten, können sie weder diesen noch gar fremde Planeten erobern, sofern sie nicht in Harmonie und Solidarität leben. Nirgendwo auf dem Boden unserer Heimat haben die Worte Harmonie, Solidarität und Kooperation mehr Bedeutung als hier auf dem Amselfeld, das aus historischer Sicht das Symbol für Uneinigkeit und Verrat ist.

Dem serbischen Volk bleibt die Zwietracht, die zur militärischen Niederlage führte, schicksalhaft in Erinnerung. Serbien hat seine Uneinigkeit über fünf Jahrhunderte als ein einziges großes Unglück erfahren. Daraus ist für uns als Nation die Verpflichtung erwachsen, dies in Zukunft zu vermeiden, um vor Niederlagen, Versagen, und Stagnation ein für allemal geschützt zu sein. Dem serbischen Volk ist in diesem Jahr die Notwendigkeit der Eintracht als Voraussetzung für seine weitere Entwicklung wie nie zuvor bewußt geworden.

Ich bin sicher, daß dieses Bewußtsein das erfolgreiche Funktionieren Serbiens als Staat gewährleisten wird. Das im Kosovo zu betonen ergibt einen besonderen Sinn, weil es gerade hier gewesen ist, wo Uneinigkeit einst in tragischer Form dieses Serbien für Jahrzehnte zurückgeworfen hat und wo es nun durch Eintracht seine verlorene Würde wiedergewinnen kann ... Die Kosovo-Schlacht ist überdies zu einem Symbol des Heroismus geworden – einem Symbol, dem Gedichte, Tänze, Literatur und Romane gewidmet wurden. Über sechs Jahrhunderte hat der Kosovo-Heroismus unsere Kreativität inspiriert, den Stolz genährt und uns davor bewahrt, zu vergessen, daß wir einst eine große und tapfere Armee waren und stolz darauf, auch in der Niederlage unbesiegbar zu sein.

Sechs Jahrhunderte später befinden wir uns wieder in Kriegen und werden mit neuen Schlachten konfrontiert. Dies sind keine bewaffneten Schlachten, obwohl diese nicht ausgeschlossen werden können. Aber unabhängig von der Art der Schlachten können diese nicht gewonnen werden ohne Entscheidungskraft, Tapferkeit und Selbstaufopferung – Qualitäten, die im Kosovo so lange vorher schon gang und gäbe waren. Unser heute wichtigster Kampf gilt dem Ziel, wirtschaftlichen, politischen, kulturellen und allgemeinen sozialen Wohlstand zu erreichen. Für dieses auch zivilisatorische Bemühen an der Schwelle zum 21. Jahrhundert benötigen wir besonderen Heroismus. Es erübrigt sich zu sagen, daß die Tapferkeit, ohne die nichts Ernsthaftes und Großes in der Welt erreicht werden kann, unverändert und auf ewig notwendig bleibt.

Vor sechs Jahrhunderten hat Serbien sich hier auf dem Kosovo heldenhaft selbst verteidigt und auch Europa verteidigt. Folglich erscheint es heute nicht nur ungerecht, sondern auch unhistorisch und absurd, darüber zu diskutieren, ob Serbien zu Europa gehört. Es gehörte immer dazu, heute wie früher. In diesem Geiste streben wir heute danach, eine reiche und demokratische Gesellschaft zu errichten. Und damit tragen wir zum Wohlstand unseres schönen und in diesem Augenblick zu Unrecht gefolterten Landes bei. Und damit helfen wir den Bemühungen aller progressiven Menschen unserer Zeit, die für eine neue und bessere Welt arbeiten.

Möge das Andenken an den Kosovo-Heroismus für immer leben! Lang lebe Serbien! Lang lebe Jugoslawien!"[96]

Soweit der von der FAZ veröffentlichte Text der vielgenannten und wenig zitierten Amselfeldrede. Manche ihrer Passagen sind nur vor dem historischen Hintergrund der Schlacht und der zugespitzten zwischennationalen Beziehungen in ganz Jugoslawien am Vorabend seines Zerfalls und besonders im südserbischen autonomen Gebiet Kosovo und Metohien zu verstehen, doch das ist hier nicht der Gegenstand der Untersuchung, der Suche. Objekt der Nachforschung sind auch nicht die Abschnitte, in denen die Übersetzer mit der serbokroatischen Sprache etwas großzügig umgegangen sind. Immerhin macht es ja z. B. einen Unterschied, ob man das serbokroatische Wort „bitka" mit „Krieg" oder richtig mit „Schlacht" oder „Kampf" übersetzt, denn Krieg ist eindeutig, aber „Schlachten", „Kämpfe", von denen der Redner sprach, gibt es viele, zumindest im damaligen sozialistischen Sprachgebrauch: Aufbauschlachten, Ernteschlachten, Produktionsschlachten oder Kämpfe für die Steigerung der Arbeitsproduktivität, für den Ausbau der Demokratie, für die Erhöhung der Ernteerträge und na-

---

[96] Frankfurter Allgemeine Zeitung, 28.6.1999

türlich für den Frieden und so weiter und so fort. So, wie es nicht unerheblich ist, ob der Präsident sagte: „Sechs Jahrhunderte später befinden wir uns wieder in Kriegen" oder „sechs Jahrhunderte später befinden wir uns wieder in Kämpfen", betonend, daß es sich nicht um bewaffnete handelt, die er allerdings nicht ausschließen konnte – wer kann das schon? –, so ist es auch nicht unwesentlich, um nur noch ein Beispiel ziemlich freier Übersetzerkunst zu nennen, ob die Menschen in die Sterne blicken und „für den Sieg bitten", wie es wörtlich in der FAZ hieß und was prächtig zu den herbeigedeutschten „Kriegen" paßte, oder ob sie nach den Sternen schauen, „erwartend, daß sie sie erobern", wie der Redner etwas blumenreich formulierte. Aber wie gesagt, um solche kleinen sprachlichen Tricks mit erheblichen semantischen Auswirkungen geht es hier nicht. Gesucht wird im Redetext das Eintreten von Milošević für ein ethnisch reines „Großserbien", das Scharping anprangert und das im Text zu finden, die FAZ mit der Ankündigung, die Rede sei von „Chauvinismus durchwirkt", Hoffnung macht. Doch auch ein mehrfaches Studium der Rede fördert kein „Großserbien" und schon gar kein „ethnisch reines" zu Tage, es scheint geradezu, daß der Redner für das Gegenteil eintritt, für den Erhalt Jugoslawiens als „multinationale Gesellschaft" und für „völlige Gleichberechtigung aller hier lebenden Nationen".

Die Behauptung von Scharping, Milošević habe an diesem Tag von „‚Großserbien' und davon (gesprochen), daß dieses Land ein ethnisch reines sein solle", ist eine Lüge, eine ebenso kurzbeinige wie langatmige. Doch auch die „Frankfurter Allgemeine Zeitung" steht nicht so objektiv da, wie sie sich so gern gibt und zuweilen auch ist. Wer sich den von ihr veröffentlichten Redetext genau ansieht, der wird neben den Kunststücken und -griffen der Übersetzer an einigen Stellen die bekannten Auslassungspünktchen finden. Der Gutgläubige wird annehmen, es handele sich um die aus Platzgründen erfolgte Auslassung einiger nebensächlicher, unwesentlicher Sätze. Der Argwöhnische – und der Autor bekennt sich zu derartiger skeptischer Betrachtungsweise – vermutet mehr. Er nimmt, so er des Serbokroatischen mächtig ist, den in der Belgrader „Politika" am 29. Juni 1989 veröffentlichten authentischen Text zur Hand und wird zum zweiten Mal fündig, allerdings anders als von Scharping behauptet. Hinter den unscheinbaren Auslassungspünktchen, zuweilen wird selbst auf diese verzichtet, verbergen sich Sätze, die nun schon gar nicht in das Diffamierungskonzept der Serbenhasser passen. Die FAZ (oder auch die von ihr genannte Quelle) hat Worte, Sätze und Passagen weggelassen, die für sich sprechen, deren voller Sinn sich aber erst dann erschließt, wenn sie an den Stellen eingefügt werden, an denen sie der Festredner ausgesprochen hat. So bleibt dem Autor, will er das Weggelassene nicht wahlos aneinanderreihen, nur die Möglichkeit, die interessierten Leser ein zweites Mal einzuladen, die Rede durchzusehen, nun allerdings den tatsächlichen Wortlaut, in dem die in der FAZ nicht zu findenden Teile in Kursiv und Fettdruck und die bisher sinnentstellend oder ein wenig großzügig übersetzten lediglich in Kursiv markiert sind. Auf diese Art und Weise gerät man zwar in den bekannten Verdacht, auf vielfachen Wunsch der Leser den Leitartikel von gestern noch einmal abzudrucken, im vorliegenden Fall mit dem Unterschied, daß sich der heutige nicht nur geringfügig vom gestrigen unterscheidet. Hier also der Wortlaut der Rede von Milošević, wie er am 28. Juni 1989 vor mehr als einer Million Ohrenzeugen aus Serbien und aus ganz Jugoslawien vorgetragen wurde:

„Freunde! *Genossen!*

An diesem Platz, auf diesem Fleck im Herzen von Serbien, auf dem Amselfeld des Kosovo, fand vor 600 Jahren eine der größten Schlachten aller Zeiten statt. Wie bei allen großen Ereignissen blieb auch dieses von vielen Fragen und Geheimnissen geprägt, die immer wieder Gegenstand wissenschaftlicher Forschung und gewöhnlicher volkstümlicher Neugier waren.

Der 600. Jahrestag der Schlacht auf dem Amselfeld fällt auf ein Jahr, in dem Serbien seine nationale und geistige Integrität wiedererlangt hat. Deshalb ist es für uns nicht so schwer, die seit jeher gestellte Frage zu beantworten: ‚Was können wir Miloš, dem Helden der Schlacht auf dem Amselfeld, heutzutage präsentieren?' Im ungewissen Lauf der Geschichte und des Lebens scheint es, daß Serbien in diesem Jahr 1989 sein Staatswesen und seine Würde zurückgewonnen und somit Grund hat, ein Ereignis zu feiern, das sich als ein historisch und symbolisch überaus bedeutsames für seine Zukunft erweisen sollte.

Heute ist es schwer zu sagen, was in der Schlacht auf dem Amselfeld geschichtliche Wahrheit und was Legende ist. **Heute ist das auch nicht mehr wichtig.** *Niedergedrückt vom Leid und voller Hoffnung hat das Volk sich erinnert und vergessen.* **Wie übrigens jedes Volk auf der Welt.** *Es schämte sich des Verrates und pries das Heldentum.* Deshalb ist es schwierig zu sagen, ob die Schlacht auf dem Amselfeld eine Niederlage oder ein Sieg für das serbische Volk war, ob wir aufgrund dieser Ereignisse in die Sklaverei geraten sind oder dank dieser die Sklaverei überlebt haben.

Die *Wissenschaft* und das Volk suchen *unablässig* die Antwort auf diese Fragen. *Das, was bekannt ist nach all diesen hinter uns liegenden Jahrhunderten, ist,* ***daß uns vor 600 Jahren die Zwietracht ereilte.*** Die verlorene Schlacht war weniger das Ergebnis gesellschaftlicher Überlegenheit und militärischer Stärke des Osmanischen Reiches als das Resultat tragischer Uneinigkeit der damaligen Führung des serbischen Staates. **Damals, in jenem fernen 1389, war das Osmanische Reich nicht nur stärker als das serbische, es war auch glücklicher als das serbische.** Uneinigkeit und *Verrat* in Kosovo haben die serbische Nation wie ein übles Schicksal während der gesamten Geschichte verfolgt. Und im letzten Krieg haben *diese Uneinigkeit und dieser Verrat das serbische Volk* und Serbien in eine Agonie getrieben, deren historische und moralische Konsequenzen die der faschistischen Aggression übertrafen.

Später, als das sozialistische *Jugoslawien* gegründet wurde, blieb die serbische Führung in diesem neuen Land gespalten und ging auf Kosten der eigenen Bevölkerung viele Kompromisse ein. Kein Volk der Welt könnte unter ethnischen und historischen Gesichtspunkten die Zugeständnisse akzeptieren, welche die verschiedenen serbischen Führer zu Lasten ihres Volkes gemacht haben. Das gilt um so mehr, als die Serben im Laufe ihrer Geschichte andere Völker niemals erobert oder ausgebeutet haben. *Das nationale und historische Wesen* des serbischen Volkes *war* während seiner gesamten Geschichte und auch während der zwei Weltkriege bis heute *vom Geist der Befreiung geprägt. Sie haben sich stets selbst befreit **und wenn sie dazu in der Lage waren,*** anderen geholfen, sich zu befreien. Und die Tatsache, daß sie in dieser Region *ein großes Volk* sind, ist keine Sünde, derer sich die Serben schämen müßten. Es ist ein Vorzug, den sie gegenüber anderen nie ausspielten. Aber ich muß hier auf dem legendären Feld des Kosovo feststellen, daß die Serben den Vorteil *eines großen Volkes* für sich selbst niemals nutzten.

Die Uneinigkeit unter den serbischen Politikern, verbunden mit einer Vasallenmentalität, trug zur Erniedrigung Serbiens und dazu bei, es minderwertig erscheinen zu lassen. So ging es über Jahre und Jahrzehnte. Heute nun sind wir hier auf dem Amselfeld versammelt, um zu sagen, daß *das nicht mehr so ist.* ***Es gibt deshalb in Serbien keinen geeigneteren Platz als das Amselfeld, um das zu sagen. Und es gibt deshalb in Serbien keinen geeigneteren Platz als das Amselfeld, um zu sagen, daß die Eintracht in Serbien dem serbischen Volk und Serbien und jedem seiner Bürger, ungeachtet seiner nationalen und religiösen Zugehörigkeit Prosperität ermöglichen wird.***

Serbien ist heute vereint, gleichberechtigt mit den anderen Republiken und bereit, alles zu tun, um das materielle und gesellschaftliche Leben aller seiner Bürger zu verbessern. Wenn es Harmonie, Kooperation und Ernsthaftigkeit gibt, wird es *darin auch* erfolgreich sein. Daher ist der Optimismus, der heute in Serbien mit Blick auf seine Zukunft vorherrscht, realistisch, ***um so mehr, da er auf der Freiheit begründet ist, die es allen Menschen ermöglicht, ihre positiven, schöpferischen, humanen Fähigkeiten für die erfolgreiche Entwicklung des gesellschaftlichen und des eigenen Lebens auszuprägen.***

Niemals in der Geschichte war Serbien nur von Serben bewohnt. Heute mehr als jemals zuvor leben hier Bürger aller ethnischen und nationalen Gruppen. Dies ist kein Handikap für das Land. Ich bin aufrichtig davon überzeugt, daß dies *sein Vorzug* ist. ***In diesem Sinne ändert sich die nationale Zusammensetzung fast aller und besonders der entwickelten Länder der gegenwärtigen Welt. Immer mehr und immer erfolgreicher leben Bürger*** *verschiedener Nationalitäten, unterschiedlichen Glaubens und unterschiedlicher Rassen zusammen.*

Der Sozialismus als eine progressive und *gerechte* demokratische Gesellschaftsform darf eine Trennung nach Nationalität und Religion im Zusammenleben nicht erlauben. Der einzige Unterschied, der im Sozialismus erlaubt ist, ist der Unterschied zwischen arbeitenden Menschen und denen, die nichts tun, zwischen ehrenhaften und unehrenhaften Menschen. *Deshalb sind alle, die in Serbien von ihrer Arbeit leben, redlich und die anderen Menschen und die anderen Nationen achtend, in ihrer Republik zu Hause. Übrigens* muß unser ganzes Land auf dieser Basis organisiert werden. Jugoslawien ist eine multinationale Gesellschaft und kann nur auf der Grundlage völliger Gleichberechtigung aller hier lebenden Nationen überleben.

Die Krise, in die Jugoslawien geraten ist, führte zu nationalen, aber auch zu sozialen, kulturellen, religiösen und vielen anderen minder wichtigen Spaltungen. Unter all diesen Spaltungen erwiesen sich die nationalen als die dramatischsten. Ihre Überwindung wird die Beseitigung der anderen Spaltungen erleichtern und die Folgen lindern, die die anderen Teilungen hervorgerufen haben.

Seit Bestehen multinationaler Gesellschaften liegt der Schwachpunkt in den etablierten Beziehungen zwischen den verschiedenen Nationen. Gleich einem Schwert über ihren Köpfen besteht eine konstante Drohung, daß eines Tages eine Nation durch andere bedroht werden und eine Welle freigesetzt werden könnte, die mit Verdächtigungen, Anklagen und Intoleranz behaftet und schwer zu stoppen ist. Innere und äußere Feinde derartiger Gesellschaften wissen dies und trachten deshalb danach, innerethnische Konflikte zu stimulieren. Wir verhalten uns heute in Jugoslawien so, als ob diese Erfahrung für uns absolut unbekannt sei und als ob wir in der entfernten und nahen Vergangenheit die Tragödie nationaler Konflikte nicht erfahren hätten, die es zu durchstehen und zu überleben galt. Gleichberechtigte und harmonische Beziehungen zwischen den Völkern Jugoslawiens sind die unumgänglichen Bedingungen für den *Bestand Jugoslawiens, für seinen Weg aus der Krise und besonders für* den wirtschaftlichen und sozialen Wohlstand des Landes. In dieser Beziehung unterscheidet sich Jugoslawien nicht von anderen modernen Nationen der entwickelten Welt. Diese Welt ist mehr und mehr gekennzeichnet durch **nationale** Toleranz, **nationale** Kooperation und nationale Gleichberechtigung. Die moderne wirtschaftliche und technische, aber auch politische und kulturelle Entwicklung hat die verschiedenen Völker zusammengeführt, macht sie auch voneinander abhängig und *immer mehr* untereinander gleichberechtigt. In die Zivilisation, zu der sich die Menschheit hin bewegt, können *vor allem* gleichberechtigte und geeinte Menschen eintreten. Wenn wir den Weg in eine solche Zivilisation auch nicht anführen können, so brauchen wir uns auch nicht hinten anzuschließen.

Zur Zeit der berühmten Kosovo-Schlacht haben die Menschen die Sterne um Hilfe gebeten. Heute, sechs Jahrhunderte später, schauen sie wieder in die Sterne, *erwartend, daß sie sie erobern*. Damals schien es so, daß sie sich Uneinigkeit, Haß und Betrug erlauben konnten, da sie in kleineren, untereinander kaum verbundenen Welten lebten. Heute, als Bewohner des Planeten, können sie weder diesen noch gar fremde Planeten erobern, sofern sie nicht in Harmonie und Solidarität leben. Nirgendwo auf dem Boden unserer Heimat haben die Worte Harmonie, Solidarität und Kooperation mehr Bedeutung als hier auf dem Amselfeld, das ein Symbol für Uneinigkeit und Verrat ist.

In der Erinnerung des serbischen Volkes war diese Uneinigkeit entscheidend für die Niederlage in der Schlacht und für das schlimme Schicksal, das Serbien volle fünf Jahrhunderte zu ertragen hatte. **Und selbst wenn es vom historischen Standpunkt aus nicht so gewesen ist, ist es gewiß,** *daß das Volk seine Uneinigkeit als sein größtes Unglück erlebt hat. Deshalb ist es die Verpflichtung des Volkes, daß es sie selbst beseitigt, um sich zukünftig vor Niederlagen, Mißerfolg und Stagnation zu schützen.* Dem *Volk in Serbien* ist in diesem Jahr die Notwendigkeit der Eintracht als Voraussetzung für *sein gegenwärtiges Leben und* ***für*** *seine* weitere Entwicklung wie nie zuvor bewußt geworden.

Ich bin überzeugt, daß dieses Bewußtsein hinsichtlich der Eintracht und Einheit es Serbien ermöglichen wird, nicht nur

als Staat, sondern als ein erfolgreicher Staat zu funktionieren. Das im Kosovo zu betonen ergibt einen besonderen Sinn, weil es gerade hier gewesen ist, wo Uneinigkeit einst in tragischer Form dieses Serbien für *Jahrhunderte* zurückgeworfen *und bedroht* hat und wo es durch *eine erneuerte* Eintracht *vorankommen und* seine verlorene Würde wiedergewinnen kann. *Und dieses Bewußtsein hinsichtlich der gegenseitigen Beziehungen stellt eine elementare Notwendigkeit auch für Jugoslawien dar, denn sein Schicksal befindet sich in den vereinten Händen aller seiner Völker.* Die Kosovo-Schlacht ist überdies zu einem Symbol des Heroismus geworden – einem Symbol, dem Gedichte, Tänze, Literatur und Romane gewidmet wurden. Über sechs Jahrhunderte hat der Kosovo-Heroismus unsere Kreativität inspiriert, den Stolz genährt und uns davor bewahrt, zu vergessen, daß wir einst eine große und tapfere Armee waren und stolz darauf, auch in der Niederlage unbesiegbar zu sein.

Sechs Jahrhunderte später befinden wir uns wieder in *Kämpfen und vor Kämpfen.* Dies sind keine bewaffneten *Kämpfe,* obwohl diese nicht ausgeschlossen werden können. Aber unabhängig von der Art der Schlachten können diese nicht gewonnen werden ohne Entscheidungskraft, Tapferkeit und Selbstaufopferung – Eigenschaften, die im Kosovo so lange vorher schon gang und gäbe waren. Unser heute wichtigster Kampf gilt dem Ziel, wirtschaftlichen, politischen, kulturellen und allgemeinen sozialen Wohlstand zu erreichen. *Für die schnellere und erfolgreichere Annäherung an die Zivilisation, in der die Menschen im 21. Jahrhundert leben werden, ist Heldentum besonders notwendig.* **Natürlich Heldentum anderer Art.** Es erübrigt sich zu sagen, daß die Tapferkeit, ohne die nichts Ernsthaftes und Großes in der Welt erreicht werden kann, unverändert und auf ewig notwendig bleibt.

Vor sechs Jahrhunderten hat Serbien sich hier auf dem Kosovo heldenhaft selbst verteidigt und auch Europa verteidigt. *Es befand sich damals an seinem Schutzwall, der die europäische Kultur, Religion, die europäische Gesellschaft im ganzen schützte.* Folglich erscheint es heute nicht nur ungerecht, sondern auch unhistorisch und absurd, darüber zu diskutieren, ob Serbien zu Europa gehört. Es gehörte immer dazu, heute wie früher. *Na-*

türlich auf seine Art und Weise, die es im historischen Sinne niemals seiner Würde beraubte. In diesem Geiste streben wir heute danach, eine reiche und demokratische Gesellschaft zu errichten. Und damit tragen wir zum Wohlstand unseres schönen und in diesem Augenblick zu Unrecht *geplagten* Landes bei. Und damit helfen wir den Bemühungen aller progressiven Menschen unserer Zeit, die für eine neue und bessere Welt arbeiten.
Möge das Andenken an den Kosovo-Heroismus für immer leben! Lang lebe Serbien! Lang lebe Jugoslawien!
Es lebe der Frieden und die Brüderlichkeit zwischen den Völkern!"[97]

Auch hier kann man unterschiedlichster Auffassung sein – darüber, ob das Massenmeeting zum 600. Jubiläum der historischen und zum Mythos gewordenen Schlacht auf dem Amselfeld dazu beitrug, den separatistischen Kräften in Kosovo und Metohien ihre Grenzen aufzuzeigen und sie zumindest zeitweilig zurückzudrängen, oder ob es, von den Kosovo-Albanern als Provokation empfunden, den zwischennationalen Konflikt in dem autonomen Gebiet zusätzlich anheizte; ob die Rede von Milošević vor dem Hintergrund der sich rapide verschärfenden Krise in der SFRJ die Kräfte stärkte, die wie der Redner für den Erhalt der jugoslawischen Föderation eintraten, oder jene, die ihren Zerfall betrieben; ob einige Passagen der Ansprache heute, nach den blutigen Bürgerkriegen, einen anderen Beigeschmack und ein anderes Gewicht erhalten und ob der Redner sie nach den Erfahrungen des folgenden Jahrzehnts nicht anders formuliert hätte. Eines jedoch darf man nicht behaupten, nämlich, daß Milošević auf dem Amselfeld für ein „ethnisch reines" Serbien, und dazu noch für ein großes eingetreten sei.

Natürlich setzt sich derjenige, der den Wortlaut einer Ansprache von Milošević in den eigenen Buchtext aufnimmt, und das gleich zweimal, dem Verdacht aus, den Redner reinwaschen zu wollen oder – noch schlimmer – ein Milošević-Anhänger zu sein. Doch hier geht es nicht um Milošević, es geht nicht einmal um die

---

97 Politika, 29.6.1989 (Vergleich, Korrektur und Ergänzung der Übersetzung – R. H.)

Serben, hier geht es schlicht und einfach um die Entstellung eines historischen Dokumentes mit dem Ziel, nicht nur den Verfasser, sondern ein ganzes Volk ins Unrecht zu setzen. Die Verfälschung einer Rede bleibt eine Fälschung, ganz und gar unabhängig davon, ob man in dem Redner den Erzengel Michael, Anführer der himmlischen Heerscharen im Kampf gegen den Satan, oder den Gottseibeiuns höchstselbst sieht.

Wer, wie die FAZ, das Eintreten des serbischen Präsidenten für die Überwindung der dramatischen nationalen Teilungen in Jugoslawien, für gleichberechtigte und harmonische Beziehungen zwischen den Völkern Jugoslawiens als unumgängliche Bedingungen für den wirtschaftlichen und sozialen Wohlstand des Landes, für die Eintracht in Serbien als Voraussetzung für das Wohlergehen aller seiner Bürger, ungeachtet ihrer nationalen und religiösen Zugehörigkeit, als „Chauvinismus" diffamiert, entstellt die Wahrheit und versucht, die Öffentlichkeit in die Irre zu führen. Wer dann noch, wie Scharping, behauptet, der Redner auf dem Amselfeld habe von „Großserbien" gesprochen, der belügt sie. „Großserbien" ist ein außerhalb Serbiens geborenes Hirngespinst, mit dem das Zehn-Millionen-Volk der Serben zum Schreckgespenst auf dem Balkan gemacht und verteufelt wurde.

Nicht minder verlogen ist die Behauptung, Serbien und sein gewählter Präsident seien für ein „ethnisch reines" Land eingetreten. Eine derartige nationalistisch-rassistische Haltung, deren logische Konsequenz eine „Politik der ethnischen Vertreibung" ist, wird ausgerechnet einem Land unterstellt, das mit seinen 26 nationalen Minderheiten der, wie Diana Johnstone feststellte, „am meisten ausgeprägte multi-ethnische Staat auf dem Balkan" ist[98] und das im Verlauf des gewaltsamen Zerfalls des früheren Jugoslawiens mittlerweile rund eine Million Flüchtlinge aufgenommen hat, darunter über 300.000 Serben aus der kroatischen Krajina, die mit Hilfe der NATO tatsächlich aufgrund ihrer ethnischen Zugehörigkeit vertrieben wurden. Erhoben wird der Vertreibungsvorwurf ausgerechnet gegen die Serben, deren Anteil an der Bevölkerung in Kosovo und Metohien seit mehr als einem

---

98 Diana Johnstone: Das Kosovo-Problem und die „Internationale Staatengemeinschaft", in: Marxistische Blätter, Sonderheft, April 1999, S. 36

Jahrhundert sinkt, und bei weitem nicht nur aufgrund der wesentlich höheren Natalität der albanischen Bevölkerung des Gebietes. Zurecht verwies der ausgewiesene Balkanologe Ernstgert Kalbe auf diesen Umstand, als er resümierte: „Ohne Einbeziehung der Türkenzeit wurden nach serbischer Rechnung zwischen 1876 und 1912 etwa 150.000 Serben, während des Zweiten Weltkrieges 60.000 serbische Siedler und im sozialistischen Jugoslawien in ‚den letzten 20 Jahren‘, also zwischen 1965 und 1985 nochmals 200.000 Serben aus dem Kosovo exmittiert oder sind ‚freiwillig‘ gegangen."[99] Wer wissen will, wer in Kosovo und Metohien tatsächlich ethnisch vertreibt, der braucht sich nur die Entwicklung der Bevölkerungszusammensetzung des Gebietes nach dem Einmarsch der KFOR-Truppen in Priština und Prizren, in Orahovac und Peć anzusehen. Für die deutsche Bundeswehrführung kommt diese Entwicklung nicht überraschend. Noch während der deutsche Verteidigungsminister an seinem Buch mit dem schönen Titel „Wir dürfen nicht wegsehen" feilte oder feilen ließ, gab das Amt für Nachrichtenwesen der Bundeswehr, Abteilung II, einen „Leitfaden für Bundeswehrkontingente im Kosovo" heraus, in dem die deutschen KFOR-Soldaten auf Seite 77 lesen konnten: „Das mit fast 700.000 Flüchtlingen aus dem Bürgerkrieg belastete Serbien nahm vermutlich weitere 60.000 ethnische serbische Flüchtlinge bis zu Beginn der Kampfhandlungen aus dem Kosovo auf. Im Zuge der Umsetzung des militärtechnischen Abkommens wird die Masse der auch während der Kampfhandlungen verbliebenen serbischen Wohnbevölkerung (geschätzt 100.000 bis 150.000) das Kosovo verlassen. Dabei dürften Teile nicht nur nach Kern-Serbien, sondern auch nach Montenegro abwandern."[100]

Die Lüge Scharpings, Milošević habe in seiner Amselfeldrede von einem „Großserbien" und davon gesprochen, daß dieses Land „ethnisch rein" sein solle, ist nur ein Teil, wenn auch ein sehr wesentlicher, der seit 1990 geführten Kampagne, mit der die Serben

---

99 Ernstgert Kalbe: Vom Kosovo-Konflikt zur NATO-Aggression auf dem Balkan, Leipzig 1999, S. 17
100 Amt für Nachrichtenwesen der Bundeswehr, Abteilung II: Leitfaden für Bundeswehrkontingente im Kosovo, Stand: 06/99, S. 77

dämonisiert und ihr Staatsoberhaupt zum Oberdämon gemacht wurden.

In der langen Geschichte von Kriegen und Interventionen sind die Verteufelung des Gegners und seine Personalisierung keine neue Erscheinung; lediglich die Instrumente der Fälschung, der Propaganda und der Manipulation haben sich im Zeitalter der elektronischen Medien, der Informationsdiktatur, die als „Informationsgesellschaft" daherkommt, perfektioniert. Die NATO-Gutmenschen haben sich ihrer kraftvoll bedient. „Das Maß ihrer Güte", schrieb Walter van Rossum, „ist das Böse: Slobodan Milošević. Wo der bloße Odem des Bösen Jungfrauen grillt, ist das Gute eine sichere Bank. Die Aufrüstung Miloševićs zum pathologischen Genius des Bösen ist das Werk systematischer politkrimineller Energie. Was hier an Volksverhetzung, Fälschung, konsequenter Propaganda zu hören war und politisch instrumentalisiert wurde, gehört vor einen Gerichtshof."[101]

Um den serbischen Präsidenten zum „pathologischen Genius des Bösen" aufzurüsten, war jedes Mittel recht – auch die Verfälschung einer Rede, die Hunderttausende gehört haben und deren authentische Fassung schwarz auf weiß vorliegt, durch das Streichen nicht ins Verleumdungskonzept passender Abschnitte und das Hinzufügen von Aussagen, die niemals gemacht wurden. „Das (absolute) Böse", so schätzten Wolf-Dieter Narr und seine Mitautoren in ihrer „Pazifistisch-menschenrechtlichen Streitschrift" ein, „hat wieder einmal Konjunktur. Zum Sich-Grauen. Zum Sich-Rechtfertigen und Mobilisieren. Kriegszeiten und die Begründung von Kriegen eignen sich dafür besonders. Für Kriege braucht man Feinde. Zum Kriegführen muß man rechtfertigen können, warum man andere Menschen massenhaft umbringt. Als Feinde werden andere Menschen gleichsam zum anderen, zum untermenschlichen Wesen verwandelt. Zu Feinden verwandelte Gegner werden vernichtungs‚würdig' ... So ist es jüngst wieder geschehen. Diese Verwandlung in Feinde, in Böslinge, verbreiterte sich erheblich. Milošević wurde erneut als anderer Hitler gescheitelt (nun der dritten oder x-ten Ausgabe). Sogar die serbische Bevölkerung, geschlossen zwangsethnisiert, wurde in den Sog

---

101 Walter van Rossum: Die humanitäre Zitadelle, in: Freitag, 14.5.1999

des dritten Hitler einbezogen. Als unzivilisiert, barbarisch, in jedem Fall als noch nicht ganz menschlich im westeuropäisch-angelsächsischen Sinn. Das Böse erhielt einen rassischen Zuschnitt: ‚die Serben'."[102]

Das ist der Sinn aller Bösartigkeiten, aller Greuel, aller Untaten, die den Serben zugeschrieben wurden und noch immer werden, obwohl sie nach der politischen Wende in Belgrad so freudestrahlend im „Haus Europa" willkommen geheißen wurden. Wer sich gegen solche Art Rassismus wehrt, wer Lügen über Serbien und seine Exponenten Lügen nennt, wer nicht zulassen will, daß die Serben als Teufel in Menschengestalt verketzert werden, dabei aber weit davon entfernt ist, sie allesamt zu Engeln zu machen, wer also wie früher schon gemeinsam mit anderen Peter Handkes Worte aufgriff und „Gerechtigkeit auch für Serbien" fordert, der wird noch immer zum „Proserben" gemacht, zum „Bösen" und damit zum Serben selbst.

Mit Vorsatz in den Krieg „geschlittert"

So wie die vollgefressene Lüge von der „Alleinschuld" der Serben dank ihrer Langatmigkeit bis zum heutigen Tage umhergeht, so ausdauernd zeigt sich auch die zweite Kriegsrechtfertigungslegende, daß die NATO und mit ihr die Bundesrepublik Deutschland den Krieg eigentlich nicht gewollt haben, sondern in ihn „hineingeschlittert" sind. Auch bei nicht wenigen entschiedenen Kriegsgegnern hat sie sich eingenistet und läßt es sich gut gehen. Selbst ein so erfahrener und scharfsinniger Politiker und Sicherheitsexperte wie Egon Bahr ist hier, um nur ein Beispiel zu nennen, nicht frei von Illusionen. In einem Interview an der Schwelle des Jahres 2001 meinte er, auf eine Frage zur Beteiligung der Bundesregierung am ersten NATO-Krieg antwortend: „Ich hätte nicht gedacht, daß ich noch einmal erlebe, wie man in einen Krieg hineinschlittert, den man gar nicht will."[103] Eine Antwort auf die

---

102 Wolf-Dieter Narr/Roland Roth/Klaus Vack: Eine pazifistisch-menschenrechtliche Streitschrift, Köln 1999, S. 69/70
103 Interview mit Egon Bahr in Neues Deutschland, 30./31.12.2000

sich aufdrängende Frage, weshalb sich die Bundesregierung dann auf den „nicht gewollten" Krieg so zielstrebig vorbereitete und alle Möglichkeiten zu einer friedlichen Konfliktlösung ausließ und gar hintertrieb, bleibt auch er schuldig.

Hinsichtlich des völkerrechtswidrigen Charakters des kriegerischen Vorgehens der NATO hält sich der Streit in Grenzen. Die Mehrheit der Völkerrechtler stimmt darin überein, daß der Nordatlantikpakt mit seinem Überfall auf Jugoslawien und dem darauffolgenden 78tägigen Krieg auf das Gröbste gegen elementare Normen des internationalen Rechtes, insbesondere gegen das in der Charta der Vereinten Nationen niedergelegte Gewalt- und Interventionsverbot, verstoßen hat. Artikel 2, Ziffer 4 der Charta ist eindeutig formuliert: „Alle Mitglieder enthalten sich in ihren internationalen Beziehungen der Gewaltandrohung oder Gewaltanwendung, die gegen die territoriale Unverletzlichkeit oder politische Unverletzlichkeit oder politische Unabhängigkeit irgendeines Staates gerichtet ist."[104]

Da die Bundesrepublik Jugoslawien keines der Mitgliedsstaaten der NATO bedroht oder gar angegriffen hat, steht es außer Frage, daß es sich bei dem Überfall und den langandauernden Bombardierungen jugoslawischen Staatsterritoriums um eine gegen einen souveränen Staat gerichtete Aggression handelte, die laut Artikel 1 der am 14. Dezember 1974 von der UN-Vollversammlung angenommenen Resolution als „bewaffnete Gewalt" definiert wird, „die ein Staat gegen die Souveränität, territoriale Integrität oder politische Unabhängigkeit eines anderen Staates anwendet oder die in irgendeiner anderen Weise mit der Charta der Vereinten Nationen unvereinbar ist"[105]. Zurecht konstatierte das Internationale Europäische Tribunal über den NATO-Krieg, das Anfang Juni 2000 unter dem Vorsitz des international renomierten Juristen Prof. Dr. Norman Peach verhandelt hatte, in seinem Urteil: „Ohne von der Bundesrepublik Jugoslawien ange-

---

104 Charta der Vereinten Nationen, Kommentar. Hrsg. Bruno Simma, München 1991, S. XC
105 Das System der Vereinten Nationen und seine Vorläufer, Band I/1 Vereinte Nationen. Hrsg. Hans von Mangoldt und Volker Rittberger, Bern/München 1995, S. 317

griffen zu sein und unter bewußter und zielgerichteter Umgehung eines Mandats des UNO-Sicherheitsrates nach Art. 39 und 42, 48 UNO-Charta haben die Staaten der NATO einen souveränen Staat militärisch angegriffen, was einen schweren Verstoß gegen geltendes zwingendes Völkerrecht darstellt. Diese Aggression war auch nicht dadurch gerechtfertigt, daß es sich – wie sich die Bundesrepublik Deutschland und andere Regierungen der NATO eingelassen haben – um einen Akt der Nothilfe mittels einer sog. humanitären Intervention handelte. Abgesehen davon, daß es im geltenden Völkerrecht nur eine Nothilfe für einen angegriffenen Staat im Rahmen der Selbstverteidigung des Art. 51 UNO-Charta gibt – was hier nicht vorlag –, ermangelte es nach Ansicht des Tribunals, die es sich nach intensiver Auseinandersetzung mit den vorgelegten Beweismitteln und den Vorträgen der Sachverständigen gebildet hat, schon der tatsächlichen Voraussetzungen einer solchen humanitären Intervention. Das Tribunal ist zu der Überzeugung gelangt, daß es eine humanitäre Katastrophe, wie sie insbesondere von den deutschen Ministern Fischer und Scharping beschworen worden ist, nicht gegeben hat."[106]

Die Behauptung der deutschen Minister und der anderen Verantwortlichen in den NATO-Regierungen und -Stäben, der Krieg sei für humanitäre Ziele, für ein friedliches, gleichberechtigtes Zusammenleben der Ethnien in Kosovo und Metohien geführt worden, war von Anfang an durchsichtig und unglaubwürdig. Kriegs- und Nachkriegsgeschehen haben sie ad absurdum geführt. Es gibt keinen Zweifel: Es war ein verbrecherischer, verabscheuungswürdiger Krieg, der durch nichts, auch nicht durch den schweren, von innen gewachsenen und von außen geschürten ethnischen Konflikt in Kosovo und Metohien, die Spirale von menschenrechtsverletzender Gewalt und Gegengewalt, zu rechtfertigen ist.

Aber ist die NATO – und wer das Schuldmaß der Verantwortlichen ermitteln will, kommt um diese Frage nicht umhin – nicht doch in den Krieg „hineingeschlittert", „hineingestolpert" oder

---

106 Urteil des Internationalen (inoffiziellen) Tribunals über den NATO-Krieg gegen Jugoslawien, in: PDS international, Heft 2/2000, S. 91

hat der von den USA geführte Pakt die Aggression zielstrebig geplant und vorbereitet, mit lang gehegtem Vorsatz herbeigeführt?

Beides ist völkerrechtswidrig, strafwürdig. Doch der Unterschied ist alles andere als unerheblich, wie ein Vergleich zum Strafrecht veranschaulicht. So wie dieses Totschlag, zum Beispiel aus Zorn, und einen aus niedrigen Beweggründen, heimtückisch und mit Vorsatz begangenen Mord auseinanderhält, so gibt es allen Grund, zwischen einem aus scheinbarer Zwangsläufigkeit der Ereignisse resultierenden, eigentlich ungewollten oder zumindest nicht geplanten Präventivkrieg und einer aus niedrigen Beweggründen, heimtückisch und mit Vorsatz begangenen Aggression zu unterscheiden.

Alles spricht dafür, daß die NATO nicht in den Angriffskrieg „hineingestolpert" ist, sondern die Aggression mit lang gehegtem Vorsatz begangen hat. Obwohl die Geheimarchive der Regierungen, Kriegsministerien und NATO-Stäbe noch lange Zeit verschlossen sein werden, gibt es auch so schon zahlreiche Indizien dafür, daß die NATO keine friedliche Lösung, sondern den Einsatz ihrer Waffenpotentiale anstrebte.

Die letztlich entscheidende Rolle bei der Vorbereitung und Durchführung der Aggression spielten die USA-Administration und ihre führenden Repräsentanten sowie die hohen Beamten und Befehlshaber der NATO. Aktiv beteiligt an der Kriegsvorbereitung und -entfesselung waren – wenn auch in einem unterschiedlichem Maße – alle anderen Regierungen der kriegführenden NATO-Staaten, darunter der Bundesrepublik Deutschland und deren Repräsentanten. Besonders letztere hatten es angesichts der Stellung Deutschlands in der Europäischen Union in der Hand, darüber zu entscheiden, ob die europäischen NATO-Staaten sich dem Kriegskurs der USA anschließen oder verweigern. Erklärungen, die deutschen Verantwortlichen seien vor allem von der NATO „Getriebene" gewesen, und Deutschland sei eben doch in den Krieg „hineingestolpert", weil seine Regierenden keine Alternative sahen, entbehren leider jeder Grundlage.

„Die Bundesregierung hatte eine Alternative – allerdings um den Preis eines Krachs mit den Amerikanern. Es ist die größte politische Lebenslüge Schröders, Fischers und Scharpings, daß zur Bombardierung Jugoslawiens und zur deutschen Beteiligung daran keine Alternative bestanden hätte. An ihrer Haltung entschied sich die Frage, ob es eine einheitliche Position des NATO-Bündnisses in dieser Frage überhaupt geben würde", stellte Prof. Dr. Michael Schumann fest[107] und ihm ist angesichts der Tatsachen schwerlich zu widersprechen.

Durch aktive Teilnahme an der Einmischungs-, Droh- und Erpressungspolitik gegen einen souveränen europäischen Staat, der Mißachtung von Grundnormen des Völkerrechts, der UN-Charta, der Dokumente der KSZE und OSZE, des NATO-Statuts sowie der Verfassungen bzw. Gesetze des eigenen Staates, der Bereitstellung und Konzentration militärischer Kräfte und der Manipulation der öffentlichen Meinung haben sich die europäischen NATO-Staaten, mit Ausnahme Griechenlands, mitschuldig an der zielstrebigen Kriegsvorbereitung und vorsätzlichen Kriegsentfesselung gemacht. Ihre damit übernommene Verantwortung ist nicht zu bestreiten. Auch können sie sich nicht darauf berufen, im guten Glauben gehandelt zu haben, denn an Warnungen vor der Völkerrechtswidrigkeit und den fatalen Folgen ihres Tuns hat es nicht gemangelt. Stellvertretend für viele andere sei an dieser Stelle lediglich an die Ausführungen des Rechtswissenschaftlers an der Hamburger Universität der Bundeswehr Prof. Dr. August Pradetto erinnert, der bereits im September 1998, ein halbes Jahr vor dem NATO-Überfall auf Jugoslawien, zu den völkerrechtlichen Konsequenzen eines „militärischen Eingreifens ohne Legitimation durch den Sicherheitsrat" feststellte: „Für die Entwicklung des internationalen Rechtes würde eine derartige Maßnahme die Rückkehr zur Situation vor dem Inkrafttreten der Satzung des Völkerbundes im Jahre 1919 bedeuten, als es noch im Belieben eines Staates oder mehrerer Staaten stand, sich selbst die Ermächtigung für militärische Aktionen gegen einen oder mehrere Staaten zu erteilen. Es würden fundamentale Prinzipien des Völkerrechts verletzt, die für das Verbot von Gewaltanwendung in den internationalen Beziehungen Geltung haben. Nach der gegebenen Völkerrechtslage kann eine militärische Interven-

---

107 Michael Schumann: Plötzlich heiligt der Zweck die Mittel, in: Neues Deutschland, 28.4.1999

tion der NATO gegen den souveränene Staat Jugoslawien als unrechtmäßige Gewaltanwendung und als verbotene Kriegshandlung interpretiert werden ... Die damit einhergehende Relativierung der Bindung an die Prinzipien der UN-Charta und an die Beschlüsse des Sicherheitsrates sowie der in fünf Jahrzehnten mühsam genug aufgebauten und ohnehin bei weitem noch nicht vollständig durchgesetzten Verpflichtung der internationalen Gemeinschaft zum Verzicht auf ‚jede gegen die territoriale Unversehrtheit oder die politische Unabhängigkeit eines Staates gerichtete oder sonst mit den Zielen der Vereinten Nationen unvereinbare Androhung oder Anwendung von Gewalt' (Art. 2 der UN-Charta) würde einen neuen Schub der Diffusion der gegebenen Sicherheitsstrukturen in Richtung Renationalisierung von Außen- und Sicherheitspolitik sowie von Selbstjustiz in den internationalen Beziehungen auslösen. So gesehen, wäre ein militärisches Vorgehen ohne Zustimmung der UN eine gravierende Fehlleistung in der internationalen Politik."[108] Wer derartige Aufklärungen und Warnungen – und solche gab es in großer Zahl – unbeachtet ließ, der „schlitterte" nicht entgegen anderer Absicht in eine völkerrechtswidrige Handlung, ganz zu schweigen von einem lang vorzubereitenden Angriffskrieg, er handelte vorsätzlich.

Auf das vorsätzliche Handeln weist jedoch bei weitem nicht nur dieser Umstand hin. An Indizien, Erklärungen, Eingeständnissen und nicht zuletzt an konkreten politischen Handlungen, die den Vorsatz beweisen, mangelt es wahrlich nicht. Aber der Reihe nach.

Militärische Interventionen in die innerstaatlichen Konflikte in Jugoslawien wurden in einer Reihe von NATO-Mitgliedsstaaten schon seit Beginn des Zerfalls der früheren jugoslawischen Föderation, der Sozialistischen Föderativen Republik, politisch und propagandistisch vorbereitet. Über viele Jahre spielte dabei die Bundesrepublik Deutschland eine Schrittmacherrolle. Forderungen nach einem Eingreifen der NATO, nach Luftangriffen gegen die jugoslawische Armee wurden in der Bundesrepublik Deutschland bereits zu Beginn der 90er Jahre aufgestellt, so

---

108 August Pradetto: NATO-Intervention in Kosovo? in: Internationale Politik 9/1998, S. 41 f.

1991 vom Innenminister Wolfgang Schäuble (CDU) und vom Bundesminister a. D. und Bundestagsabgeordneten Andreas von Bülow (SPD), in den Folgejahren gesellten sich zu ihnen u. a. der außenpolitische Sprecher der CDU/CSU-Bundestagsfraktion Karl Lamers, der innenpolitische Sprecher dieser Fraktion Johannes Gerster, der sächsische Innenminister Heinz Eggert (CDU), der Bundesminister a. D. Christian Schwarz-Schilling (CDU), Graf von Kielmansegg und Oskar Prinz von Preußen.[109] Und auch weniger bekannte Politologen und Wehrexperten meldeten sich zu Wort.

Im Februar 1994, fünf Jahre vor dem NATO-Überfall auf Jugoslawien, sprach Tilman Fichter, Schulungsreferent im SPD-Parteivorstand, davon, daß unter bestimmten Bedingungen „ein Militärschlag der NATO gegen die großserbisch dominierte exjugoslawische Volksarmee nicht mehr zu vermeiden (wäre) ... Ein solcher (regional nach wie vor begrenzter) Krieg wäre jedoch ..., weiß Gott kein einfacher Blauhelm-Einsatz' mehr. In einer solchen Situation müßte die NATO den Serben klarmachen, daß ihre Armee jetzt gegen die gesamte NATO zu kämpfen hätte." Und auch in anderer Hinsicht war Herr Fichter weitsichtig. Auf die selbst gestellte Frage: „Dürfen sich deutsche Truppen – fünfzig Jahre nachdem Hitlers Armee in Jugoslawien gehaust hat – an einer Militäraktion beteiligen?" lautete seine Antwort: „... Eindeutig: ja. Denn der versuchte Völkermord der Deutschen und Österreicher in Auschwitz an den europäischen Juden verpflichtet geradezu die Demokraten in Deutschland (beziehungsweise in Österreich) zu einem eindeutigen Engagement für Menschenrechte und die bürgerlichen Freiheiten."[110]

Zur gleichen Zeit entwarfen und propagierten Bundeswehrtheoretiker Kriegsszenarien, die, nebenbei bemerkt, langjährige Balkanerfahrungen deutscher Militärs verrieten. Eines davon war

---

109 Siehe dazu auch: Ralph Hartmann: „Die ehrlichen Makler." Die deutsche Außenpolitik und der Bürgerkrieg in Jugoslawien, Berlin 1998, S. 177 f.
110 Tilman Fichter: In der neuen Heimat der Weltmoral? – Deutschland, die Völkergemeinschaft und der bosnische Krieg. Die Gewalt entwaffnen, in: Die Welt, 26.2.1994

in der Zeitschrift „Europäische Sicherheit", in der ersten Nummer des Jahrganges 1993, erschienen. Sein Autor, Jürgen Rose, entwickelte in der von der Gesellschaft für Wehr- und Sicherheitspolitik in Hamburg herausgegebenen Publikation, zu deren Vorgängern die nicht unbekannte „Wehrkunde" zählte, folgende „militärische Optionen für eine Intervention": „Zunächst benötigt eine Interventionstruppe die Lufthoheit. Dazu sind in einer verbundenen Luftkriegsoperation, wie sie die westlichen Luftwaffen durchzuführen nachweislich in der Lage sind, die Luftstreitkräfte der Kriegsparteien in der Luft und auf ihren Basen zu vernichten sowie die ortsfesten Luftverteidigungsstellungen zu zerstören. Eine derartige Aktion wäre, da die gegnerischen Luftstreitkräfte nur sehr schwach sind, relativ risikolos durchzuführen und nur mit geringen Kollateralschäden verbunden ... Sollte die politische Zielsetzung durch diese Aktion nicht erreicht werden, so könnte man die militärischen Aktionen eskalieren: Zum einen ließen sich mit Kampfhubschraubern insbesondere Kampfpanzer und andere gepanzerte Fahrzeuge sowie Artilleriestellungen, Transportkolonnen etc. effektiv und unter weitestgehender Vermeidung von zivilen Kollateralschäden angreifen. Mit einer Flotte von ca. 200 bis 300 Kampfhubschraubern, unterstützt von Kampfflugzeugen, wäre die effektive Unterbindung geordneter militärischer Bewegungen und Operationen größerer Verbände auf dem Schlachtfeld möglich. Ein gewisses Risiko für den Einsatz der Hubschrauber stellen Gefechtsfeldflugabwehrsysteme verschiedenster Art dar, doch läßt sich deren Wirksamkeit mit entsprechenden Gegenmaßnahmen technischer und taktischer Art begrenzen, Verluste an Hubschraubern müssen jedoch einkalkuliert werden. Darüber hinaus ist der Einsatz von Kampfhubschrauberverbänden denkbar, die Luftpatrouillen fliegen und gezielt Jagd auf kleinere bewaffnete Einheiten oder Banden machen.

Eine weitere Eskalationsmöglichkeit, falls die bisher dargestellten Optionen wirkungslos bleiben sollten, würde der gezielte Angriff auf symbolische und infrastrukturelle Ziele darstellen."[111]

---

111 Jürgen Rose: Über Willen, Macht und Widerstreben. Optionen zur Kriegsbeendigung auf dem Balkan, in: Europäische Sicherheit, 1/1993, S. 43/44

Im Detail ließen sich diese und ähnliche Kriegsszenarien nicht umsetzen, die viel gepriesenen Apache-Kampfhubschrauber z. B. blieben sicherheitshalber am Boden, aber der Hinweis auf „gezielte Angriffe auf infrastrukturelle Ziele" erwies sich als ebenso vorausschauend wie die Verwendung des Unwortes „Kollateralschäden".

Aber bei weitem nicht nur die Genannten gaben aufschlußreiche Erklärungen ab. Unter den vielen bundesdeutschen und anderen NATO-Politikern, deren Äußerungen auf einen langfristigen Aggressionsvorsatz hinweisen, befand sich kein Geringerer als der heutige Bundeskanzler Gerhard Schröder. Schon am 16. August 1998 erklärte auch er, damals noch Kanzlerkandidat, daß er sich ein Eingreifen der NATO in Kosovo auch ohne UNO-Mandat, mit anderen Worten eine Aggression, vorstellen könne. Am gleichen Tag sprach sich auch der damalige Bundesverteidigungsminister Volker Rühe für einen militärischen NATO-Einsatz gegen Jugoslawien auch ohne Zustimmung Rußlands, also ohne ein Mandat des Weltsicherheitsrates, aus.[112]

In der Folgezeit übernahm die USA-Administration die Rolle des entschiedensten Kriegsbefürworters in der NATO. Was ihr nach den Bekundungen gut informierter Kreise fehlte, war der Anlaß für das „Eingreifen", für den Angriffskrieg. In Washington wurde daraus kein Geheimnis gemacht. So stellte das republikanische „Policy Commity" des USA-Senates schon im August 1998 fest: „Die Planungen für eine US-geführte NATO-Intervention ins Kosovo sind nun im großen und ganzen abgeschlossen. Das einzig Fehlende scheint ein Anlaß zu sein – geeignet für eine wirkungsvolle Medienberichterstattung – der die Intervention politisch verkäuflich macht ... Daß Clinton auf einen ‚Auslöser' im Kosovo wartet, ist zunehmend offensichtlich."[113]

Der „Auslöser" schien bald gefunden: das sogenannte Račak-Massaker vom 16. Januar 1999. Über die Hintergründe dieses Ereignisses gibt es mittlerweile viele aufschlußreiche Erkenntnisse. Weiterer Aufklärung bedarf die in diesem Zusammenhang höchst

---

112 ADN, 16.8.1998
113 Zitiert nach John Pilger: Revealed: the amazing NATO plan, tabled at Rambouillet, to occupy Yugoslavija, in: New Statesman, 17.5.1999, S. 17

bemerkenswerte Tatsache, daß US-Außenministerin Albright nach einem Bericht der „New York Times" darüber bereits am Vortag des Geschehens, am 15. Januar, auf einer Beratung in ihrem Ministerium über Informationen verfügte. Laut dem gleichen Bericht kündigte sie dabei an, daß das Holbrooke-Milošević-Abkommen „jeden Moment" gebrochen werden könne.[114] Noch auffällig „weitsichtiger" erwies sich Bundesverteidigungsminister Rudolf Scharping, der mit einem Eintrag in sein „Kriegstagebuch" vom 27. Dezember 1998, also drei Monate vor Kriegsbeginn, exakt voraussah, was an „Propaganda" auf die NATO „*zukommen wird* (Hervorhebung R. H.): Behauptungen über Umweltzerstörung, die angebliche Verwendung atomarer Munition usw".[115]

Wie sorgfältig die NATO den Krieg vorbereitete, kann man im schon erwähnten „Kriegstagebuch" Rudolf Scharpings unter dem Datum des 30. Januar 1999 nachlesen. Detailliert beschreibt der deutsche Minister hier die Phasen der zwei Monate später erfolgenden NATO-Luftoperationen. Er notierte:

„In Brüssel hatte an diesem 30. Januar der NATO-Rat über die Autorisierung des NATO-Generalsekretärs für Luftangriffe beraten und entschieden, gegebenenfalls begrenzte Luftschläge und die Phase I der abgestuften Luftoperationen in enger Konsultation mit den Mitgliedsstaaten umzusetzen.

In den NATO-Planungen waren die Luftoperationen in verschiedene Phasen eingeteilt worden. Durch die stufenweise Intensivierung sollten politische Flexibilität und Reaktionsfähigkeit in den verschiedenen Entwicklungsstadien eines Konfliktes sowie kontinuierlich politische Entscheidung und Führung der militärischen Operationen gewährleistet werden.

Phase 0 der Luftoperationen beinhaltete die Verlegung von Luftstreitkräften auf Flugplätze, von denen aus das Territorium Jugoslawiens erreichbar war, außerdem Flüge zur Überwachung des Luftraumes über Jugoslawien, jedoch ohne in den Luftraum selbst einzudringen, sowie die Erklärung einer Flugverbotszone

---

114 New York Times, 19.1.1999
115 Rudolf Scharping: Wir dürfen nicht wegsehen, S. 44

über Jugoslawien, jedoch noch keine Angriffe zu deren Durchsetzung.

Sollte Milošević angesichts dieser Maßnahmen nicht einlenken, würde Phase I folgen – mit Luftoperationen zur Durchsetzung der Flugverbotszone und um ‚Luftüberlegenheit' über Jugoslawien und ‚Luftherrschaft' über dem Kosovo zu erreichen. Dazu würde die radargestützte Luftabwehr Jugoslawiens angegriffen oder elektronisch unterdrückt und Flugplätze und Kommunikationslinien des jugoslawischen Militärs im Kosovo bombardiert werden.

Neben einer Fortsetzung der Maßnahmen aus Phase I sollten in Phase II die Angriffe auf das Gebiet Jugoslawiens südlich des 44. Breitengrads ausgeweitet werden (also unter Ausschluß von Belgrad) und sich gegen Verstärkung und Nachschublinien für die jugoslawischen Truppen im Kosovo sowie gegen Kasernen, Hauptquartiere, Waffenlager oder Panzerstellungen richten.

Phase III der Planung der NATO sah vor, die Maßnahmen aus den Phasen I und II fortzusetzen, sie auf ganz Jugoslawien auszudehnen und strategische wie taktische Ziele einzubeziehen. Nun sollten militärische Hauptquartiere angegriffen werden sowie *Produktions- und Lagerstätten,* soweit sie für die Operationsfähigkeit der jugoslawischen Armee bedeutend waren, wie beispielsweise *Elektrizitätswerke, Ölraffinerien* (Hervorhebung R. H.) und Systeme von Kommunikation, Kommando und Kontrolle militärischer Maßnahmen."[116]

Statt um eine politische Lösung des von der NATO internationalisierten Konfliktes zu ringen, wurde der Krieg bis ins Detail vorbereitet. Zuzustimmen ist Horst Grabert, ehemaliger Botschafter der Bundesrepublik Deutschland in Belgrad, wenn er feststellt: „Wer die friedliche Situation fahrlässig oder gar vorsätzlich in eine kriegerische umwandelt, der verhindert eine politische Lösung."[117] In Rambouillet schließlich fand das seine Bestätigung, hier war, wie Horst Grabert konstatierte, „Vorsatz im

---

116 Ebenda, S. 49/50
117 Horst Grabert: Die vielen Gesichter des Kosovo-Krieges, in: Ulrich Albrecht/Paul Schäfer (Hrsg.): Der Kosovo-Krieg, Köln 1999, S. 18

Spiel".[118] Untermauert wird diese Einschätzung durch die Erklärung eines ranghohen Vertreters des State Departments während der letzten Woche der Rambouillet-Verhandlungen in einem Hintergrundgespräch für ausgesuchte US-Journalisten. Nach übereinstimmender, unabhängig voneinander gemachten Aussagen von zwei Teilnehmern des Treffens erklärte der US-Beamte: „Wir hängen die Latte bei den Verhandlungen bewußt so hoch, daß die Serben sie nicht überspringen können."[119]

Aber es sind nicht nur aufschlußreiche enthüllende Erklärungen, die auf den Aggressionsvorsatz hinweisen, es sind die politischen Handlungen selbst.

Die NATO hat den schweren innerstaatlichen Konflikt in Kosovo und Metohien mit ihrer völkerrechtswidrigen Einmischung Schritt für Schritt zu dem Punkt geführt, der den Vorwand für den Einsatz ihrer Waffen bot. Immer unter der Androhung von massiven Militärschlägen auch ohne UNO-Mandat hat sie ihre ultimativen Forderungen an die Bundesrepublik Jugoslawien höher und höher geschraubt, in der offenkundigen Erwartung, daß Jugoslawien sie ablehnen wird. Doch die Führung in Belgrad hat angesichts der NATO-Übermacht und um des Friedens willen nachgegeben und immer wieder auch von vielen kompetenten Beobachtern nicht erwartete Zugeständnisse gemacht. Wenn sich dadurch eine friedliche Konfliktlösung abzeichnete, schob die NATO stets neue Forderungen nach. Die Welt wurde Zeuge einer politischen Farce und Treibjagd ohnegleichen, in der der Bundesrepublik Jugoslawien nicht die geringste Chance, keinerlei Ausweg gelassen wurde, um zu einer friedlichen Lösung des Konfliktes zu gelangen:

1. Mit ihrer völkerrechtswidrigen Einmischung in die inneren Angelegenheiten der Bundesrepublik Jugoslawien, ihrer immer massiveren Unterstützung der separatistischen Kräfte in Kosovo und Metohien hat die NATO seit Beginn der 90er Jahre den schweren innerstaatlichen Konflikt geschürt. Im Frühjahr 1998, als sich der Konflikt infolge der bewaffneten Aktionen der UCK

---

118 Ebenda, S. 28
119 Zitiert nach Andreas Zumach: Rambouillet, ein Jahr danach, in: Blätter für deutsche und internationale Politik, 3/2000, S. 273

verschärfte, forderte die Allianz von der jugoslawischen Regierung direkte Verhandlungen mit den separatistischen Führern der Kosovo-Albaner. Hochrangige Vertreter der serbischen Regierung fanden sich in der Folgezeit ein Dutzend Male am Verhandlungstisch ein, die kosovo-albanische Seite erschien nicht.

2. Im Spätsommer 1998, in einer Phase zunehmender Auseinandersetzungen mit der UCK, verlangte die NATO den Abzug von jugoslawischen Sicherheitskräften aus Kosovo, einem integralen Bestandteil Jugoslawiens. Am 13.10.1998 stimmte Belgrad mit der sogenannten Milošević-Holbrooke-Vereinbarung diesem Abzug sowie der Stationierung von 2.000 OSZE-Beobachtern und der Luftraumüberwachung durch NATO-Flugzeuge zu. Willy Wimmer resümierte, daß sich nach Aussagen höchster Repräsentanten der OSZE-Beobachtermission „die jugoslawische Armee an die getroffenen Festlegungen gehalten (hat). Von der UCK wurden sie systematisch unterlaufen, so daß es zu einer unheilvollen Kette von Provokationen ... gekommen ist".[120]

3. Diese unumstößliche Tatsache, die neben vielen anderen selbst von NATO-Generalsekretär Solana bestätigt wurde, hinderte den Pakt ebensowenig wie der Belgrader Vorschlag vom 20. November 1998 für eine weitgehende Autonomie Kosovos und Metohiens daran, Jugoslawien am 18. Januar 1999 ein weiteres Ultimatum zu stellen: Entweder die jugoslawische Regierung unterschreibt einen 10-Punkte-Plan der internationalen Kontaktgruppe oder Jugoslawien wird bombardiert. Belgrad erklärte daraufhin seine Bereitschaft zur Unterzeichnung dieses Planes, was seitens der NATO lediglich mit neuen Forderungen beantwortet wurde.

4. In den sogenannten Friedensgesprächen in Rambouillet und Paris im Februar und März 1999 verlangte die NATO von Belgrad das scheinbar Unmögliche: direkte Verhandlungen mit der kosovo-albanischen Delegation unter der Leitung der UCK, die die USA wenig zuvor noch als terroristische Organisation eingestuft hatten. Doch wider alle Erwartungen stimmte die Delegation der Republik Serbien diesen Verhandlungen zu, die UCK dagegen weigerte sich, auch nur ein einziges Mal, und sei es auf

---

120 Interview mit Willy Wimmer in Freitag, 2.4.1999

Expertenebene, mit den Vertretern Belgrads zusammenzutreffen. Ähnliches geschah mit dem 10-Punkte-Plan der Kontaktgruppe, der den Weg zur Einstellung der bewaffneten Auseinandersetzungen und zu einer weitgehenden Autonomie freimachen sollte. Belgrad unterzeichnete den Plan, die UCK verweigerte die Unterschrift, weil sie keine Autonomie, sondern die Abtrennung Kosovos forderte.

5. In Paris brachte die jugoslawische Verständigungsbereitschaft erneut eine politische Lösung dem Greifen nahe: Am 18. März unterzeichneten Vertreter der Republik Serbien und der Bundesrepublik Jugoslawien sowie von sieben in Kosovo und Metohien lebenden nationalen Gemeinschaften ein Abkommen über eine außerordentlich weitgehende Autonomie des Gebietes. Seitens der NATO-Mächte und der UCK wurde das Dokument nicht einmal als Verhandlungsvorschlag zur Kenntnis genommen. Statt dessen griff die NATO nach einer persönlichen Intervention der USA-Außenministerin Madeleine Albright zum letzten zuverlässigen Mittel. Sie forderte ultimativ die sofortige Unterzeichnung eines nicht verhandelten sogenannten Implementierungsabkommens, dessen Kernbestimmungen die Okkupation Kosovos durch eine 28.000 Mann starke NATO-Truppe, die Verwandlung des Gebietes in ein NATO-Protektorat mit der Perspektive seiner Abtrennung von der Republik Serbien nach drei Jahren und die Einführung eines NATO-Besatzungsregimes für ganz Jugoslawien vorsahen. Die Erfüllung dieses Ultimatums wäre einer bedingungslosen Kapitulation gleichgekommen. Kein souveräner Staat der Erde hätte ein solches Diktat akzeptieren können.

So geschah, was einzig und allein zu erwarten war: Die jugoslawische Regierung lehnte die Unterzeichnung dieses Diktates, das in der modernen Geschichte seit dem Münchner Abkommen ohne Vergleich ist, ab. Damit hatte die NATO den von der USA-Administration schon lange gesuchten Vorwand, den erwarteten „Auslöser", auf den bereits das republikanische „Policy Commity" des US-amerikanischen Senats hingewiesen hatte, gefunden, um mit ihrer Kriegsmaschinerie über Jugoslawien herzufallen.

Obwohl das Parlament der Republik Serbien am 23. März 1999 ein weiteres Mal die Bereitschaft zu tatsächlichen Verhandlungen über die Gewährleistung einer umfassenden Autonomie Kosovos erneuerte, begann die NATO unter Beteiligung der deutschen Bundeswehr tags darauf ihre massiven Luftangriffe auf Jugoslawien. Seit dem Zweiten Weltkrieg war kein Krieg so vorsätzlich, mit solcher Zielstrebigkeit und Heimtücke herbeigeführt worden.

Daß die NATO unter der Führung der USA im Kosovo-Konflikt keine friedliche, sondern eine militärische Lösung anstrebte, wird noch deutlicher, wenn von den vielen Schritten auf dem Weg zum Krieg zumindest drei ein wenig näher betrachtet werden.

Schritt Nr. 1: Am 8. Oktober 1998 hatte der NATO-Rat Operationspläne „für begrenzte und in Phasen durchzuführende Luftoperationen" gegen die Bundesrepublik Jugoslawien gebilligt und diese Einsätze nach Zustimmung der Mitglieder der Allianz autorisiert (Activation Order–ACTORD). Die Prüfung der Rechtsgrundlagen für dieses Handeln des Bündnisses durch eben diesen Rat erfolgte, wie einer Information der deutschen Bundesregierung zu entnehmen ist,[121] erst am darauffolgenden Tag. Allein daran schon wird deutlich, daß die NATO den Vorsatz, Kriegshandlungen einzuleiten, über das geltende Völkerrecht stellte; nach dem Motto: erst handeln, dann prüfen.

Was die Ergebnisse der „Erörterung der Rechtsgrundlagen" anbelangt, so bestätigen sie, daß die NATO zur Forcierung ihrer militärischen Absichten mit Vorbedacht die Charta der Vereinten Nationen mißachtete, den Weltsicherheitsrat überging und dessen Resolutionen 1160 vom 31. März 1998 und 1199 vom 23. September 1998 verfälschte und verletzte. Diese vorsätzliche Handlungsweise ist auch folgender Zusammenfassung des Ergebnisses der „Erörterung der Rechtsgrundlagen" durch den NATO-Generalsekretär Javiar Solana zu entnehmen:

„Die Bundesrepublik Jugoslawien hat die dringlichen Forderungen der Internationalen Gemeinschaft trotz der auf Kapitel VII der UN-Charta gestützten Resolutionen des UN-Sicherheitsrates

---

121 Siehe Antrag der Bundesregierung an den 13. Deutschen Bundestag vom 12.10.1998, Drucksache 13/11469

1160 vom 31. März 1998 und 1199 vom 23. September 1998 noch nicht erfüllt.
– Der äußerst eindeutige Bericht des UN-Generalsekretärs zu den beiden Resolutionen hat u. a. vor der Gefahr einer humanitären Katastrophe im Kosovo gewarnt.
– Die humanitäre Notlage hält wegen der Weigerung der Bundesrepublik Jugoslawien, Maßnahmen zu einer friedlichen Lösung zu ergreifen, unvermindert an.
– In absehbarer Zeit ist keine weitere Resolution des UN-Sicherheitsrates zu erwarten, die Zwangsmaßnahmen mit Blick auf den Kosovo enthält.
– Die Resolution 1199 des UN-Sicherheitsrates stellt unmißverständlich fest, daß das Ausmaß der Verschlechterung der Lage im Kosovo eine ernsthafte Bedrohung für Frieden und Sicherheit in der Region darstellt.
Der NATO-Generalsekretär erklärt, daß unter diesen außergewöhnlichen Umständen der gegenwärtigen Krisenlage im Kosovo, wie sie in der Resolution des UN-Sicherheitsrates 1199 beschrieben ist, die Drohung mit und gegebenenfalls der Einsatz von Gewalt durch die NATO gerechtfertigt ist."[122]

Hinsichtlich des Vorsatzes, durch Selbsmandatierung militärische Angriffsoperationen einzuleiten, ist diese „Rechtsauffassung" zumindest in doppelter Hinsicht bemerkenswert:

Erstens, die NATO warf der Bundesrepublik Jugoslawien vor, die angeführten Resolutionen des Sicherheitsrates nicht erfüllt zu haben. Sie scheute sich dabei jedoch nicht, den Inhalt dieser Resolutionen grob zu verfälschen. Wohl wissend, daß der UN-Sicherheitsrat Forderungen nicht nur an die Bundesrepublik Jugoslawien, sondern an alle Konfliktparteien gerichtet hatte, verwies sie lediglich auf die „Weigerung der Bundesrepublik Jugoslawien, Maßnahmen zu einer friedlichen Lösung zu ergreifen". Selbst wenn dieser Vorwurf berechtigt gewesen wäre – die inzwischen historischen Tatsachen sprechen eine andere Sprache –, so wäre es eine selbstverständliche Pflicht gewesen, die Erfüllung der Resolutionen durch alle beteiligten Seiten zu prüfen. Wissentlich hat

---

[122] Zitiert nach 13. Deutscher Bundestag, Drucksache 13/11469 vom 12.10.1998

sich die NATO jedoch dieser Aufgabe entzogen und in den Beschlüssen des Sicherheitsrates enthaltene essentielle Positionen und Forderungen unterschlagen. Dazu gehörten:
– die „Verurteilung ... aller Terrorakte der Kosovo-Befreiungsarmee oder jeder anderen Gruppe oder Einzelperson sowie jeder Unterstützung terroristischer Tätigkeiten im Kosovo aus dem Ausland, namentlich durch die Bereitstellung von finanziellen Mitteln, Waffen und Ausbildung" (Resolution 1160);
– die „Verurteilung jeglicher Gewalttaten seitens aller Parteien und des Einsatzes terroristischer Mittel zur Verfolgung politischer Ziele durch Gruppen oder Einzelpersonen sowie jeder Unterstützung von außen für solche Aktivitäten im Kosovo, einschließlich der Lieferung von Waffen und der Ausbildung von Terroristen für die Durchführung von Aktionen im Kosovo" (Resolution 1199).

Gerade in diesem Zusammenhang hatte der Sicherheitsrat im letztgenannten Beschluß „seine Sorge über die Berichte über fortgesetzte Verstöße gegen die durch die Resolution 1160(1998) verhängten Verbote" zum Ausdruck gebracht und
– „verlangt, daß *alle* Parteien, Gruppierungen und Einzelpersonen (Hervorhebung R. H.) im Kosovo (Bundesrepublik Jugoslawien) sofort die Feindseligkeiten einstellen und eine Waffenruhe einhalten ...";
– darauf bestanden, „daß die Führung der Kosovo-Albaner alle terroristischen Aktionen verurteilt" und betont, „daß alle Elemente innerhalb der Volksgruppe der Kosovo-Albaner ihre Ziele ausschließlich mit friedlichen Mitteln verfolgen müssen";
– die Staaten „ersucht ..., alle mit ihren innerstaatlichen Rechtsvorschriften sowie dem einschlägigen Völkerrecht im Einklang stehenden Mittel anzuwenden, um zu verhindern, daß in ihrem Hoheitsgebiet gesammelte Gelder dazu benutzt werden, gegen Resolution 1160(1998) zu verstoßen".[123]

Mithin: Jugoslawien wurde vorgeworfen, die Forderungen der UN-Resolutionen nicht erfüllt zu haben. Zur gleichen Zeit

---

[123] Wortlaut der Resolutionen des UN-Sicherheitsrates 1160 und 1199 von 1998, in: Dokumente zum Zeitgeschehen, in: Blätter für deutsche und internationale Politik 1998, S. 1509-1514

wurde eine Reihe substantieller Elemente und Forderungen dieser Dokumente, die von den anderen Konfliktparteien, nicht zuletzt von einigen NATO-Staaten selbst, mißachtet wurden, ausgeklammert. Ein solches Vorgehen lief ohne Zweifel auf eine bewußte Verfälschung der Beschlüsse des UN-Sicherheitsrates hinaus.

Zweitens, noch aufschlußreicher ist der Umstand, daß sich die NATO mit ihrem Beschluß zum Einsatz bewaffneter Streitkräfte gegen Jugoslawien – ebenfalls wissentlich – über Grundsatzbestimmungen der Sicherheitsratsresolution 1199 vom 23. September 1998, auf die sie sich zu berufen suchte, hinwegsetzte. In der Resolution hatte es abschließend ausdrücklich geheißen, daß der Sicherheitsrat
– „16. beschließt, weitere Schritte und zusätzliche Maßnahmen zur Erhaltung oder Wiederherstellung des Friedens und der Stabilität in der Region zu prüfen, falls die in dieser Resolution sowie in der Resolution 1160(1998) geforderten konkreten Maßnahmen nicht getroffen werden;
– 17. beschließt, mit dieser Angelegenheit befaßt zu bleiben".[124]

Der zwei Wochen danach gefaßte Beschluß des NATO-Rates zum Einsatz militärischer Gewalt gegen Jugoslawien verletzte nicht nur grob eine Kernbestimmung der UN-Charta, sondern auch die kurz zuvor angenommene Resolution des Sicherheitsrates, auf die sich die NATO ansonsten berief. Die für diese Selbstmandatierung der NATO seitens ihres Generalsekretärs gegebene groteske Begründung, daß „keine weitere Resolution des UN-Sicherheitsrates zu erwarten (ist), die Zwangsmaßnahmen mit Blick auf den Kosovo enthält", offenbart das Ausmaß der Willkür der NATO und den Vorsatz, den eingeschlagenen Kurs auf den Einsatz militärischer Gewalt fortzusetzen.

Schritt Nr. 2: Eine der letzten Vorbereitungsmaßnahmen der NATO auf dem Weg zum Krieg war der von ihr am 20. März 1999 veranlaßte Rückzug der rund 1.300 OSZE-Beobachter aus Kosovo und Metohien. Die Beobachter, sogenannte Verifikatoren, waren entsprechend der zwischen dem jugoslawischen Präsi-

---

124 Ebenda

denten Slobodan Milošević und dem USA-Unterhändler Richard Holbrooke am 13. Oktober 1998 getroffenen Vereinbarung stationiert worden. Ihren Rückzug begründete der bundesdeutsche Verteidigungsminister Rudolf Scharping nach Kriegsbeginn vor einem Millionen-Publikum in einer Talkshow des Ersten Deutschen Fernsehens mit den Worten: „Die Beobachter der OSZE sind beschossen worden von jugoslawischen Verbänden, das war einer der Gründe, weshalb sie herausgeholt worden sind, um kein großes Risiko einzugehen."[125]

Auch hier entstellte der deutsche Verteidigungsminister die Wahrheit, denn den OSZE-Beobachtern ist von den jugoslawischen Sicherheitskräften kein Haar gekrümmt worden. Beschossen wurden sie von UCK-Angehörigen, die sich dafür sogar entschuldigten. Abgezogen wurden sie, um die Aggression einzuleiten und freies Schußfeld für die NATO-Raketenangriffe zu schaffen.

Obwohl die Stationierung der OSZE-Beobachter im Unterschied zum massiven Truppenaufmarsch an den Grenzen Jugoslawiens äußerst schleppend vonstatten ging – statt der vorgesehenen 2.000 wurden lediglich 1.300 Verifikatoren entsandt –, der Leiter der Beobachter-Mission, der US-Diplomat William Walker, und zahlreiche seiner Mitarbeiter offen parteiisch, antiserbisch agierten, trug die Mission zeitweilig dazu bei, das Gewicht der OSZE zu erhöhen und die Lage in Kosovo und Metohien zu entspannen. Beides lag jedoch nicht im Interesse der NATO-Führungsmacht und derjenigen, die den Kriegskurs unterstützten.

Das bestätigte auch Willy Wimmer, Vizepräsident der Parlamentarischen Versammlung der OSZE-Staaten, in einem Interview mit Deutschlandradio Berlin. Auf die Frage, ob die OSZE im Kosovo-Konflikt nicht einfach versagt habe, bekannte er unumwunden: „Wir sind in eine ziemlich hoffnungslose Mission geschickt worden im Oktober und November des vergangenen Jahres. Und zwar deshalb, weil man unseren Erfolg vermutlich gar nicht wollte ... Zum Beispiel diejenigen nicht, die hinter der UCK stehen und die Fäden ziehen. Die internationalen Beobachter, die

---

125 Rudolf Scharping in der Talkshow „Sabine Christiansen" am 4.4.1999

OSZE-Beobachter, sie haben eindeutig erklärt – die Verantwortlichen wohlgemerkt –, daß die jugoslawische Seite nach den Oktober-Vereinbarungen sich an diese gehalten hat. Und daß hingegen die UCK systematisch diese unterlaufen hat. Sie ist in die leeren Räume wieder eingedrungen, sie hat provoziert und, und, und. Das sind Dinge, vor denen ich meine Augen nicht verschließen kann. Und deswegen kann ich nur sagen: Hier haben interessierte Kreise kein Interesse am Erfolg der OSZE gehabt, und es ist bitter, bitter genug. Denn die OSZE-Beobachter haben in einer gewissen Zeit auch wieder Ruhe und Stabilität in den Kosovo gebracht. Aber diejenigen, die Sezession wollen und diejenigen, die Vertreibung wollen, waren natürlich an der OSZE nicht interessiert, und das wird auch auf Dauer so sein."[126]

Noch deutlicher wurde der hohe OSZE-Repräsentant in einem Interview mit dem Deutschlandfunk. Befragt, ob man in Washington die Komplexität der Lage auf dem Balkan nicht erkannt habe, erklärte er: „Ja, möglicherweise – und dafür gibt es hinreichende Nachweise auf dem Balkan – verfolgt man mit der Balkanpolitik ganz andere Ziele. Das haben wir ja auch sehen können im Zusammenhang mit der Reisetätigkeit von Herrn Holbrooke im vergangenen Jahr. Er hat ja auch in Bulgarien Kriegsziele für Mazedonien aufgestellt. Jedenfalls ist dies dort so empfunden worden. Das sind alles keine hilfreichen Dinge. Man sagt immer wieder in Europa, die Europäer bringen nichts zustande, und deswegen müssen die Vereinigten Staaten einspringen. Man muß oft den Eindruck haben, daß die Europäer deshalb nichts zustande bringen dürfen, damit die Vereinigten Staaten hier eingreifen können. Der Balkan ist ein wunderbares Nachweismittel für diese Dinge."[127]

Daß es sich bei den Aussagen Willy Wimmers um keine Einzelmeinung handelt, ist auch den Informationen zu entnehmen, die der bereits genannte Heinz Loquai nach Einstellung der Luftangriffe der „Berliner Zeitung" gab. Der bundesdeutsche Militär,

---

126 Zitiert nach Ralph Hartmann: Die ehrlichen Makler, Berlin 1999, 4., aktualisierte Auflage, S. III
127 Willy Wimmer in: „Informationen am Morgen", Deutschlandfunk, 12.1.1999

der bis Ende März 1999 als Mitarbeiter der OSZE mit der Entwicklung in Kosovo und Metohien befaßt war, beschuldigte die NATO, in der Kosovo-Frage eine Politik betrieben zu haben, mit der die Chancen für eine friedliche Lösung verspielt worden seien.

Wie Loquai mitteilte, hatte sich die OSZE-Mission für den Kosovo – entgegen anderslautenden Darstellungen – durchaus positiv entwickelt: „Die sichtbare internationale Präsenz trug zur Entspannung bei, ließ die Flüchtlinge wieder zurückkehren. Mitte November wurden nur noch wenige Hundert in einem Lager künstlich zusammengehalten, um den Medien ein solches Camp vorführen zu können." Notwendige Entscheidungen seien aber damals bereits „in der von Briten und Amerikanern dominierten Mission sehr langsam getroffen" worden. Belgrad dagegen, so fügte der General a. D. hinzu, hätte notwendige Visa zügig erteilt. „Die Behörden mahnten sogar eine schnellere Stationierung der OSZE-Mitarbeiter an, versprachen sie sich davon doch auch eine Kontrolle der UCK. Belgrad begann, seine militärischen und paramilitärischen Kräfte wie vereinbart abzuziehen." In dieser Situation sei die „UCK überall dort eingerückt, wo die Jugoslawen abgerückt waren".

Belgrad, so Loquai weiter, habe darauf wiederholt erklärt, daß dies zu Reaktionen führen werde. Die einseitige Parteinahme der meisten NATO-Staaten gegen die Serben jedoch „ermunterte die UCK", und die Kämpfe hätten Mitte Dezember wieder zugenommen. Häufig sei es nach dem Muster gelaufen: „Erst Nadelstiche der UCK, dann unverhältnismäßig harte und brutale Reaktionen der Jugoslawen." Trotz der Eskalation aber habe, so betonte Loquai, weiter Aussicht auf eine politische Lösung bestanden. „Noch am 28. Januar erklärte OSZE-Missionschef Walker, seine Mitarbeiter hätten Vertrauen bei der Bevölkerung gewonnen, man erkenne, daß die Mission hilfreich sei." Dennoch habe drei Tage später der gleiche amerikanische OSZE-Botschafter verlangt, in Anbetracht drohender NATO-Angriffe den Abzug der OSZE-Beobachter vorzubereiten. „Frankreich", so informierte der OSZE-Mitarbeiter mit dem hohen militärischen Rang, „warnte vor solchen Schritten, da man sich noch in der Logik der Verhandlungen befinde. Aber die USA schienen ein militärisches Eingreifen schon vor den Rambouillet-Gesprächen fest im Blick zu haben."[128]

Wie fest das militärische Eingreifen von den USA und der NATO ins Auge gefaßt war, geht schließlich auch aus der Tatsache hervor, daß selbst die zur Neutralität verpflichtete OSZE-Mission teilweise in den Dienst der Kriegsvorbereitung gestellt worden war. Berichte über die militärische Lage in Kosovo und Metohien wurden unmittelbar ins NATO-Hauptquartier übermittelt. Das mußte selbst der NATO-Sprecher Harald Bungarten öffentlich bestätigen, als er mitteilte: „Der Informationsfluß zwischen NATO und OSZE verlief während der ganzen Zeit der Mission auf allen Ebenen. Im NATO-Hauptquartier war dafür eine Sondergruppe zuständig. Der Leiter dieser Gruppe war in ständigem Kontakt mit William Walker."[129]

Als die OSZE-Beobachter schließlich abgezogen wurden, leisteten USA-Teilnehmer der Mission einen weiteren Beitrag zur Kriegsvorbereitung, indem sie mit GPS-Ortungsgeräten Ziele für NATO-Flugzeuge markierten. Wie der stellvertretende Leiter der OSZE-Beobachtermission der Brite polnischer Herkunft Karol Drewenkiewicz später in einem internen Hearing zugab, wurden 250 derartige Geräte in Kosovo zurückgelassen.[130]

Allein schon die der Öffentlichkeit zugänglichen Informationen bestätigen: Der auf Betreiben der USA und der NATO erfolgte Rückzug der OSZE-Beobachter aus Kosovo und Metohien leitete die letzte Phase der Kriegsvorbereitungen ein. Die mit ihm verfolgten Absichten und die ihn begleitenden Umstände sind weitere Glieder in der Kette der Indizien dafür, daß die NATO den Krieg gegen Jugoslawien vorsätzlich herbeigeführt hat.

Schritt Nr. 3: Höhe- und Schlußpunkt der Aktionen, mit denen die NATO den Krieg gegen Jugoslawien auslöste, war das Diktat von Rambouillet. Seine Annahme war von keinem souveränen Staat der Erde zu erwarten, und schon gar nicht von Jugoslawien, das seine staatliche Souveränität und Unabhängigkeit in diesem Jahrhundert wie wenig andere Staaten mit allen Mitteln

---

128 Gespräch mit Heinz Loquai in Berliner Zeitung, 25.6.1999
129 Zitiert nach Neues Deutschland, 11.6.1999
130 Ebenda

verteidigt hatte. Zuzustimmen ist Hermann Scheer, Mitglied des SPD-Bundesvorstandes: „Dieser Vertragsentwurf war offensichtlich nicht zu unterschreiben, gleich für welche jugoslawische Regierung ... Einen solchen Vertrag (unterzeichnet) nur ein Staat nach vollständiger militärischer Kapitulation."[131]

Noch auf dem Sonderparteitag der Grünen Anfang Mai 1999 hatte Fischer beteuert, er habe den jugoslawischen Präsidenten Milošević persönlich förmlich angefleht, den „Friedensplan" von Rambouillet zu akzeptieren. In Wirklichkeit hatte er ihn in völliger Übereinstimmung mit seiner Duz-Amtskollegin Albright aufgefordert, eine bedingungslose Kapitulation zu unterzeichnen.

Wer jedoch in der internationalen Politik Forderungen stellt, von denen er weiß, daß sie unannehmbar sind, und im Falle ihrer Nichtannahme ultimativ mit dem Einsatz militärischer Gewalt droht, der will Krieg, der führt ihn mit Vorsatz herbei. Dabei macht es wenig Unterschied, ob die Verantwortlichen als Initiator oder als Helfershelfer wirken. Alle an diesem Anschlag auf den europäischen Frieden Beteiligten hatten guten Grund, den Kern ihres Jugoslawien gestellten Ultimatums, die inakzeptablen Bestimmungen der sogenannten Friedensvereinbarungen von Rambouillet und Paris, vor der Weltöffentlichkeit geheimzuhalten. Auch in der Bundesrepublik Deutschland wußten der Bundeskanzler, der Außen- und der Verteidigungsminister sehr wohl, warum sie die Wahrheit verschwiegen, die deutsche Öffentlichkeit hinters Licht führten und den Text des sogenannten Implementierungsteiles der Vereinbarung, insbesondere den Annex B zum Status der „Implementierungsstreitmacht", de facto selbst vor den Abgeordneten des Deutschen Bundestages verheimlichten. Der Umstand, daß der Außenminister Ende Februar jeweils ein Exemplar der englischen Originalfassung an die Obleute der Fraktionen der SPD, der Grünen, der CDU/CSU, der FDP und der PDS übergeben ließ, kann schwerlich als Information des Parlaments über ein derartig brisantes Dokument, das den Zünder für einen Krieg in sich barg, betrachtet werden. Bis heute gibt es keine Hinweise darauf, daß das 80seitige Dokument damals auch nur

---

131 Hermann Scheer, Mitglied des SPD-Bundesvorstandes, Interview in Neues Deutschland, 10./11.4.1999

in einer Fraktion umfassend zur Kenntnis genommen oder gar analysiert wurde. Pflicht der Regierung wäre es gewesen, den Bundestag umgehend und detailliert über den gesamten Vertragsentwurf zu unterrichten. Als sein Inhalt Anfang April bekannt wurde, das Auswärtige Amt veröffentlichte den Text unter Druck erst am 13. April 1999, erhob sich auch in Deutschland, im Bundestag bis in die Reihen der Koalitionsparteien hinein, ein Sturm der Entrüstung und des Protestes; zu spät, die Furie des Krieges war schon lange entfesselt. Unstrittig ist es jedoch, daß ein früheres Bekanntwerden des skandalösen Diktates die Manipulation der öffentlichen Meinung erschwert und der Antikriegsbewegung den von der Regierung befürchteten Auftrieb gegeben hätte. Gerhard Schröder, Joseph Fischer und Rudolf Scharping wußten, was sie taten, als sie gemeinsam mit ihren Partnern in der Allianz zum bewährten Mittel der Geheimdiplomatie griffen.

Am Tag der Veröffentlichung des Textes des „Friedensabkommens" durch das Auswärtige Amt sah sich Bundesaußenminister Joseph Fischer genötigt, zur „Rambouillet-Lüge" Stellung zu nehmen und zu versuchen, die an ihn und an die Regierung gerichteten Anklagen zu entkräften. Dieses Interview, seiner Zeit im Kriegsgetümmel nur ungenügend beachtet, geriet wider die Absicht des Ministers zu einer Bestätigung der Manipulation der Öffentlichkeit und der Willfährigkeit, mit der der NATO-Kriegsvorsatz unterstützt wurde. Zielsetzung und grundsätzlicher Charakter des Interviews, mit dem sich der deutsche Außenminister über „die tageszeitung" an die Mitglieder seiner Partei und an die deutsche Öffentlichkeit wandte, rechtfertigen es, seinen ersten, das Diktat von Rambouillet und Paris betreffenden Teil im Wortlaut und damit ungewöhnlich ausführlich wiederzugeben:

„taz: Herr Fischer, der Vorsitzende des NATO-Militärausschusses, Naumann, hat gesagt, daß die NATO nicht in der Lage sei, den Kosovo-Konflikt aus der Luft in kurzer Zeit zu entscheiden. Muß man sich jetzt auf einen langanhaltenden Zermürbungskrieg einstellen?

Joschka Fischer: Bevor ich auf diese Frage antworte, gestatten Sie mir eine Bemerkung in eigener Sache. Ich bin weiß Gott nicht empfindlich, aber eine Schlagzeile der taz, die da lautet:

,Die Rambouillet-Lüge. Was wußte Joschka Fischer?', und der Vorwurf, ich hätte den Bundestag selektiv informiert – das ist schon ein starkes Stück. Es ist deshalb ein starkes Stück, weil man mir unterstellt, daß ich Deutschland in einen Krieg hineinmanövriert hätte unter Zurückhaltung relevanter Tatsachen.

Dieser Vorwurf wurde von der Verteidigungspolitischen Sprecherin Ihrer Fraktion, Angelika Beer, erhoben.

Das macht die Sache nicht besser. Ich muß den Vorwurf in aller Form zurückweisen. Wir haben die Abgeordneten umfassend informiert. Der hier zur Rede stehende militärische Annex, der den Status der eingesetzten alliierten Soldaten in Serbien regelt, hat in den Verhandlungen weder mit der serbischen noch mit der kosovarischen Seite je eine Rolle gespielt. Der Annex entspricht den Regelungen, wie sie in Dayton getroffen wurden, er entspricht den Regelungen für den Einsatz von UN-Friedenstruppen.

Ist die Situation in Jugoslawien nicht eine andere?

Von einer Souveränitätseinschränkung für Jugoslawien zu sprechen, ist völliger Quatsch. Die Einschränkung der Souveränität ist im politischen Teil des Rambouillet-Vertrages festgelegt und betrifft den Kosovo und die unmittelbare Grenzregion und sonst überhaupt nichts – bei gleichzeitiger Garantie des Verbleibs des Kosovo in Jugoslawien und Serbien. Zudem haben die Verhandlungen unter Führungs Frankreichs stattgefunden, und die Vorstellung, daß Frankreich der Besetzung Jugoslawiens durch die NATO zugestimmt hätte, ist absurd. Auch ich wäre dagegen gewesen, weil es politisch völlig falsch wäre. Und deshalb kann ich es nicht auf sich beruhen lassen, in einer solchen verfälschenden Art öffentlich angegriffen zu werden.

Der Eindruck, daß Souveränitätsrechte unnötig beeinträchtigt werden, drängte sich auch Parlamentariern der Koalition auf. Warum hat man den nicht früher ausgeräumt?

Der Annex hat bei den Verhandlungen nie eine Rolle gespielt. Entscheidender waren eher die Frage der Entwaffnung der UCK und die Frage, wie robust eine Friedenstruppe sein muß. Hätte ich gewußt, was aus diesem Annex innenpolitisch Monate danach entstehen kann, hätte ich sicher früher reagiert. Aber das macht die Sache nicht besser. Auch Abgeordnete können nachfragen.

Aber war der weitgehende Status der Soldaten, wie er in dem Annex juristisch fixiert wurde, praktisch auch notwendig?
Jeder wußte, daß die NATO ihre Truppen schützen muß. Durchfahrtsrechte müssen garantiert werden, weil das NATO-Gebiet im Norden liegt und das Kosovo im Süden Jugoslawiens. Das kann man bei 20.000 bis 30.000 Soldaten, bei einer dauerhaften Stationierung, nicht alles auf dem Luftwege regeln. Bei diesen Fakten kann man nicht von einer Souveränitätseinschränkung für die Bundesrepublik Jugoslawien sprechen. Vergleichen Sie den Entwurf doch nur mit der Regelung für Bosnien und Herzegowina, und Sie werden begreifen, wie absurd diese Debatte ist."[132]

„Absurd" war diese Debatte nun wahrlich nicht, widersinnig war lediglich der Versuch des Außenministers, an ihn und damit an die Regierung gerichtete schwerwiegende Vorwürfe, Parlament und Öffentlichkeit „durch Zurückhaltung relevanter Tatsachen" hinters Licht geführt zu haben, zurückzuweisen, indem er die Existenz des bislang zurückgehaltenen „zur Rede stehende(n) militärische(n) Annex(es)" eingestand. Was er dementierte, bestätigte er. Ein Dementi der besonderen Art, wahrlich „ein starkes Stück". Im Versuch, das Eingeständnis zu bemänteln, die vorangegangene Täuschung weniger arglistig erscheinen zu lassen, griff er zu Argumenten, die das „Dementi" zu einem ungewollten Eingeständnis eigener Mitschuld machen.

Erstens, er gab zu, daß die für Jugoslawien unannehmbaren Forderungen zu keiner Stunde Gegenstand der Verhandlungen waren. Das hinderte die NATO jedoch bekanntlich nicht daran, von der jugoslawischen Regierung ultimativ zu verlangen, eben diese Forderungen zu akzeptieren und dem Dokument, das der Sache nach eine militärische Okkupation ganz Jugoslawiens vorsah, zuzustimmen. Sie sollte sich damit wie die UCK verhalten, die sich weigerte in Rambouillet und Paris mit den Vertretern Belgrads zusammenzutreffen, aber das mit diesen nicht verhandelte, von der NATO vorgelegte Dokument aus leicht nachvollziehbaren Gründen unterschrieb. Mit seinem Eingeständnis be-

---

132 Interview mit Bundesaußenminister Joseph Fischer in tageszeitung (taz), 15.4.1999

stätigte der deutsche Außenminister im nachhinein die Position des jugoslawischen Präsidenten, der am 22. März 1999 die ultimative Aufforderung der NATO zur Unterzeichnung der „Friedensvereinbarung" abgelehnt und den Ko-Vorsitzenden der Konferenz von Rambouillet, den Außenministern Frankreichs und Großbritanniens, Hubert Vedrine und Robin Cook, geschrieben hatte: „Dieses ... Dokument, das Sie als Vertrag von Rambouillet bezeichnen, ist kein Abkommen aus Rambouillet, denn weder dort noch in Paris haben die, die zur Verhandlung erschienen waren, je miteinander verhandelt. Es gab keine Gespräche zwischen ihnen, so daß es auch kein gemeinsames Dokument geben kann, das man beschließen oder ablehnen könnte. Übrigens war das, was Sie als Abkommen von Rambouillet bezeichnen, in der Presse in Kosovo (in der albanischen Zeitung ‚Koha ditore') *vor* den Verhandlungen in Rambouillet veröffentlicht worden. Belgrad ist tolerant, aber nicht dumm; der Dummheit einer Person ist es zu verdanken, daß ein Dokument, das Ergebnis von Verhandlungen sein sollte, die erst noch geführt werden müßten, im Vorfeld veröffentlicht wurde.

Wir haben natürlich auch nichts dagegen einzuwenden, daß man vor den Verhandlungen einen Vorschlag einbringt. Wir wenden uns jedoch strikt dagegen, daß diese Verhandlungen erst gar nicht geführt werden, und daß wir das, was eigentlich ein Vorschlag für Verhandlungen sein sollte, unterschreiben, als Verhandlungsergebnis akzeptieren sollen, ohne daß sich diejenigen, die die Verhandlungen eigentlich führen sollten, je getroffen haben.

Demzufolge kann die Antwort darauf, daß das Abkommen angeblich auf dem Tisch liege, nur folgendes sein:

Auf dem Tisch kann nur ein Vorschlag für ein Abkommen sein, ein leerer Tisch dagegen bringt kein Abkommen, ebensowenig wie nur eine am Tisch anwesende Seite ..."[133]

Das jugoslawische Staatsoberhaupt schloß sein Schreiben mit den Worten: „Wir bleiben auf unserer festen Position, die Probleme in Kosovo und Metohien mit friedlichen Mitteln zu lösen, auf dem Wege von Verhandlungen. Die Tatsache, daß weder in Rambouillet noch in Paris Verhandlungen stattgefunden haben,

---

133 Tanjug, 22.3.1999

bedeutet nicht, daß man von ihnen Abstand nehmen sollte, zumindest nicht aus der Sicht unseres friedliebenden und demokratischen Standpunktes."[134]

Die NATO jedoch erklärte die wahrlich nicht durch Belgrader Verschulden nicht stattgefundenen Verhandlungen für gescheitert, sie begann die Aggression, und der deutsche Außenminister rechtfertigte den lange Zeit verschwiegenen entscheidenden Punkt des zum Krieg führenden Ultimatums mit den Worten, daß er „in den Verhandlungen weder mit der serbischen noch mit der kosovarischen Seite je eine Rolle gespielt hat". Unglaublich, aber leider wahr.

Zweitens, Joseph Fischer bemühte sich, die bis dato tatsächlich zurückgehaltenen, nun aber eingestandenen Tatsachen mit der Erklärung zu bagatellisieren, daß der militärische Annex den Regelungen entspreche, wie sie in Dayton getroffen worden seien und für den Einsatz von UN-Friedenstruppen gelten würden. Auf diese Art und Weise ging er mit der Wahrheit gleich zweimal äußerst leichtfertig um. Zum einen mußte ihm trotz seiner damals noch kurzen Amtszeit bekannt gewesen sein, daß es derartige generelle Regelungen des Völkerrechts für den Einsatz von UN-Friedenstruppen – von selbsmandatierten NATO-Eingreiftruppen einmal ganz abgesehen – nicht gibt. Zum anderen galten die Bestimmungen von Dayton für das Krisengebiet von Bosnien-Herzegowina, aber die von Rambouillet und Paris sollten nicht nur für Kosovo und Metohien, sondern für die ganze Bundesrepublik Jugoslawien gelten. Fischer forderte in seinem „Dementi" dazu auf, den Entwurf von Rambouillet und Paris mit den Regelungen für Bosnien und Herzegowina zu vergleichen, um zu begreifen, „wie absurd diese Debatte ist". Folgen wir seiner freundlichen Aufforderung und vergleichen:

Annex B, Ziffer 9 des Vertrages von Dayton lautet: „Das NATO-Personal wird zusammen mit seinen Fahrzeugen, Schiffen, Flugzeugen und Ausrüstungsgegenständen *innerhalb der Republik Bosnien und Herzegowina* (Hervorhebung R. H.) freie und unbeschränkte Passage und ungehinderten Zugang unter Einschluß ihres Luftraumes und ihrer Territorialgewässer genießen."

---

134 Ebenda

Im Annex B, Ziffer 8 des Vertragsentwurfes von Rambouillet heißt es dagegen: „Das NATO-Personal wird zusammen mit seinen Fahrzeugen, Schiffen, Flugzeugen und Ausrüstungsgegenständen *in der gesamten Bundesrepublik Jugoslawien* (Hervorhebung R. H.) freien und ungehinderten Zugang genießen, unter Einschluß ihres Luftraumes und ihrer Territorialgewässer."[135]

Bei nahezu gleichem Wortlaut ist der entscheidende Unterschied nicht zu übersehen. Er zieht sich durch den gesamten Text des Rambouillet-Annexes. Statt von Kosovo und Metohien ist stets von der gesamten Bundesrepublik Jugoslawien die Rede. Das aber war des Pudels Kern: Die souveräne Bundesrepublik Jugoslawien sollte ebenso wie das vom Bürgerkrieg geschundene, aufgespaltene, im Kriegschaos versinkende Bosnien-Herzegowina militärisch besetzt werden, und das nicht einmal unter der Flagge der UNO, sondern unter der der NATO.

Drittens schließlich setzte Joseph Fischer seinem „Dementi" ein besonders leuchtendes Glanzlicht auf, als er wörtlich erklärte: „Von einer Souveränitätseinschränkung für Jugoslawien zu sprechen, ist völliger Quatsch." Hier muß man kein Völker- oder Staatsrechts-Lehrbuch zu Rate ziehen, es genügt ein Griff zu einem x-beliebigen Lexikon, um nachzulesen, daß unter „Souveränität" die höchste unabhängige Herrschafts- und Entscheidungsgewalt eines Staates, die jede äußere Einmischung ausschließt, verstanden wird. Aber der Außenminister der Bundesrepublik Deutschland behauptete allen Ernstes, daß die faktische Besetzung Jugoslawiens durch NATO-Streikkräfte, wie sie in dem mit „Status des Multinationalen Militärs/Implementierungsstreitmacht" überschriebenen Annex B des Rambouillet-Abkommens vorgesehen war, keine Souveränitätseinschränkung bedeutet hätte. Immerhin sollten dem Militärpakt auf dem gesamten jugoslawischen Staatsterritorium eingeräumt werden: Immunität, Straffreiheit, Bewegungsfreiheit für alle Fahrzeuge, Schiffe, Flugzeuge, das Recht zur Errichtung von Lagern, Durchführung von Manövern, Nutzung sämtlicher Einrichtungen für Nachschub und Feldoperationen und vieles andere mehr. Diesem Okkupationsregime sollte die jugoslawische Regierung bedingungslos zustim-

---

135 Frankfurter Rundschau, 16.4.1999

men. Die Ablehnung war vorausschaubar, ja vorprogrammiert, und der deutsche Außenminister kann mit keinerlei Argumenten die Tatsache aus der Welt schaffen: Mit der Unterstützung des Rambouillet-Diktates und des NATO-Ultimatums hat er gemeinsam mit dem deutschen Bundeskanzler und seinen Kabinettskollegen entscheidend dazu beigetragen, Deutschland in einen Krieg „hineinzumanövrieren". „Seit dem Münchner Abkommen von 1937", so erklärte Hans Modrow, Ehrenvorsitzender und damals noch Kandidat der PDS für das Europaparlament, am ersten Kriegstag, „hat es kein schamloseres Diktat gegenüber einem souveränen europäischen Staat gegeben. Seit dem Überfall Hitlerdeutschlands auf Polen, Westeuropa und auf die Sowjetunion hat es auf dem europäischen Kontinent keine brutalere Verletzung aller grundlegenden Normen des internationalen Rechts gegeben. Es ist eine Tragödie für Deutschland und eine Schande zugleich, daß die von Sozialdemokraten und Grünen geführte deutsche Bundesregierung sich aktiv an diesem völkerrechtsbrechenden militärischen Gewaltakt der NATO beteiligt."[136]

In Rambouillet und Paris hat die NATO nicht ein einziges Mal versucht, die sich auch dort bietenden Möglichkeiten einer einvernehmlichen Lösung zu nutzen. Dabei hat es an derartigen Möglichkeiten bis zuletzt nicht gefehlt. Der von der jugoslawischen Delegation unterbreitete Entwurf eines Abkommens, der eine außerordentlich weitgehende Autonomie Kosovos und Metohiens vorsah, die völlig mit den Prinzipien der internationalen Kontaktgruppe übereinstimmte, wurde nicht einmal als Diskussionsbasis akzeptiert. Statt dessen beharrten die NATO-Vertreter auf der bedingungslosen Annahme ihrer Forderungen nach einer Besetzung des Gebietes durch NATO-Streitkräfte. Selbst dann, als Belgrad erneut Kompromißbereitschaft zeigte und seine Bereitschaft zu erkennen gab, auf Kosten seiner staatlichen Souveränität eine „internationale Präsenz" in Kosovo und Metohien zu akzeptieren, stellte sich die NATO taub und beschuldigte die Bundesrepublik Jugoslawien wider besseres Wissen einer halsstarrigen Unnachgiebigkeit. Dabei hatte der Leiter der jugoslawischen

---

136 Erklärung von Hans Modrow zum NATO-Überfall auf Jugoslawien, in: PDS-Pressedienst, 25.3.1999

Delegation, der serbische Präsident Milan Milutinović, bereits am 23. Februar 1999 eine Erklärung abgegeben, in der es wortwörtlich hieß: „Die Bundesrepublik Jugoslawien ist damit einverstanden, den Umfang und den Charakter einer internationalen Präsenz in Kosovo und Metohien zur Umsetzung eines Abkommens, das in Rambouillet abgeschlossen werden sollte, zu erörtern."[137]

Inzwischen wird allgemein anerkannt, daß diese Erklärung ein weitgehendes Zugeständnis darstellte und in einer von den USA und ihren Verbündeten herbeigeführten nahezu aussichtslosen Situation neue Verhandlungsräume erschloß. Seitens der NATO wurde es ignoriert. Die Möglichkeit, unter das Dach der Vereinten Nationen zurückzukehren, Rußland und andere UNO-Staaten an einer „internationalen Präsenz in Kosovo und Metohien" zu beteiligen, einen Kompromiß zu finden, in der alle Konfliktseiten ihr „Gesicht wahren" konnten, wurde nicht genutzt. Statt dessen beharrte der Pakt auf einer bedingungslosen Kapitulation der Belgrader Regierung, der militärischen Okkupation Kosovos und Metohiens sowie ganz Jugoslawiens durch die NATO. Ein weiteres Mal offenbarte diese Position, daß die NATO unter der Führung der USA keine friedliche, sondern eine gewaltsame militärische Lösung des Konflikts wollte. Aus all dem kann es nur einen Schluß geben: Die NATO hat den Krieg mit Vorsatz herbeigeführt. Es war kein Totschlag, es war mit Vorsatz begangener Mord.

---

137 Tanjug, 23.2.1999

KAPITEL 3
Auf alte wird neue Schuld geladen

„Wohl dem, der frei von Schuld und Fehle"

„Glückwunsch an das serbische Volk", mit diesen Worten begann der Sprecher der FDP seinen Beitrag zur Jugoslawiendebatte im Bundestag nach dem Machtwechsel in Belgrad. Der Redner und Gratulant war kein Geringerer als Klaus Kinkel, ehemaliger Bundesminister des Auswärtigen, „ehrlicher Makler" und glühender Befürworter des Krieges gegen Serbien; ausgerechnet Klaus Kinkel, der die Serben schon 1992 „in die Knie zwingen" wollte.[138] Nun vermeinte er, sie auf den Knien zu sehen. Er lobte sie, daß sie „nach langer Lethargie und Passivität das Joch des Diktators und Kriegsverbrechers Milošević abgeschüttelt" haben und versicherte ihnen wieder und wieder: „Wir möchten, daß die Serben in die Völkergemeinschaft, nach Europa zurückkehren. Nichts richtet sich gegen das serbische Volk", „die Serben gehören zu uns, wir wollen sie bei uns haben", „wir müssen den Serben zeigen, daß sie zu uns gehören." Auch eine Prämie stellte er ihnen für Wohlverhalten in Aussicht: „Wenn sich die demokratischen Strukturen durchsetzen, sollte man den Serben ein Assoziierungsverhältnis besonderer Art in Aussicht stellen. Ich spreche ausdrücklich von einem Verhältnis besonderer Art, einem, wenn man so will, ‚Vorzimmerstatus' ohne konkrete Zusagen."[139]

Großzügig ist er, der Serbenbezwinger, immerhin bietet er ihnen für die Zukunft keinen Keller-, sondern, wenn auch „ohne konkrete Zusagen", einen „Vorzimmerstatus" an. Dort, im Vor-

---

138 Erklärung von Klaus Kinkel vom 24.5.1992, zitiert nach: Die Zeit, 2.9.1994
139 14. Deutscher Bundestag, Stenographischer Bericht, 123. Sitzung am 11.10.2000, S. 11828/11829

raum, dürfen sie erst einmal darüber nachdenken, daß es nach der „friedlichen, demokratischen und freiheitlichen Revolution" auch, wie es Karl Lamers, außenpolitischer Sprecher der CDU/CSU-Fraktion, in der selben Debatte ausdrückte, „eine Revolution in den Köpfen geben muß", denn „ohne sich einzugestehen, welche Verbrechen im Namen des serbischen Nationalismus begangen worden sind, und ohne sich einzugestehen, daß der zehnjährige, sich in vier Etappen abspielende Krieg von Serbien verloren worden ist, wird alles, was bislang stattgefunden hat ... nicht dazu führen, daß der Prozeß ein glückliches Ende findet."[140]

Hier begab sich der CDU-Politiker in die Spur, die einer der Hauptakteure bei der Vorbereitung und Durchführung der Aggression, Wolfgang Ischinger, Staatssekretär im Auswärtigem Amt, schon kurz nach Einstellung der Luftangriffe gelegt hatte. In einem Interview mit dem „Tagesspiegel" hatte er die Angriffsopfer aufgefordert, sich mit ihrer Schuld auseinanderzusetzen. Wörtlich hatte er erklärt: „Zu der Aufarbeitung des Unrechts durch die Justiz (Ischinger meinte das Haager Tribunal für Kriegsverbrechen im ehemaligen Jugoslawien, R. H.) muß aber auch in der serbischen Nation die politische, die intellektuelle Auseinandersetzung mit den Vorgängen des letzten Jahrzehnts und der letzten Monate in Gang gesetzt werden."[141]

Natürlich weiß ein deutscher Spitzendiplomat wie Ischinger, zumal dann, wenn er sich aufs hohe moralische Roß geschwungen hat, wie diese intellektuelle Auseinandersetzung innerhalb der serbischen Nation organisiert werden sollte. Eifrig hatte er für die Bildung einer Wahrheitskommission nach südafrikanischem Vorbild plädiert: „Die Wahrheitskommission dort ist ein gutes Beispiel ... Ich glaube, daß gerade die Deutschen vor dem Hintergrund ihrer eigenen Geschichte alle Gründe haben, um die These zu vertreten, daß man den Serben diese Auseinandersetzung nicht ersparen darf. Unserem Volk hat diese ja für viele schmerzhafte Auseinandersetzung, die jetzt schon 50 Jahre dauert, im Ergebnis sehr gut getan. Stellen Sie sich mal vor, wenn das in Deutschland

---

140 Ebenda, S. 11832
141 Interview mit Staatssekretär Wolfgang Ischinger in Der Tagespiegel, 27.6.1999

nicht stattgefunden hätte. Es spricht also alles dafür, daß wir nicht nur die serbische Opposition stützen, um Milošević zu stürzen, sondern außerdem einen politischen, intellektuellen, ethnischen, moralischen, sozialen Prozeß fördern."[142]

So treten Sieger auf. Die Aggressoren fordern die Angegriffenen auf, ihre schwere Schuld zu bekennen. Dem Wesen nach lehnte sich der Außenamtsstaatssekretär mit seinen Erklärungen an die neue Auschwitz-Lüge an, die der Außenamtschef zur Kriegsrechtfertigung in Umlauf gebracht hatte: Seht her, Ihr Serben, wir Deutschen haben uns mittlerweile schon 50 Jahre lang schmerzhaft mit unserer Vergangenheit, mit Holocaust und Auschwitz auseinandergesetzt, es hat uns „sehr gut getan" – nun aber seid Ihr an der Reihe, wir können euch diese Auseinandersetzung „nicht ersparen".

Das Problem ist nicht, daß etwa serbischerseits in den vergangenen zehn Jahren, im Bruder- und Bürgerkrieg in Kroatien, in Bosnien-Herzegowina sowie in Kosovo und Metohien keine Verbrechen begangen worden seien. Keines der jugoslawischen Völker, auch nicht das serbische, kann sich makellos und frei von Schuld dem Urteil der Geschichte stellen. Deshalb ist eine Auseinandersetzung mit der jüngsten Vergangenheit, mit eigenem Versagen, eigener Schuld und eigenen Verbrechen – in den Parteien, in den Medien, auf wissenschaftlichen Tagungen, in Wahrheits- und anderen -Kommissionen oder da, wo nötig, vor eigenen Gerichten – eine selbstverständliche Notwendigkeit, auch für das serbische Volk. Der Prozeß dieser Auseinandersetzung hat schon lange begonnen, auch wenn er durch die Thesen von der „Alleinschuld" der Serben, durch die Raketen der NATO und das fortwährend erlittene schwere Unrecht nicht gerade befördert wurde.

Die „intellektuelle Auseinandersetzung mit den Vorgängen des letzten Jahrzehnts und der letzten Monate", wie sie Ischinger nennt, ist kein strittiges Thema. Das Problem ist, daß der am NATO-Krieg mitschuldige deutsche Staatssekretär serbisches Unrecht mit den Untaten Hitlerdeutschlands vergleicht und diejenigen, die zu den Opfern dieser Barbarei gehörten und über die Deutsche gerade wieder einmal hergefallen waren, auffordert,

---

[142] Ebenda

dem deutschen Beispiel „schmerzhafter Auseinandersetzung" mit der eigenen Schuld zu folgen.

Ischingers Appell an die gerade bombardierten Serben entstammt dem Geist dümmlicher Arroganz, der noch seit Kaiser Wilhelms Zeiten in so manchen deutschen Regierungsstuben herrscht. In einer von ihnen, im Bundesverteidigungsministerium, wurde auch das Schreiben verfaßt, mit dem namens der Bundesregierung eine Kleine Anfrage der PDS-Fraktion im Deutschen Bundestag beantwortet wurde.[143] Die Fraktion hatte detailliert die Kriegsschäden aufgelistet, die der Bundesrepublik Jugoslawien zugefügt worden waren, darunter die Zerstörung aller wichtigen Fabriken, der gesamten petrol-chemischen Industrie, des größten Teils der Energieerzeugung, der meisten Brücken, unzähliger Straßen, Verkehrswege, Tourismusanlagen, Bildungseinrichtungen, Krankenhäuser und Medien, und resümiert, daß die „durch jahrelange Sanktionen bereits schwergeschädigte Wirtschaft Jugoslawiens ... durch die Luftangriffe der NATO ruiniert worden ist".[144]

Die Bundesregierung leitete ihre Antwort mit einer Lüge ein, wie sie dreister nicht sein konnte, nämlich mit der Behauptung: „Die Entscheidung zur Durchführung von Luftschlägen geht auf die VN-SR-Resolution vom 23. September 1998 zurück", um wenig später ungeachtet aller Fakten zu erklären: „Die NATO-Luftangriffe waren nicht gegen die jugoslawische Bevölkerung und auch nicht gegen die jugoslawische Wirtschaft gerichtet. Generell ist festzustellen, daß nicht die NATO-Luftangriffe die jugoslawische Wirtschaft ruiniert haben, sondern bereits viel früher die verfehlte Politik Sloboda Miloševićs."[145] Den Umstand, daß der Vorname des damaligen jugoslawischen Präsidenten, Slobodan, hier wie im gesamten regierungsoffiziellen Text falsch geschrieben ist, kann man getrost ignorieren, nicht hinwegsehen kann man jedoch über die zynische Aussage selbst, die in etwa mit der Behauptung zu vergleichen ist, der Zusammenbruch der

---

143 Deutscher Bundestag, 14. Wahlperiode, Drucksache 14/1788 vom 11.10.1999
144 Ebenda, S. 1
145 Ebenda, S. 4

ostdeutschen Industrie 1990/1991 sei nicht eine unmittelbare Folge der überstürzten Währungsunion und des Wütens der Treuhand, sondern der verfehlten 40jährigen Wirtschaftspolitik des SED-Regimes gewesen.
Natürlich kann man vom Bundesverteidigungsministerium nicht verlangen, daß es die Ursachen des ökonomischen Niedergangs in Jugoslawien allseitig analysiert und dabei auch auf die Folgen der seit 1980 gegenüber dem Land verfolgten sogenannten Stabilisierungspolitik der Weltbank und des Internationalen Währungsfonds sowie auf das Austeritätspaket eingeht, das 1989 dem damaligen jugoslawischen Ministerpräsidenten Ante Marković bei seinem Besuch in Washington aufgezwungen wurde. Selbst die Auswirkungen der auf deutsche Initiative 1991/1992 verhängten Wirtschaftssanktionen müssen von ihm nicht unbedingt erwähnt werden. Wenn das Ministerium allerdings die verheerenden Auswirkungen der NATO-Luftangriffe auf die so schon schwer angeschlagene Ökonomie, ja, die Angriffe selbst bestreitet und die Ursache des Wirtschaftsruins in der „verfehlten Politik" des Landes sucht, dann wird die verlangte Aufklärung zur Verschleierung, die Auskunft zur Lüge. Letztere wird noch unerträglicher, wenn das Auskunft gebende Ministerium kurz zuvor die „Zielkategorien" der Luftangriffe angibt und dabei u. a. nennt:
„– Führungs- und Informationssysteme, Systeme des Nachrichtenwesens (u. a. Telekommunikations- und Medieneinrichtungen) ...;
– militärisch relevante Industrie (u. a. Fabriken, z. B. Düngemittelfabrik, Produktionsstätten);
– Energieversorgung (u. a. Strom- und Wasserversorgung);
– Verbindungswege (Brücken, Straße/Schiene) ..."[146]
Angesichts dieser „Zielkategorien" muß die Erklärung, die Luftangriffe seien nicht gegen die jugoslawische Bevölkerung und auch nicht gegen die jugoslawische Wirtschaft gerichtet gewesen, doch einigermaßen überraschen. Gleichermaßen frappant ist – vor dem Hintergrund der tatsächlichen Bomben- und Raketentreffer – die Regierungsbehauptung: „Krankenhäuser, medizinische Einrichtungen, Bildungseinrichtungen, Wohnhäuser, Landwirtschaft, Kulturdenkmäler, Museen und Botschaften standen

---

146 Ebenda, S. 3

nicht auf den Ziellisten."[147] Wenn derartige Nichtziele aber, was hundertfach geschah, doch getroffen wurden, dann, so wird suggeriert, ist das nicht der Bundesrepublik anzulasten, denn: „Die deutschen Kräfte wurden mit Operational Control (OPCON) für den Einsatz der NATO unterstellt. Eine nationale Einwirkung/Kontrolle des Gesamteinsatzes und der Zielplanung war nur begrenzt möglich ... Fehlplanungen können durch andere, nicht unmittelbar am Einsatz beteiligte, nationale Kontingente nicht erkannt werden."[148]

Fazit: Die deutschen Menschenrechtskrieger waschen ihre Hände in Unschuld, sie haben ein reines Gewissen. Noch immer halten sie sich an den Spruch: „Wohl dem, der frei von Schuld und Fehle."

Doch kein Glückwunsch Kinkels an das serbische Volk, kein Aufruf Ischingers oder Lamers zur „Revolution in den Köpfen" und auch kein Reinwaschungsversuch des Bundesverteidigungsministeriums kann die Tatsache aus der Welt schaffen, daß sich die Bundesrepublik Deutschland mit ihrer Teilnahme am Krieg gegen Jugoslawien schuldiger als alle anderen NATO-Partner, die USA ausgenommen, gemacht hat. Sie ist der einzige Staat, der das Balkanland im letzten Jahrhundert zum dritten Mal mit Krieg überzog und das Friedensgebot, niedergelegt nicht nur in der eigenen Verfassung, sondern auch im „Zwei-plus-Vier-Vertrag", einem Abkommen, das das Gewicht eines Friedensvertrages hat und Voraussetzung für die Herstellung der staatlichen Einheit Deutschlands war, brach. Aber darauf beschränkt sich die besondere deutsche Schuld nicht.

Außenpolitisch war das der Einverleibung der DDR folgende Jahrzehnt für die Bundesrepublik Deutschland eine Periode wachsenden politischen und ökonomischen Einflusses in Europa, schrittweiser Rückgewinnung deutscher, vor allem militärisch verstandener „Normalität" und „Verantwortung". Nicht zuletzt aber war es ein Dezennium fortwährender antijugoslawischer, antiserbischer Großmachtpolitik. Die Beteiligung an der NATO-Aggression ist Teil des Gesamtkomplexes deutscher Jugosla-

---

147 Ebenda
148 Ebenda

wienpolitik, ihre nicht zufällige, sondern konsequente Fortführung. Mit ihr stieg die schwere Schuld, die die von Bonn und neuerdings von Berlin aus betriebene Außenpolitik gegenüber Jugoslawien und Serbien auf sich geladen hat. Die Zwischenbilanz – von Bilanz kann keine Rede sein, denn Einmischungs- und mittlerweile Besatzungspolitik sind noch im vollen Gange – sieht folgendermaßen aus:

Zerfall Jugoslawiens beschleunigt und besiegelt

Erstens, von wenigen bundesdeutschen Ausnahmen abgesehen, bestreitet heute kein ernstzunehmender Politiker, Völkerrechtler oder Publizist, daß die Bundesrepublik Deutschland 1991 mit ihrer Politik der überstürzten, schnellstmöglichen Anerkennung Sloweniens und Kroatiens den Zerfall Jugoslawiens beschleunigt und besiegelt hat. Zuvor schon hatte sie mit geheimdienstlichen Mitteln und mit offener Einmischung den schweren innerjugoslawischen Konflikt angeheizt. Bis zum heutigen Tag unterbelichtet geblieben ist, mit welcher Doppelzüngigkeit die deutsche Außenpolitik im Sommer 1991 Öl in das Feuer des in Kroatien aufgeflammten Bürgerkrieges goß und die hoffnungsvollen jugoslawischen und internationalen Bemühungen um eine friedliche Konfliktlösung hintertrieb. Höhepunkt dieser Politik war die Erklärung von Außenminister Hans-Dietrich Genscher vom 24. August 1991 gegenüber dem jugoslawischen Botschafter in Bonn: „Wenn das Blutvergießen weitergeht und wenn die Politik der gewaltsam vollendeten Tatsachen mit Unterstützung der jugoslawischen Armee nicht sofort eingestellt wird, muß die Bundesregierung die Anerkennung Kroatiens und Sloweniens in den festgelegten Grenzen ernsthaft prüfen. Sie wird sich für eine entsprechende Prüfung auch innerhalb der EG einsetzen."[149] Die Ermunterung separatistischer, nach internationaler Anerkennung strebender Kräfte zum Bruch der zahlreichen Waffenstillstandsvereinbarungen war offensichtlich. Selbst der „Rheinische Merkur" vermutete später, daß der im Sommer von der deutschen Re-

---

149 Deutscher Bundestag, 12. Wahlperiode, Drucksache 12/1097

gierung ausgestellte „Blankoscheck", bei Fortführung der Kämpfe die Anerkennung auszusprechen, den kroatischen Präsidenten Tudjman dazu verleitet habe, „die Lunte am Brennen zu halten" und alle Waffenstillstandsabkommen zu brechen.[150]

Der konfliktschürenden Drohung folgte wenig später die Tat. Gegen den Widerstand der USA, Frankreichs, Großbritanniens sowie der Niederlande setzte die deutsche Regierung in der Europäischen Gemeinschaft die voreilige, überstürzte Anerkennung Sloweniens und Kroatiens mit Druck und Erpressung zu einem Zeitpunkt durch, an dem die Fragen der Transformation der jugoslawischen Föderation völlig ungeklärt waren und seitens der KSZE, der EG und der UNO intensive Anstrengungen zur Beendigung des in Kroatien aufgeflammten Bürgerkrieges unternommen wurden. Bei aller schweren Schuld, die den damaligen Chef der deutschen Außenpolitik trifft, kann auch nicht außer Acht gelassen werden, daß dieser, Genscher, zur voreiligen Anerkennung nicht nur von Politikern aus den Reihen seiner eigenen christlich-liberalen Regierungskoalition, darunter vor allem von Karl Lamers, Alfred Dregger, Manfred Kanther und Volker Rühe, sondern auch von maßgeblichen Sprechern der sozialdemokratischen Partei getrieben wurde. Der erste unter ihnen war der damalige stellvertretende SPD-Fraktionsvorsitzende Norbert Gansel, der nach einer Jugoslawienreise schon am 23. Mai 1991 folgende Position vertrat: „Im Einklang mit der KSZE-Charta von Paris haben die Völker Jugoslawiens das Recht auf Selbstbestimmung. Sie haben deshalb das Recht, sich im Zuge des jugoslawischen Demokratisierungsprozesses auch für das Verlassen der Föderation zu entscheiden. In Slowenien sind alle politischen Kräfte zur Unabhängigkeit entschlossen. Die Völkergemeinschaft sollte Slowenien auf diesem Weg unterstützen und bereit sein, es nach seiner Unabhängigkeitserklärung auch völkerrechtlich anzuerkennen. Auch Kroatien ist auf dem Weg zur Unabhängigkeit."[151]

---

150 Rheinischer Merkur, 27.12.1991, zitiert nach Klaus Thörner: Jugoslawien: Geschichte eines antikolonialen und antifaschistischen Staates, in: Rüdiger Göbel, Karam Khella, Klaus Thörner: Der Fall Jugoslawien, Hamburg 1997, S. 128
151 Hans-Dietrich Genscher: Erinnerungen, Berlin 1995, S. 932

Die Folgen der von der CDU/CSU-FDP-Koalitionsregierung und von der SPD-Opposition vorangetriebenen und zum Jahreswechsel 1991/1992 vollzogenen übereilten Anerkennung Sloweniens und Kroatiens sind bekannt: Die jugoslawische Föderation brach unwiderruflich auseinander, der Konflikt eskalierte und setzte eine bis heute anhaltende Kettenreaktion in Gang, durch die mittlerweile Hunderttausende ihre Heimat, Haus und Hof und Zehntausende ihr Leben verloren haben.

Die deutsche Mitschuld an dieser Entwicklung ist nicht zu bestreiten. Gut bekannt ist, daß selbst die engsten Verbündeten Deutschlands zum Entsetzen von Kohl, Genscher und Kinkel die Bundesrepublik für die nachfolgenden Katastrophen verantwortlich gemacht haben: im Juni 1993 Warren Christopher, damals an der Spitze des State Department der USA stehend, mit der Feststellung: „Es wurden beim gesamten Anerkennungsprozeß und vor allem bei der zu schnellen Anerkennung schwere Fehler gemacht, und die Deutschen tragen eine besondere Verantwortung dafür"[152]; und wenige Tage danach der ehemalige französische Amtskollege von Genscher und Chef am Quai d'Orsay, Roland Dumas, mit der Einschätzung, daß die EG „aufgrund interner Meinungsverschiedenheiten" Slowenien und Kroatien auf „voreilige und überstürzte Weise" anerkannt und damit die Möglichkeiten für eine Verhandlungsregelung der Auflösung Jugoslawiens vertan habe. Nach seiner Meinung waren „die Verantwortlichkeiten Deutschlands und des Vatikans für die Beschleunigung der Krise (im früheren Jugoslawien) offenkundig enorm".[153] Später, leider viel zu spät, schloß sich auch ein namhafter deutscher Sozialdemokrat dieser Kritik an. Während des NATO-Krieges gegen Jugoslawien und wenige Wochen nach seinem Rücktritt von der Funktion des Vorsitzenden der SPD erklärte Oskar Lafontaine auf der Mai-Kundgebung 1999 im Saarbrücker Deutsch-Französischen Garten: „Daß Fehler gemacht worden sind in Jugoslawien, wissen wir mittlerweile. Und die Fehler liegen teilweise Jahre zurück. Ich höre sehr oft, daß die Deutschen keinen Sonderweg beschreiten sollten, aber ich muß dann daran erinnern,

---

152 Die Welt, 18.6.1993
153 Süddeutsche Zeitung, 21.6.1993

daß sie zu Beginn einen Sonderweg beschritten haben, als sie gegen die Widerstände in Paris, in London und in Washington die Anerkennung der Teilstaaten durchgesetzt haben, weil man die Begriffe von Freiheit und Selbstbestimmung falsch verstanden hat. Freiheit und Selbsbestimmung vertragen sich nicht mit völkischer Ausgrenzung und ethnischer Ausgrenzung ... Deshalb war es falsch, dieser Kleinstaaterei, die auf völkischen Differenzen beruhte, auch noch Anerkennung zu geben."[154]

Dieses völkische Denken und Handeln gehört auch heute noch zu den Kennzeichen deutscher Balkanpolitik.

„Jugoslawien im kleinen" in den Bürgerkrieg getrieben

Zweitens, die deutsche Außenpolitik hat wesentlich dazu beigetragen, die Republik Bosnien und Herzegowina, dieses wunderbare „Jugoslawien im kleinen", in einen verheerenden mehrjährigen Bürgerkrieg zu treiben.

Die sogenannte politische Klasse der Bundesrepublik weist diesen gewiß schweren Vorwurf in ihrer Mehrheit entschieden zurück, doch es gibt Tatsachen, die nicht wegzuleugnen sind. Mit mehreren folgenschweren Handlungen hatte die deutsche Diplomatie einen wesentlichen Anteil am Ausbruch des Bürgerkrieges in Bosnien-Herzegowina, der den in anderen Teilen Jugoslawiens vorangegangenen an Grausamkeit, an der Zahl der Opfer und dem Ausmaß der Zerstörungen bei weitem übertraf.

Der erste und entscheidende Schritt war die völkerrechtliche Anerkennung der beiden nördlichen jugoslawischen Republiken selbst, die die Konfliktparteien in Bosnien-Herzegowina vor die Alternative stellte, entweder Bestandteil des verkleinerten, zwangsläufig von den Serben dominierten Jugoslawiens zu bleiben oder ein unabhängiger Staat unter moslemischer Führung zu werden. Ersteres lehnten die Moslems und Kroaten kategorisch ab, zum zweiten waren die Serben nicht bereit. Bosnien-Herzegowina hätte als kleiner multinationaler Staat nur überleben können, wenn der größere jugoslawische Vielvölkerstaat in irgendei-

---

154 Junge Welt, 3.5.1999

ner Form, und sei es als lose Konföderation, fortbestanden hätte. Die völkerrechtliche Anerkennung Sloweniens und Kroatiens machte diese Chance endgültig zunichte.

Dabei hatte es an Warnungen wahrlich nicht gefehlt. Selbst Jugoslawienspezialisten im Auswärtigem Amt hatten ihrem Minister abgeraten. Einer von ihnen umriß diese Position gegenüber dem US-amerikanischen Publizisten John Newhouse mit folgenden Worten: „Wir Praktiker haben versucht, dem Anerkennungsdruck zu widerstehen ... Wir haben gesagt: ‚Seid vorsichtig. Das könnte zu einem Bürgerkrieg in Bosnien führen. Geben wir den Vermittlungsbemühungen eine Chance'."[155] Ähnliche Positionen bezogen die politischen Führungen in Belgrad, Sarajewo und Skopje. Als Alija Izetbegović im November 1991 die Bundesrepublik besuchte, warnte auch er vor der Anerkennung Sloweniens und Kroatiens, weil der damit besiegelte Zerfall des multinationalen Jugoslawiens zwangsläufig zum Untergang des multinationalen Bosnien-Herzegowinas führen mußte. Seine Warnungen stießen in Bonn auf taube Ohren. Das änderte sich auch nicht, als sie von gewissenmaßen höchster internationaler Stelle ziemlich sarkastisch in Erinnerung gebracht und nachdrücklich erneuert wurden.

UN-Generalsekretär Pérez de Cuéllar bekräftigte seine Auffassung, daß eine voreilige Anerkennung Sloweniens und Kroatiens in Bosnien eine explosive Situation hervorrufen könnte, und richtete am 14. Dezember 1991 ein Schreiben an Außenminister Genscher, in dem es wörtlich heißt: „Ich nehme auch an, daß Sie von der großen Sorge gehört haben, die die Präsidenten von Bosnien-Herzegowina und Mazedonien und viele andere geäußert haben, nämlich, daß verfrühte selektive Anerkennungen eine Erweiterung des gegenwärtigen Konfliktes in jenen empfindlichen Regionen nach sich ziehen würden. Solch eine Entwicklung könnte schwerwiegende Folgen für die ganze Balkanregion haben und würde meine eigenen Bemühungen und diejenigen meines persönlichen Gesandten, die notwendigen Bedingungen für die

---

155 John Newhouse: Bonn, der Westen und die Auflösung Jugoslawiens, in: Blätter für deutsche und internationale Politik, Nr. 9/1992, S. 1190.

Anwendung von friedenserhaltenden Maßnahmen in Jugoslawien zu sichern, ernstlich gefährden."[156]

Doch Bonn ließ sich von niemandem und durch nichts beirren, auch nicht vom Kassandra-Ruf des Vorsitzenden der Jugoslawienkonferenz, Lord Peter Carrington, früherer Außenminister Großbritanniens und Generalsekretär des Nordatlantikpaktes, der darauf hinwies, daß eine frühzeitige Anerkennung Sloweniens und Kroatiens den Abbruch der Friedenskonferenz bedeuten würde und „der Funke sein (könnte), der Bosnien-Herzegowina in Brand setzt".[157] Auch dieser Ruf verhallte in Bonn ungehört. Unterstützt und nicht selten vorangetrieben von Teilen der SPD-Opposition, setzte die Kohl-Genscher-Regierung den Anerkennungsbeschluß innerhalb der EG mit massivem Druck durch. Die Prophezeiungen erfüllten sich, die Anerkennung wurde zum Funken, der Bosnien-Herzegowina in Brand setzte. Der Konflikt eskalierte.

Der zweite folgenschwere Schritt war das Drängen nach einem Referendum über die Unabhängigkeit als Voraussetzung einer diplomatischen Anerkennung von Bosnien-Herzegowina. Da die Haltung der serbischen Bewohner Bosnien-Herzegowinas dazu unverändert und allseits bekannt war, lief eine solche Volksbefragung auf den Versuch hinaus, diese, immerhin ein Drittel der Gesamtbevölkerung, zu majorisieren und sie wider ihren bekundeten Willen in einen moslemisch orientierten Staat zu drängen. Die Eruption nationaler Leidenschaften und grausamer Gewalt von allen Seiten war vorausschaubar. Auch in Bonn. Noch im März 1992 erklärte der außenpolitische Sprecher der CDU/CSU-Fraktion im Bundestag, Karl Lamers, daß „jeder Majorisierungsversuch ... friedliche Lösungen zunichte machen (wird)".[158]

Das Referendum brachte wie bereits vorangegangene Parlamentswahlen, die einer Volkszählung glichen, das erwartete Ergebnis. Die serbische Bevölkerung boykottierte die Abstimmung und lediglich 62,7 Prozent der 3,1 Millionen Wahlberechtigten

---

156 Dokumentation zum Krieg auf dem Balkan, in: Versöhnung, Zeitschrift des „Versöhnungsbundes", Mai 1996
157 Ebenda
158 Zitiert nach: Neues Deutschland, 15.8.1992

stimmten für die Unabhängigkeit. Am Tag des Referendums, am 1. März 1992, wurde die erste Seite der unendlich langen Liste der Toten des Bürgerkrieges in Bosnien-Herzegowina geschrieben. Die gewalttätigen Auseinandersetzungen weiteten sich explosionsartig aus. Der Überfall auf eine serbische Hochzeitsgesellschaft in Sarajewo und die Errichtung von serbischen Straßensperren kündeten vom herannahenden Bürgerkrieg, der immer noch vermeidbar gewesen wäre, wenn die deutsche Regierung die noch einmal von der EG vermittelten Gespräche der drei Konfliktparteien, der Serben, der Moslems und der Kroaten, unterstützt hätte.

Doch das Gegenteil geschah. Am 6. April, am Jahrestag des Überfalls der Hitlerwehrmacht auf Jugoslawien, vollzog die neue großdeutsche Diplomatie den dritten, nicht mehr rückgängig zu machenden Schritt. Gemeinsam mit ihren Partnern in der EG beschloß Bonn, Bosnien-Herzegowina diplomatisch anzuerkennen. Und ein neues Mal war es Außenminister Genscher, der sich auf der Beratung der EG-Außenminister entschieden für diesen Schritt einsetzte und sich dieses Mal der Unterstützung der USA versichert hatte, die die Anerkennung einen Tag später bekannt gaben. Noch am Tag vor dieser verhängnisvollen Entscheidung hatte der Korrespondent der „Frankfurter Allgemeinen Zeitung" berichtet, daß „Außenminister Genscher ... in der festen Absicht nach Luxemburg gereist (war), den Ministerrat von der Notwendigkeit der Anerkennung Bosnien-Herzegowinas zu überzeugen".[159] Und schon am folgenden Tag konnte die Deutsche Presseagentur melden, daß „Bundesaußenminister Genscher ... auf der Tagung entschieden für die grundsätzliche Anerkennung Bosnien-Herzegowinas plädiert und zunehmend seine EG-Partner auf diese Meinung eingeschworen hatte".[160] Aus der „festen Absicht" war traurige Tat geworden. Die Folgen waren fatal.

Die erneute hastige Anerkennung einer jugoslawischen Teilrepublik, dieses Mal Bosnien-Herzegowinas, machte eine politische Absprache der drei großen Volksgruppen über die Zukunft der Republik unmöglich. Zwischen den nach nationalen Kriterien

---

159 Frankfurter Allgemeine Zeitung, 7.4.1992
160 dpa, 6.4.1992

formierten bosnischen Bürgerkriegsparteien entbrannte, wie Reinhard Mutz im „Friedensgutachten 1996" konstatierte, „der zweite Akt der jugoslawischen Tragödie, der blutige Aufteilungs- und Aneignungskrieg um Bosnien mit seinen grausamen Flucht- und Vertreibungswellen".[161] Erst vier Jahre später wurde er in Dayton mit einem Vertrag für beendet erklärt, der dem ähnlich war, dem man im Frühjahr 1992 in Sarajewo und Brüssel schon äußerst nahe gekommen war. Die Anerkennung Bosnien-Herzegowinas hatte einen solchen Kompromiß in weite Ferne gerückt. Kein Geringerer als der ehemalige US-Außenminister Henry A. Kissinger stellte, ebenfalls 1996, ohne größere Umschweife fest: „Die Anerkennung eines unabhängigen, souveränen bosnischen Staates im Jahre 1992 durch die NATO bewirkte nicht die Geburt eines Landes, sondern einen Bürgerkrieg."[162]

Bestrafung eines ganzen Volkes initiiert und durchgesetzt

Drittens, deutsche Außenpolitiker waren es, die als erste nach Sanktionen gegen Jugoslawien, unter denen das Land, seine Wirtschaft und seine Menschen fast ein Jahrzehnt lang litten, riefen und sie in der EG mit massivem Druck durchsetzten. Als das damals erreicht war, konnte der deutsche Bundeskanzler Helmut Kohl vor dem Plenum des Bundestages am 6. November 1991 triumphierend verkünden: „Ich begrüße, daß die EG-Außenminister am 4. November 1991 wirtschaftliche Sanktionsmaßnahmen beschlossen haben. Dabei geht es vor allem darum, das serbische Lager von der Aussichtslosigkeit seiner Gewaltpolitik zu überzeugen. Dieser Beschluß ist nicht zuletzt aufgrund unserer beharrlichen Überzeugungsarbeit, auch gegenüber unseren EG-Partnern, zustande gekommen."[163]

---

161 Reinhard Mutz im „Friedensgutachten 1996", herausgegeben von den Instituten für Friedensforschung in Heidelberg, Frankfurt am Main und Hamburg, zitiert nach: Frankfurter Rundschau vom 13.6.1996
162 Henry A. Kissinger: Ein multi-ethnisches Bosnien kann nur mit militärischer Gewalt erzwungen werden, in: Welt am Sonntag, 8.9.1996
163 12. Deutscher Bundestag, Stenographisches Protokoll, 53. Sitzung am 6.11.1991, S. 4367

Ein halbes Jahr später wurden die Maßnahmen zur Strangulierung der Wirtschaft der jugoslawischen Föderation, der nunmehr nur noch die Republiken Serbien und Montenegro angehörten, erweitert. Am 30. Mai 1992 verabschiedete der UNO-Sicherheitsrat bei Stimmenthaltung von China und Simbabwe die Resolution 757, mit der schärfste Sanktionen verhängt wurden. Sie umfaßten das Verbot des Handels sowie von anderen Geschäften und finanziellen Transaktionen mit Jugoslawien, der Benutzung jugoslawischer Schiffe und Flugzeuge, die Einfrierung von jugoslawischem Auslandsvermögen, ein Überflug- und Landeverbot für jugoslawische Flugzeuge, das Verbot der Teilnahme jugoslawischer Sportler an internationalen Wettbewerben, die Einstellung jeglicher wissenschaftlich-technischer und kultureller Zusammenarbeit mit Jugoslawien. Mit weiteren UN-Resolutionen wurden die Sanktionen im November 1992 und April 1993 noch einmal verschärft – an der montenegrischen Adria-Küste wurde eine Seeblockade errichtet, jugoslawische Verkehrsmittel im Ausland wurden beschlagnahmt.

Und ein weiteres Mal konnte sich die deutsche Außenpolitik eines Erfolges freuen. „Nicht zuletzt auf unser Betreiben", so verkündigte ihr damaliger Chef Klaus Kinkel voller Stolz vor dem deutschen Parlament, konnten die „UN-Sanktionen gegen Serbien und Montenegro" beschlossen werden.[164] Zufrieden konnte nicht nur die Regierung, sondern auch die SPD-Opposition sein. Schließlich hatte ihr außenpolitischer Sprecher, Karsten Voigt, schon am 8. Oktober von den EG-Außenministern gefordert: „Statt Sanktionen immer nur anzudrohen, hätten längst einschneidende Sanktionen durchgeführt werden müssen. Statt den Mund immer nur zu spitzen, müssen sie endlich einmal pfeifen."[165]

Einschneidend waren die auf deutsches Betreiben durchgesetzten Sanktionen tatsächlich, und langandauernd dazu. Zwar wurden sie 1996, ein Jahr nach dem Abschluß des Dayton-Abkommens durch Beschluß des Weltsicherheitsrates aufgehoben, aber im Zuge der Zuspitzung Kosovos-Konfliktes schrittwei-

---

164 12. Deutscher Bundestag, Stenographisches Protokoll, 101. Sitzung am 22.7.1992, S. 8609
165 Presseerklärung „Die SPD im Deutschen Bundestag", 8.10.1991

se wieder eingeführt und verschärft – allerdings ohne daß der UN-Sicherheitsrat dazu sein Plazet gegeben hätte.

Multipliziert wurden die verheerenden Folgen der Sanktionen durch die Luftangriffe der NATO, die der Infrastruktur und den Existenzgrundlagen Jugoslawiens unermeßlichen Schaden zufügten. Doch auch dann, als der Vorwand wegfiel, Jugoslawien seine Sicherheitskräfte aus Kosovo und Metohien abzog und die Resolution 1244 des Sicherheitsrates vom 10. Juni 1999 alle Embargo-Beschlüsse gegenstandslos machte, wurden die Sanktionen aufrechterhalten. Die Ungerechtigkeit wurde ins Extrem gesteigert, um die Serben, die sich der NATO-Luftschläge erwehrt hatten, doch noch in die Knie und zum Sturz des „herrschenden Regimes" der Sozialistischen Partei Serbiens zu zwingen.

Die Last dieser Erpressungspolitik hatten die Menschen in Jugoslawien zu tragen. Auch nach der Aggression blieben ihre Appelle zur Einstellung der Sanktionen ungehört. Totgeschwiegen wurde auch der leidenschaftliche Aufruf von Ende Februar 2000, den der Rat der Jugoslawischen Diaspora in der BRD „im Namen von über 700.000 in der Bundesrepublik Deutschland jahrzehntelang lebenden und arbeitenden Serben und Bürgern der Bundesrepublik Jugoslawien, die mit ihrem Fleiß und vorbildlichen Verhalten bewußt zur Verständigung und Harmonie in den Beziehungen zwischen unseren beiden Völkern beitragen", an „alle wohlgesinnten Bürger" Deutschlands und in der Welt richtete und in dem er nahezu flehentlich bat, „endlich mit der inakzeptablen politischen Erpressung und Druckausübung, der Gleichschaltung der Medien und der wirtschaftlichen Blockade aufzuhören, weil dadurch ein ganzes Volk satanisiert und im Ghetto gehalten wird".[166]

Das Echo der „wohlgesinnten", aber weitgehend un- oder desinformierten Bürger blieb schwach, das der übelgesinnten, aber bestens informierten Politiker blieb gleich ganz aus. Schon Monate vor dem Diaspora-Appell, am 15. November 1999 hatte sich die der Affinität zu Milošević wahrlich unverdächtige linke und politisch ziemlich bunte Fraktion im Europaparlament mit dem

---

166 Information des Rates der Jugoslawischen Diaspora, Frankfurt/Main, 26.2.2000

etwas verwirrenden Namen „Konföderale Fraktion der Vereinten Europäischen Linken/Nordische Grüne Linke im Europäischen Parlament" in „einer außerordentlich dringenden Angelegenheit" an Herrn Javier Solana, den Hohen Vertreter für die Gemeinsame Außen- und Sicherheitspolitik der Europäischen Union, gewandt. Die Parlamentarier schrieben u. a.:

„Seit dem 8. November 1991 sind die Bürger und Bürgerinnen der Bundesrepublik Jugoslawien umfassenden Wirtschaftssanktionen ausgesetzt. In ihrem Ergebnis wurde der Wirtschaft des Landes schwerer Schaden zugefügt. Betrug der monatliche Durchschnittsverdienst 1990 rund 1.300 DM, so wird er jetzt mit 87 DM ausgewiesen. Millionen Menschen, vor allem Alte, Kinder und Kranke, gerieten in bitterste Not. Forderungen nach Aufhebung der Sanktionen oder zumindest ihrer Lockerung blieben unerhört, darunter auch der Appell seiner Allerheiligkeit des serbischen Patriarchen Pavle, der sich bereits im Oktober 1993 ‚im Namen Jesu Christi an alle Menschen guten Willens' wandte und darum ersuchte, ‚die ungerechten Sanktionen aufzuheben, die hauptsächlich die Unschuldigen und Schwächsten treffen'.

Die 78tägigen Luftangriffe der NATO haben das Leid der Menschen in Jugoslawien, vor allem in der Republik Serbien, nahezu ins Unermeßliche gesteigert und die Folgen der Sanktionen potenziert ... Allein durch die totale oder teilweise Zerstörung von Industrie- und anderen Wirtschaftsobjekten verloren 600.000 Menschen ihren Arbeitsplatz, womit etwa 2,5 Millionen Bürger des Landes praktisch ohne Mittel für ihre Existenz blieben. Unter Berücksichtigung der Einwohnerzahl von 10 Millionen, zu denen 200.000 Flüchtlinge aus Kosovo und Tausende aus der Krajina, Slawonien und aus Bosnien hinzugerechnet werden müssen, ist es nicht übertrieben, von einer Tragödie zu sprechen, die nicht die Regierung, sondern die Bevölkerung trifft. Hinzu kommt, daß die langjährigen Sanktionen und Kriegsschäden ein enormes Defizit an Medikamenten und medizinischen Geräten geschaffen haben, ohne die den Kranken, Kriegstraumatisierten, unter letzteren rund 300.000 Kinder, nicht geholfen werden kann. Der schon jetzt hereinbrechende Winter, dem Hunderttausende nach der Zerstörung der Fernheizanlagen in den großen modernen Wohnsiedlungen ohne alternative Heizmöglichkeiten hilflos ausgeliefert sind, läßt auch hier noch Schlimmeres befürchten.

In einer Situation, in der humanitäre Hilfe unerläßlich ist, werden die Sanktionen aufrechterhalten. Obwohl wir nicht den geringsten Zweifel hinsichtlich der Verantwortung Miloševićs an den Aktionen der serbischen Streitkräfte und kriminellen Handlungen paramilitärischer Kräfte im Kosovo haben, müssen wir feststellen, daß mit der Forderung nach dem Sturz der gegenwärtigen Regierung als Voraussetzung für eine Lockerung der Sanktionen ein ganzes Volk zur Geisel gemacht wird ...

Sehr geehrter Herr Solana, hinsichtlich der Überwindung seiner Folgen und der Beendigung der Sanktionen sollten wir im Interesse der leidgeprüften und existentiell bedrohten Menschen ein Mindestmaß an Übereinstimmung finden. Wir ersuchen Sie deshalb dringend, sich mit Nachdruck und gebotener höchster Eile für die schnellstmögliche Lockerung und alsbaldige Aufhebung der ein ganzes Volk würgenden Sanktionen einzusetzen. Die Staaten der Europäischen Union sind aufgefordert, ihrer Proklamation, man führe keinen Krieg gegen das serbische Volk, Taten folgen zu lassen.

Im Namen der Menschlichkeit appellieren wir an Sie: Helfen Sie, eine neue humanitäre Katastrophe zu verhindern!"[167]

Ein bemerkenswertes Zeitdokument, auch wenn es statt von Hunderttausenden nur von Tausenden von Flüchtlingen aus der Krajina, Slawonien und Bosnien spricht, immerhin waren bereits im März 1996 auf dem Territorium Jugoslawiens, also Serbiens und Montenegros, 784.362 Flüchtlinge registriert, darunter 234.174 im August 1995 aus der Krajina Vertriebene. Ungeachtet dieser Ungenauigkeit, stellte das Schreiben der linken Fraktion eine anschauliche und beeindruckende Zusammenfassung der Folgen der Sanktionen dar, wie sie von anderen politischen Parteien oder Gremien – ob sie sich nun christlich, sozial, liberal oder sonstwie nennen – nicht zu hören war. Der Adressat, der ehemalige Sozialist, spätere NATO-Generalsekretär und heutige

---

[167] Information der Konföderalen Fraktion der Vereinten Europäischen Linken/Nordische Grüne Linke im Europäischen Parlament vom 16.11.1999

EU-Außenminister, ließ sich davon nicht beeindrucken. Er fand es nicht einmal für nötig, auf das Schreiben in irgendeiner Weise zu reagieren. Dabei kann die Übersicht der Sanktionsfolgen durchaus mit einigen Fakten ergänzt werden, die sie konkretisieren:

1990 entfielen 57,8 Prozent des Exportes und 59,4 Prozent des Importes Jugoslawiens auf die Länder der OECD. Dieser für das Land bedeutende Warenaustausch – in einem Volumen von 3,3 Milliarden bzw. 4,3 Milliarden US-Dollar – wurde im Juni 1992 durch die Unterbrechung der Handelsbeziehungen auf nahezu Null reduziert.[168] Die Folgen waren katastrophal. Die jugoslawische Wirtschaft verlor nicht nur ihre traditionellen Absatz- und Bezugsmärkte, aufgrund ihrer engen Verflechtung und der Abhängigkeit von der Lieferung von Ersatzteilen und Halbfabrikaten wurde auch die Produktion für den inländischen Bedarf enorm erschwert. Im Vergleich zu 1989 sank das Bruttosozialprodukt 1993 um 50 Prozent. Nachdem es von 1994 bis 1998 unter großen Anstrengungen gelungen war, einen jährlichen Zuwachs von 5 Prozent zu erzielen, sank das Bruttosozialprodukt 1999 infolge der verschärften Sanktionen und der NATO-Luftangriffe auf das Niveau von 1993 und damit pro Kopf der Bevölkerung von 1760 auf 1320 US-Dollar.[169] Der durch die ökonomische Blockade verursachte Gesamtschaden bis Ende 1999 wird – die Kriegszerstörungen nicht eingerechnet – auf 139,5 Milliarden US-Dollar geschätzt.[170]

Auch was das von den Europaparlamentariern angeführte „enorme Defizit an Medikamenten und medizinischen Geräten" anbelangt, mangelt es nicht an detaillierten Angaben. Auf dem 1. Hearing für ein Europäisches Tribunal über den NATO-Krieg gegen Jugoslawien führte die Medizinerin Prof. Dr. Stojanka Aleksić dazu u. a. aus: „Die zehnjährigen Sanktionen bewirkten im jugoslawischen Gesundheitswesen ... ein großes Defizit. Dieses Defizit vergrößerte sich erheblich durch die NATO-Angriffe und

---

168 Information des Bundesministeriums für Außenhandel der BRJ vom 13.12.1999
169 Ebenda
170 Information des Bundesministeriums für Arbeit, Gesundheitswesen und Sozialpolitik der BRJ vom 25.11.1999

hat im medizinischen Bereich einen Notzustand bewirkt. Für diesen Notzustand spricht das Fehlen von: 200 Dialysegeräten, 50 Anästhesiegeräten, 500 Defibrillatoren, 150 Aspirationspumpen, 220 Ultraschallgeräten, 100 Spirometern, 150 Geräten zur Säuglings-Reanimation, 200 Geräten zur Blutanalyse, 150 Geräten zur Reanimation, 900 EKG-Geräten, 150 Geräten für die Kardiographie, 400 Krankenwagen, 150 Inkubatoren zur Bluterwärmung, 200 verschiedenen Transport- und Reanimations-Inkubatoren ... In großer Not befinden sich auch die Arzneimittelfabriken ..., denen erstens durch Sanktionen die Importe von Rohstoffen und Ersatzmaterialien untersagt sind, und die zweitens durch die Beschädigung ihrer Gebäude an den Rand ihrer wirtschaftlichen Existenz gebracht wurden."[171]

Hinter den nüchternen Angaben verbergen sich menschliches Leid, nicht zu lindernde Schmerzen und Tod. Allein von 1991 bis 1995 erhöhte sich die Sterberate infolge der Sanktionen von 9,8 auf 10,2, während die Geburtenrate von 14,6 auf 13,2 sank. In diesen vier Jahren wurden in Jugoslawien im Vergleich zur vorangegangenen Periode rund 50.000 Kinder weniger geboren und etwa 80.000 Menschen starben mehr.

Die Initiatoren der Sanktionen konnten zufrieden sein. Im Namen der Menschenrechte hatten sie erfolgreich gewirkt. Daß es im Artikel 1 des Internationalen Paktes über wirtschaftliche, soziale und kulturelle Rechte von 1966 heißt: „In keinem Fall darf ein Volk seiner eigenen Existenzmittel beraubt werden,"[172] störte sie in ihrem Handeln ebensowenig wie der Artikel 32 der Charta der wirtschaftlichen Rechte und Pflichten der Staaten von 1974, der unzweideutig bestimmt: „Kein Staat darf die Anwendung ökonomischer, politischer und anderer Maßnahmen praktizieren oder ermutigen, um auf einen anderen Staat mit dem Ziel Druck auszuüben, von ihm eine Unterordnung in der Ausübung seiner

---

171 Stojanka Aleksić: Gesundheitliche Schäden der Zivilbevölkerung in Jugoslawien durch den NATO-Krieg und die Embargosanktionen, in: Die Wahrheit über den NATO-Krieg gegen Jugoslawien, S. 228
172 Menschenrechte in der Welt. Dokumentation. Hrsg. Auswärtiges Amt, Bonn 1988, S. 60

souveränen Rechte zu erreichen."[173] Immerhin ging es ihnen, Kohl, Kinkel, Voigt und ihren Nachfolgern, stets um hohe Ziele: die Beendigung des Blutvergießens auf dem Balkan, dann um den Schutz der Menschenrechte in Kosovo und schließlich um den Sturz des Milošević-Regimes. Sie handelten nach dem altbewährten Motto, das Machiavelli bereits zu Beginn des 16. Jahrhunderts im schönsten, noch heute modernen Italienisch formuliert hatte: „Il fine giustifica i mezzi" – der Zweck rechtfertigt die Mittel.

Militärischer Intervention den Weg bereitet

Viertens, verantwortliche Politiker der Bundesrepublik Deutschland und einige verantwortungslose Journalisten gehörten zu den ersten, die eine militärische Intervention in die innerjugoslawischen Konflikte verlangten. Während in der Regel die ersteren die Stichwortgeber für die zweiten sind, war es im Falle des Zusammenbruchs der früheren jugoslawischen Föderation eher umgekehrt. Der reine Zufall war das nicht. Eine bewaffnete ausländische Einmischung in innerstaatliche Auseinandersetzungen eines souveränen europäischen Staates stand nicht nur im Widerspruch zu Grundprinzipien der UN-Charta, vor allem zu dem dort verankerten strikten Gewalt- und Interventionsverbot, sondern zu allen im Verlauf des KSZE-Prozesses abgeschlossenen Verträgen und feierlich verkündeten Deklarationen, darunter der gerade erst verabschiedeten „Charta von Paris für ein neues Europa" vom 21. November 1990. Auch die öffentliche Meinung war auf derartige Militärinterventionen, und diese gar unter Beteiligung des jüngst wiedererstandenen größeren Deutschlands, nicht vorbereitet. Innen- und außenpolitisch glich dieses Terrain schon eher einem Minenfeld, das zu betreten mit beträchtlichen Risiken verbunden war.

Den zweifelhaften Ruhm, zu den ersten Minenhunden zu gehören, müssen sich Viktor Meier und Erich Rathfelder teilen, die

---

173 Resolutionen zu Grundfragen der internationalen Wirtschaftsbeziehungen, zusammengestellt von Wolfgang Spröde, Berlin 1978, S. 318

lange vor der bekannten Schäubleschen Erklärung vor dem Deutschlandtag der Jungen Union Anfang November 1991, die Europäische Gemeinschaft müsse in Jugoslawien „notfalls auch militärisch eingreifen, um das Blutvergießen zu beenden",[174] einen ausländischen Truppeneinsatz ins Spiel brachten. Der FAZ-Kommentator Meier begnügte sich Anfang Juli nicht mit der Forderung nach einer Anerkennung Sloweniens und Kroatiens. Zusätzlich müßte die internationale Staatengemeinschaft dafür sorgen, „daß diese beiden neuen Staaten in ähnlicher Weise geschützt würden wie z. B. Kuwait".[175] Rathfelder reichte ein solcher dezenter Hinweis auf den Golfkrieg nicht aus, er wurde in der „taz" vom gleichen Tag deutlicher: „Dem militärischen Druck kann vielleicht nur mit militärischem Druck begegnet werden. Den politischen Institutionen Europas stehen schwere Entscheidungen ins Haus. Sie können auch bedeuten, daß ein Truppeneinsatz notwendig ist."[176] Einige Jahre später wird derselbe Herr Rathfelder, balkan- und kriegserfahren, die Notwendigkeit des Eingreifens ausländischer Truppen mit weniger Worten, aber mit um so drastischeren Methoden plausibel machen. Gemeinsam mit dem US-amerikanischen Journalisten Roy Gutman, der für die berüchtigte Agentur Rudder and Finn arbeitete, entdeckte er im Sommer 1998 auf einer Müllhalde in Kosovo und Metohien bei Orahovac „Massengräber", in die die Serben „mehr als 567 Menschen, darunter 430 Kinder" verscharrt hätten. Die grausige „Entdeckung" machte in aller Welt Schlagzeilen. Belgrad rief seinerzeit internationale Beobachter herbei, die die Presseberichte widerlegten, und Rathfelder wurde des Landes verwiesen. Das Dementi fand nur geringes, Rathfelders Ausweisung ein großes Echo. Die Serben waren ein weiteres Mal als „barbarische Kindesmörder" stigmatisiert, der Vorläufer des Račak-Massakers hatte die propagandistische Vorbereitung einer NATO-Intervention ein gutes Stück vorangebracht.

Zuvor schon hatte sich „Die Welt" um die Kriegspropaganda verdient gemacht. Die Nachrichten über das bewaffnete Vorgehen

---

174 dpa, 2.11.1991
175 Zitiert nach Göbel/Khella/Thörner: Der Fall Jugoslawien, S. 129
176 Ebenda

jugoslawischer Sicherheitskräfte gegen die UCK in der Region Drenica waren erst wenige Wochen alt, da rief das Flaggschiff des Springer-Verlages schon zu den Waffen. Auf die Frage, was gegen die einseitige serbische Gewalt zu tun sei, erklärte das Blatt: „Drohungen genügen nicht ... Der UNO-Sicherheitsrat muß sich der Sache annehmen; NATO-Truppen stehen in Bosnien bereit. Ab jetzt heißt weiteres Zaudern weiteres Blutvergießen."[177] Eine Woche später war selbst der Weltsicherheitsrat vergessen: „Vor allem muß Milošević klargemacht werden, daß ein offener Krieg im Kosovo über kurz oder (leider) lang den Westen doch militärisch auf den Plan riefe. Ob die Europäer einen solchen Einsatz diesmal allein besorgen oder wieder nicht ohne die Führung der Amerikaner auskommen, ist dabei zweitrangig."[178] Bekanntlich kamen die Europäer ohne den UNO-Sicherheitsrat, nicht aber ohne die amerikanische Führungsmacht aus.

Die Skrupel, ohne Mandat der Weltorganisation militärisch vorzugehen, hatte man zu diesem Zeitpunkt, Frühjahr 1998, schon weitgehend überwunden. Einer der ersten, der sie ablegte, war der damals 1. und höchste Soldat der deutschen Truppe, Klaus Naumann, Generalinspekteur der Bundeswehr. Bereits im Frühjahr 1994 – die NATO-Ultimaten an die bosnischen Serben häuften sich und US-amerikanische Düsenjäger hatten gerade vier serbische Militärflugzeuge abgeschossen – erklärte er gegenüber der „Frankfurter Allgemeinen Zeitung", das Bündnis müsse auch beim Krisenmanagement in der Lage bleiben, „eigenständig, also unabhängig von einem Mandat der Vereinten Nationen (UN) zu handeln". Es sei wichtig, so führte er weiter aus, daß die NATO eine solche Aufgabe als ihre Sache ansehe und sich nicht grundsätzlich zum Mandatsempfänger der UNO oder Konferenz für Sicherheit und Zusammenarbeit in Europa (KSZE) machen lassen dürfe, weil es Situationen geben werde, in denen weder die UNO noch die KSZE Beschlüsse zustande bringen würden.[179] In einer ersten Bilanz des NATO-Krieges gegen Jugoslawien bemerkte

---

177 Die Welt, 6.3.1998
178 Die Welt, 13.3.1998
179 Gespräch mit Klaus Naumann in Frankfurter Allgemeinen Zeitung, 2.3.1994

Paul Schäfer, Redakteur der Bonner Zeitschrift „Wissenschaft und Frieden", dazu treffend: „Künftig sollen die Rollen vertauscht werden: Nicht mehr die NATO als Subunternehmer der UNO, sondern UNO und OSZE als Subunternehmer der NATO. Nach dem Probelauf Bosnien bot ... die Kosovokrise die Gelegenheit, diese neue Weltordnung festzuschreiben."[180]

Fünf Jahre später wurde diese Gelegenheit von der NATO genutzt und der damalige Tabubrecher Naumann, inzwischen Chef des NATO-Militärausschusses und vom Bundeswehrprofessor Wolffsohn zum „hell leuchtende(n) Stern am politisch-militärischen Himmel unseres Landes"[181] gekürt, rechtfertigte Völkerrechtsbruch und NATO-Aggression gegenüber der „Süddeutschen Zeitung" mit den einprägsamen Worten: „Der Wunsch ist immer gewesen – und das war auch auch im Kosovo-Konflikt das Leitmotiv –, auf der Grundlage eines UN-Mandates zu gemeinsamen Handeln zu kommen. Dies war mit Rußland leider nicht möglich und deshalb mußte die NATO aus eigener Entscheidung tätig werden."[182]

Als Vorsitzender des NATO-Militärausschusses hatte Klaus Naumann wesentlichen Anteil an der Vorbereitung der Bomben- und Raketenangriffe auf jugoslawische Städte und Dörfer, beträchtlich war auch sein Beitrag, um Bundeswehr und NATO ins nächste Jahrtausend zu führen. Als der „hell leuchtende Stern" vor dem NATO-Balkankrieg über ostdeutschen Landen funkelte und er an der Offiziershochschule des Heeres in Dresden zum Thema „Die NATO auf dem Weg ins 21. Jahrhundert" referierte, ließ er wenig Zweifel an der vorgesehenen Einsatzrichtung: „Der wahrscheinlichste Einsatz ist heute und in der vorhersehbaren Zukunft der Einsatz an der Peripherie oder außerhalb des Bündnisgebietes."[183]

---

180 Paul Schäfer: Alles paletti? – Eine erste Bilanz, in: Der Kosovo-Krieg, S. 215
181 Zitiert nach Horst Schneider: Kritische Anmerkungen zur NATO-Aggression gegen Jugoslawien, Stuttgart 1999, S. 18
182 Interview mit Klaus Naumann in Süddeutscher Zeitung, 23.4.1999
183 Zitiert nach Horst Schneider: Kritische Anmerkungen zur NATO-Aggression gegen Jugoslawien, Stuttgart 1999, S. 19

Ein solcher Einsatz, fern dem zu verteidigenden Vaterland, verlangt freilich einen neuen Typ des Bundeswehrsoldaten. Diesen hatte der deutsche General und einer der Väter der NATO-Selbstmandatierung, seiner Zeit militärisch ein wenig voraus, schon 1995 beschrieben; in einer Art und Weise, die der in rechten Kreisen angegiftete und in linken geschätzte Gerhard Zwerenz als eine nicht hinzunehmende Ungeheuerlichkeit empfand. Klaus Naumann hatte erklärt: „Es ist ein Soldat, der auch fern der Heimat versucht, Krisen von seinem Land fernzuhalten, das während seines Einsatzes weiter in Frieden lebt. Eine neue Dimension für deutsche Soldaten, die ähnliches in diesem Jahrhundert bislang nur zweimal vor 1945 und nun allerdings schon drei Jahre lang seit 1992 erlebten. Diese neue Rolle stellt neue Anforderungen an militärische Führer, aber auch an unsere Gesellschaft."[184] Auf diesen Rückbezug auf die kolonialen deutschen Vernichtungsaktionen von 1900 und 1904 reagierte Gerhard Zwerenz, der zu dieser Zeit die PDS im Bundestag vertrat, soweit bekannt, gleich zweimal. Er übte scharfe Kritik vor dem Parlamentsplenum und ersuchte außerdem den Bundeskanzler um eine Stellungnahme, nachdem er diesen in einem 38 Seiten langen Schreiben vom 26. August 1996 u. a. auch den Text der markigen Auslassungen des Generals sowie einer bemerkenswert kritischen Reaktion Günter Verheugens übermittelt hatte. Letzterer, zu diesem Zeitpunkt stellvertretender Vorsitzender der SPD-Bundestagsfraktion, hatte drei Wochen nach des Generals Brückenschlag von der kolonialen Vergangenheit am Anfang des 20. zur interventionistischen Zukunft im 21. Jahrhundert im Parlament festgestellt: „General Naumann ... wies darauf hin, daß deutsche Streitkräfte ähnliches in diesem Jahrhundert vor 1945 nur zweimal erlebt hätten – und jetzt wieder seit 1992. Mit Beispielen vor 1945 sind die deutsche Beteiligung an der Niederschlagung des Boxeraufstandes in China 1900 und der Ausrottungskrieg gegen die Hereros im ehemaligen Deutsch-Südwestafrika 1904 gemeint. Meine Damen und Herren, ein solches Denken, das sage ich mit großem Ernst, darf in der Bundeswehr nicht Einzug halten ... Ich stelle deshalb für

---

[184] Zitiert nach Gerhard Zwerenz: Man wird sich entscheiden müssen, in: Der Kosovo-Krieg, S. 106

die SPD fest: Unsere Bundeswehr ist kein Interventionsinstrument ..."[185]

Die aufschlußreiche Episode endete wie folgt: Der 1. General der Bundesrepublik reagierte weder auf Verheugen noch auf Zwerenz, was letzteren schließen ließ, „daß der strategische Rückbezug als geplanter Vorgriff in seiner ganzen imperialistischen Ungeheurlichkeit erhalten (bleibt)".[186] Der Bundeskanzler antwortete auf die 38 Seiten spät, kurz und nichtssagend. Verheugen vergaß im Zuge der weiteren Vorbereitung des NATO-Krieges gegen Jugoslawien sehr bald seine Erklärung, die Bundeswehr sei kein Interventionsinstrument. Nur Gerhard Zwerenz hat ein gutes Gedächtnis und fügte im Frühsommer 1999 der ganzen Dreieecksgeschichte – Bundestagsabgeordnete–Bundeskanzler–Generalität –, die auf den ersten Blick wenig und beim zweiten viel mit Jugoslawien zu tun hat, hinzu, „daß die rotgrüne Regierung genau den Krieg führt, den Verheugen für seine Partei 1995 verneinte ... Das 20. Jahrhundert begann mit zwei Balkankriegen und endet auch so. Doch der letzte Balkankrieg ist nur der erste Krieg einer ganzen nachfolgenden Reihe, die systematisch lange und konsequent vorbereitet worden sind."[187]

Wenn die Voraussage von Zwerenz in Erfüllung gehen sollte, und wie es scheint, geht sie, dann können deutsche Politiker, Generäle und Journalisten stolz erklären, sie seien dabei gewesen – mit dem frühzeitigen Eintreten für eine militärische Intervention in Jugoslawien, die zum letzten Balkankrieg im 20. Jahrhundert wurde. Dieser Teil des deutschen Schuldkontos geht allerdings weit über Jugoslawien und den Balkan hinaus.

Innerstaatlichen Konflikt geschürt und internationalisiert

Fünftens, wie schon bei der Entfesselung des Bürgerkrieges in Bosnien und Herzegowina spielte die deutsche Außenpolitik bei der Schürung des Kosovo-Konfliktes und der Schaffung des

---

185 Ebenda, S. 106/107
186 Ebenda, S. 107
187 Ebenda

Vorwandes für den Angriffskrieg der NATO gegen Jugoslawien die Rolle eines Schrittmachers. Allerdings ging sie dabei, die Lehren aus dem öffentlichen Vorpreschen bei der Anerkennung Sloweniens und Kroatiens sowie der nachfolgenden scharfen Kritik selbst engster Verbündeter ziehend, verdeckter und taktisch geschickter vor. Das änderte jedoch nichts an der Tatsache, daß die Verantwortlichen im Bundeskanzler- und Auswärtigen Amt, im Verteidigungsministerium, vom Bundesnachrichtendienst ganz zu schweigen, in diesem komplizierten innerstaatlichen und zwischennationalen Konflikt von Anfang an eine einseitige antiserbische Politik betrieben und die albanischen Separatisten ermunterten.

Als die UCK im November 1997 nach zahlreichen Anschlägen auf Polizeistationen und -fahrzeuge sowie auf albanische „Kollaborateure" erstmals in der Öffentlichkeit auftrat, die Gewaltakte in den Folgemonaten zunahmen und die jugoslawischen Sicherheitskräfte hart und rücksichtslos gegen die bewaffneten Aktionen der kosovo-albanischen Sezessionisten vorgingen, hatte es kurzzeitig den Anschein, als würden die noch am Rhein residierenden Regierungspolitiker die terroristischen Methoden verurteilen und zumindest mäßigend auf beide Seiten einwirken. Außenminister Klaus Kinkel nahm in einer Reihe öffentlicher Erklärungen eine überraschend ausgewogene Position ein. Er sprach sich für „eine Konflikteindämmung" und „eine Verhandlungslösung" aus und auch dafür, „daß wir alles tun, um den kosovo-albanischen militanten Einsatz scharf zu verurteilen, Waffenschmuggel zu vermeiden ..."[188] Noch überraschender äußerte er sich an anderer Stelle: „Wir Deutschen, wir alle haben da eine glasklare Haltung. Das Kosovo gehört zu Belgrad. Niemand will dort irgendwelche Grenzveränderungen oder Separation ... Herr Rugova, das habe ich ihm mehrmals gesagt, muß sich weiterhin um eine friedliche Lösung bemühen. Er muß die militant-terroristischen Kräfte um Gottes willen bremsen."[189]

Der Anschein trog. Zwischen den moderaten Worten des deutschen Außenamtschefs und seinen Taten bestand schon da-

---

188 Interview mit Klaus Kinkel im Deutschlandfunk, 9.3.1998
189 Interview mit Klaus Kinkel in Der Spiegel, 12/1998

mals eine Kluft, die sich später von Monat zu Monat, von Woche zu Woche immer weiter öffnete. Die bundesdeutsche Außenpolitik hatte längst für die separatistischen Führer der Kosovo-Albaner Partei ergriffen. Hauptlinien ihres Vorgehens waren: eine öffentliche umfassende politisch-diplomatische und propagandistische Unterstützung der sezessionistischen Kräfte in Kosovo und Metohien, ein vielfältiger verdeckter Beistand für die UCK sowie vor und hinter den Kulissen unternommene Anstrengungen zur Internationalisierung des innerstaatlichen Konfliktes.

Die umfassende öffentliche politisch-diplomatische Unterstützung der separatistischen Kräfte in der südserbischen Provinz hatte frühzeitig begonnen, ihre Formen und Methoden sind inzwischen gut bekannt: Sie reichen von der 1992 erfolgten Gewährung des Gastrechtes für die sogenannte Kosovo-Exilregierung unter „Ministerpräsident" Bujar Bukoshi über zahllose Treffen mit dem Präsidenten der „Republik Kosova", Ibrahim Rugova, in den Folgejahren bis zu den engen „Arbeitskontakten", die die deutschen Vertreter in den KFOR-Kommandos und in den Einrichtungen der UNMIK (UN Interim Administration Mission in Kosovo) mit den Vertretern der rivalisierenden Separatistengruppen pflegen. Einem Ereignis in der langen Reihe von deutsch-albanischen Kontakten kommt dabei, wie Matthias Küntzel in seinem sorgfältig recherchierten Buch „Der Weg in den Krieg. Deutschland, die NATO und das Kosovo" nachwies, eine Schlüsselbedeutung zu: der Besuch des deutschen Präsidenten Roman Herzog im Frühjahr 1995 in Tirana. Auf den ersten Blick mag es verwundern, daß Matthias Küntzel gerade diesem Ereignis eine solche Bedeutung für die bundesdeutsche Haltung zum Kosovo-Konflikt beimißt; schließlich fand der Besuch im ärmsten Land Europas international kaum und in der deutschen Bundesrepublik selbst nur wenig Beachtung. Auch waren und sind die vom Grundgesetz bestimmten außenpolitischen Vollmachten des deutschen Staatsoberhauptes gering und beschränken sich mehr oder weniger auf repräsentative Aufgaben. Auch die Erklärungen Herzogs, daß „Albanien ... an die wichtigste Krisenregion Europas", also an Jugoslawien und unmittelbar an Kosovo und Metohien, „grenzt" und „unsere Hilfen für die Entwicklung Albaniens ... pro

Kopf der Bevölkerung zu den höchsten in der Welt (gehören)", erklären nicht die dieser Staatsvisite beigemessene Bedeutsamkeit. Was aber war es dann? Matthias Küntzel macht darauf aufmerksam, daß während des Präsidentenbesuches in Tirana – von der deutschen Öffentlichkeit so gut wie unbemerkt – eine deutsch-albanische Grundlagenvereinbarung unterzeichnet wurde, die „das Recht aller Völker" bekräftigte, „frei und ohne Einmischung von außen ihr Schicksal zu bestimmen und ihre politische, wirtschaftliche, soziale und kulturelle Entwicklung nach eigenem Wunsch zu gestalten".[190] Auf die Frage, ob das „nicht geradezu wunderbar" klingt, antwortet der Buchautor: „Ein Blick auf den Kontext dieser Stellungnahme macht aber deutlich, daß hier eine Kriegserklärung an Jugoslawien ausgesprochen worden ist: Hiermit soll die ‚Lösung der Kosovo-Frage' bewerkstelligt werden, wie es wörtlich in der Grundlagenvereinbarung heißt. Empathisch bejahte Deutschland 1995 das Selbstbestimmungsrecht der Kosovo-Albaner. Bisher war es einzig und allein Albanien, das deren Selbstbestimmungsrecht insofern respektierte, als es die 1991 ausgerufene ‚Republik Kosova' anerkannte. Nun aber, vier Jahre später, tritt der mächtigste Staat der Europäischen Union mit einer Art Garantieerklärung auf den Plan, derzufolge Deutschland eine Unabhängigkeit des Kosovo oder den Anschluß des Kosovo an Albanien nach dem Prinzip der Selbstbestimmung unterstützen werde. Mehr noch: Ein dauerhafter europäischer Friede wird von der Möglichkeit der Kosovo-Sezession abhängig gemacht. Deutschland und Albanien, so heißt es in der Erklärung, ‚messen diesen Prinzipien maßgebende Bedeutung für einen dauerhaften Frieden in allen Teilen Europas bei'."[191]

Völlig zu Recht macht Matthias Küntzel darauf aufmerksam, daß die anderen europäischen Mächte im Unterschied zu Deutschland „diesen ‚dauerhaften Frieden' dadurch zu bewahren suchen, daß sie das ‚Selbstbestimmungsrecht der Völker' dem Grundsatz der Erhaltung bestehender Staatsgrenzen unterordnen ..."[192] Noch im September 1992 hatte sich die Regierung der

---

190 Zitiert nach Matthias Küntzel: Der Weg in den Krieg, S. 104
191 Ebenda, S. 104/105
192 Ebenda

Republik Albanien in einer Erklärung zu den Ergebnissen der Londoner Jugoslawien-Konferenz bitter darüber beklagt, daß der Kosovo-Konflikt nicht gesondert, entsprechend den Regeln des Selbstbestimmungsrechtes, sondern in der Arbeitsgruppe „Ethnische Gemeinschaften und nationale Minderheiten" behandelt wurde und angekündigt, sich dafür einzusetzen daß ihre Position von der internationalen Gemeinschaft akzeptiert wird.[193] Mit der Unterzeichnung der deutsch-albanischen Grundlagenvereinbarung anläßlich des Herzog-Besuches gelang der Durchbruch. Deutschland schwenkte nunmehr auch offiziell in der Kosovo-Frage auf den Kurs ein, auf dem unter dem Banner des verabsolutisierten Selbstbestimmungsrechtes 1991 die Zerschlagung der multinationalen jugoslawischen Föderation begonnen hatte.

Trotz dieser offenkundigen kräftigen Ermunterung für die kosovo-albanischen Separatisten machte die deutsche Außenpolitik keine Anstalten, die sogenannte Republik Kosova anzuerkennen, und auch bis heute hält sie formal an der territorialen Zugehörigkeit des Gebietes zu Serbien und Jugoslawien fest. Die scheinbare Inkonsequenz hat einen simplen Grund. Nach ihm befragt, gab Außenminister Kinkel 1998 in einem Interview mit der „Frankfurter Neuen Presse" eine kurze und erhellende Antwort: „Das will ich Ihnen sagen. Sollten wir Deutschen wirklich allein vorpreschen? Das wäre eine schlechte deutsche Außenpolitik."[194] Man muß es Klaus Kinkel und seinem Nachfolger Joseph Fischer lassen: Beide haben die ihrem Vorgänger Hans-Dietrich Genscher nach der überstürzt vorangetriebenen Anerkennung Sloweniens und Kroatiens erteilte Lektion gelernt. „Allein-Vorpreschen" ist riskant, gemeinsam mit dem EU- und NATO-Konvoi vorwärtsmarschieren ist allemal besser, zumal dann, wenn man die Marschrichtungszahl ganz wesentlich mitbestimmt.

Frühzeitig begonnen hatte auch die verdeckte Unterstützung der Ushtria Clirimtare es Kosoves. Mehr noch: Es gibt schwerwiegende Hinweise darauf, daß die UCK unter aktiver Mitwirkung deutscher Geheimdienste geschaffen und ausgebildet wurde.

---

193 Weißbuch: Der Terrorismus in Kosovo und Metohien und Albanien, Belgrad 1998, S. 30/31
194 Zitiert nach Matthias Küntzel: Der Weg in den Krieg, S. 105

Nachgegangen wurde ihnen von den namhaften West-Ost-Geheimdienstexperten Erich Schmidt-Eenboom und Klaus Eichner. In ihrem gemeinsamen Hearing-Beitrag zur Vorbereitung des Europäischen Tribunals über den NATO-Krieg gegen Jugoslawien beriefen sie sich u. a. auf US-amerikanische Quellen, die sie wie folgt wiedergaben: „Nach Angaben des amerikanischen Geheimdienstexperten John Whitley wurde die verdeckte Unterstützung der kosovarischen Rebellenarmee als gemeinsame Operation der CIA und des Bundesnachrichtendienst geleitet ... Die Aufgabe, die UCK zu erschaffen und zu finanzieren, sei ursprünglich Deutschland zugefallen. ‚Sie benutzten deutsche Uniformen, ostdeutsche Waffen und wurden teilweise durch Drogengelder finanziert.'"[195]

In die gleiche Richtung weisen auch die Untersuchungen des französischen Kenners der Geheimdienstpraktiken Roger Faligot, dessen Ergebnisse in der in Brüssel erscheinenden Zeitschrift „European" vom 24. September 1998 veröffentlicht und von Erich Schmidt-Eenboom und Klaus Eichner so zitiert bzw. referiert wurden: „Sowohl der deutsche zivile als auch der militärische Geheimdienst sind damit befaßt, albanische Terroristen auszubilden mit dem Ziel, den deutschen Einfluß auf dem Balkan zu zementieren.' Nach diplomatischen und geheimdienstlichen Quellen in Paris habe das Engagement der deutschen Geheimdienste im Kosovo-Konflikt im Februar 1996 begonnen." „Das fällt zusammen", so fahren Schmidt-Eenboom und Eichner fort, „mit dem Amtsantritt von Hans Jörg Geiger als BND-Präsident. Eine seiner ersten Entscheidungen war, eines der größten regionalen BND-Zentren in Tirana zu errichten. Die dortigen BND-Mitarbeiter arbeiten eng mit der Führung des albanischen Geheimdienstes SIKH zusammen. BND-Mitarbeiter sollen an der Rekrutierung für die UCK beteiligt gewesen sein, die BND-Residentur in Rom war verantwortlich für die Informationsbeschaffung unter den albanischen Flüchtlingen ..., der BND be-

---

[195] Erich Schmidt-Eenboom und Klaus Eichner: Die Rolle der Geheimdienste bei der Vorbereitung und Durchführung des Krieges, in: Die Wahrheit über den NATO-Krieg gegen Jugoslawien, S. 158

schaffte weitgehend die Kommunikationstechnik der UCK und bildete UCK-Kämpfer daran aus ..."[196]

Laut den beiden deutschen Experten hat die CIA schließlich „mit zunehmender Wichtigkeit der Rebellenarmee ... den BND entmachtet, ähnlich wie ab dem Dezember 1994 in Zagreb, als der US-Geheimdienst ... die Ustascha-Bewegung unter seine Fittiche nahm".[197] Dieser Führungswechsel vom BND zur CIA findet seine Entsprechung in einem bemerkenswerten Vorgang. Anfang März 1998, als sich die terroristischen Aktionen der UCK, vor allem in der Region Drenica, verstärkten, die serbischen Kräfte mit großer Härte vorgingen, zivile Opfer auf beiden Seiten zu beklagen waren und in Deutschland Forderungen nach einer militärischen Intervention erhoben wurden, übten einige einflußreiche deutsche Medien unverhohlene Kritik an der Haltung der USA. „Der gravierendste Fehler", so schrieb „Die Welt", „war jüngst die Verurteilung der albanischen ‚Kosovo-Befreiungsarmee' durch den US-Gesandten Robert Gelbard; er nannte die Gruppe ‚terroristisch'."[198]

Tatsächlich, der amerikanische Sonderbeauftragte für Jugoslawien, Robert Gelbard, hatte am 22. Februar 1998 auf einer Pressekonferenz im amerikanischen Informationszentrum zum Abschluß eines Aufenthaltes in Priština festgestellt, daß die USA auch die Angriffe „der Gruppe, die sich Kosovo-Befreiungsarmee nennt" auf die Polizei verurteilen. Hinzugefügt hatte er, daß „die USA einschätzen, daß es sich um eine terroristische Organisation handelt und daß ihre Aktionen terroristisch sind".[199] Tags darauf war Gelbard auf einer Pressekonferenz im Hotel Hyatt Regency in Belgrad noch deutlicher geworden und hatte erklärt, daß „wir tief beunruhigt sind und die durch die terroristischen Aktivitäten der terroristischen Gruppen im Kosovo, insbesondere der UCK, ausgelöste unannehmbare Gewalttätigkeit sehr scharf verurteilen. Das ist zweifellos eine terroristische Gruppe. Ich kann keine

---

196 Ebenda, S. 159
197 Ebenda, S. 160
198 Die Welt, 6.3.1998
199 Weißbuch: Der Terrorismus in Kosovo und Metohien und Albanien, S. 21

Rechtfertigungen akzeptieren. Da ich mich jahrelang mit den terroristischen Aktivitäten befaßt habe, kann ich sehr wohl eine terroristische Gruppe erkennen, sie definieren, indem ich die Rhetorik zurückweise und nur bei den Tatsachen bleibe. Und die Tätigkeit dieser Gruppen spricht für sich allein."[200]

Wenige Monate später – die CIA hatte die UCK inzwischen unter ihre Obhut genommen und auf dem Balkan die Weichen auf Krieg gestellt – hörte sich die US-amerikanische Bewertung der bewaffneten kosovo-albanischen Truppe ganz anders an. Am 7. Juli 1998 wurde dem Pressesprecher des State Department James Rubin auf einer Pressekonferenz in Washington die Frage gestellt: „Früher hat Botschafter Robert Gelbard die UCK als terroristische Organisation bezeichnet. Meinen die USA, daß dies ein Fehler war? Was hält man von der UCK heute?"

Die Antwort lautete: „... Es ist unumstritten, daß es Akte gegeben hat, die von Menschen, die irgendwie mit der UCK verbunden waren, verübt worden sind, die wir verurteilt haben, weil sie militärische oder andere Gewalt gegen Unschuldige angewendet haben, was zu verurteilen ist und was in einer bestimmten Art und Weise wegen Anwendung von Gewalt gegen Unschuldige zwecks politischer Zielsetzungen als terroristische Akte angesehen werden könnte.

Das ist nicht dasselbe wie eine Organisation oder eine Gruppe in gewisser Weise miteinander verbundenen Einzelpersonen zur terroristischen Organisation zu erklärten. Das ist nicht unsere Meinung über die UCK. Und das ist sie auch nie gewesen."[201]

Nun konnte nicht nur „Die Welt" zufrieden sein. Der „gravierendste Fehler" war korrigiert. Was galten fortan UN-Sicherheitsrats-Resolutionen, in denen „alle Terrorakte der Kosovo-Befreiungsarmee" und „jede Unterstützung terroristischer Tätigkeit im Kosovo aus dem Ausland, namentlich die Bereitstellung von finanziellen Mitteln, Waffen und Ausbildung,"[202] verurteilt

---

200 Ebenda, S. 22
201 Ebenda, S. 22/23
202 Resolution des UN-Sicherheitsrates 1160 vom 31.3.1998, in: Dokumente zum Zeitgeschehen, in: Blätter für deutsche und internationale Politik 1998, S. 1509-1514

wurde, wenn der Sprecher von Madam Albright der UCK einen Persilschein ausgestellt hatte? Ab jetzt konnte der politische, materielle und propagandistische Beistand für die UCK aus Deutschland zunehmend offener erfolgen, galt er doch keiner terroristischen Organisation, sondern gewissermaßen einer nationalen Befreiungsarmee, der ersten in der Welt, der die Bundesrepublik Deutschland tatkräftig zur Seite stand.

Hier ist ein Nachtrag angebracht: Seit dem Sieg der Demokratie in Belgrad werden die Kämpfer der UCPMB, der Befreiungsarmee für Presevo, Medvedja, Bujanovac, dieses im entmilitarisierten Grenzgebiet zwischen Kosovo und dem sogenannten engeren Serbien agierenden Ablegers der UCK, von KFOR- und NATO-Kommandeuren zunehmend wieder „Terroristen" genannt. Die Metamorphose der UCK-Angehörigen setzt sich fort – „Befreiungskämpfer" waren sie, wie es scheint, nur solange, solange sie der NATO als Vorauskommando und Bodentruppe dienten. Neue metamorphe Phasen sind allerdings keineswegs ausgeschlossen.

Schließlich und nicht zuletzt hat sich die deutsche Außenpolitik mit ihrer Schrittmacherrolle bei der Internationalisierung des innerstaatlichen nationalen Konfliktes im Süden der jugoslawischen Teilrepublik Serbien hervorgetan. Schwere ethnische Konfrontationen und gewaltsame, blutige zwischennationale Auseinandersetzungen gibt es rund um den Erdball zuhauf. In Europa spannt sich der Konfliktbogen vom Baskenland bis nach Moldawien, von Nordirland bis nach Korsika. Überall fordern sie Opfer, häufig in großer Zahl, unter den aktiv Beteiligten und unter unbeteiligten Frauen, Männern und Kindern. Überall werden terroristische Aktivitäten mit dem massiven Einsatz staatlicher Gewalt bekämpft. Alle diese Konflikte in Großbritannien und Spanien, in Frankreich und in der ehemaligen Sowjetunion gelten vernünftiger Weise als innerstaatliche Angelegenheit, denn anderenfalls würden sich aus ihnen schwerwiegende zwischenstaatliche, den internationalen Frieden bedrohende Konfrontationen ergeben. Aus guten Gründen ist in Artikel 2 Ziffer 4 der Charta der Vereinten Nationen ein Gewalt- und Interventionsverbot niedergelegt, das ausländische Einmischung in innerstaatliche Konflikte untersagt. Zahlreiche Resolutionen der Weltorganisation haben dieses Prinzip bekräftigt, so auch die Deklaration 2131 der UN-Vollversammlung vom 21. Dezember 1965, mit der die Staaten ausdrücklich aufgefordert wurden, sich jeglicher Einmischung in die inneren Angelegenheiten anderer Staaten zu enthalten. In dem Dokument heißt es: „Kein Staat wird subversive, terroristische oder bewaffnete Aktivitäten organisieren, unterstützen, finanzieren, anspornen oder tolerieren, die auf den gewaltsamen Sturz des Regimes in einem anderen Staat oder auf die Einmischung in den Bürgerkrieg in einem anderen Staat abzielen."[203] In der Helsinki-Schlußakte der Konferenz über Sicherheit und Zusammenarbeit in Europa vom 1. August 1975 wurde der Nichteinmischungsgrundsatz weiter ausgestaltet und folgendermaßen präzisiert: „Die Teilnehmerstaaten werden sich ungeachtet ihrer gegenseitigen Beziehungen jeder direkten oder indirekten, individuellen oder kollektiven Einmischung in die inneren oder äußeren Angelegenheiten enthalten, die in die innerstaatliche Zuständigkeit eines anderen Teilnehmerstaates fallen.

Sie werden sich dementsprechend jeder Form der bewaffneten Intervention oder der Androhung einer solchen Intervention gegen einen anderen Teilnehmerstaat enthalten ...

Dementsprechend werden sie sich unter anderem der direkten oder indirekten Unterstützung terroristischer Tätigkeiten oder subversiver oder anderer Tätigkeiten enthalten, die auf den gewaltsamen Umsturz des Regimes eines anderen Teilnehmerstaates gerichtet sind."[204]

In der bereits erwähnten, viel gerühmtem „Charta von Paris", mit der ein neues Zeitalter der Demokratie, des Friedens und der Freiheit eingeleitet werden sollte und die u. a. die Unterschriften des Deutschen Helmut Kohl, Bundeskanzler der Bundesrepublik Deutschland, und des Serben Borisav Jović, Vorsitzender des Präsidiums der Sozialistischen Föderativen Republik Jugoslawien, trägt, bekannten sich die KSZE-Staaten „feierlich und unein-

---

203 Weißbuch: Der Terrorismus in Kosovo und Metohien und Albanien, S. 13
204 Dokumentation des Auswärtigen Amtes: 20 Jahre KSZE, Bonn 1993, S. 22/23

geschränkt zu den zehn Prinzipien der Schlußakte von Helsinki" und „erinner(te)n daran, daß die Nichterfüllung der in der Charta der Vereinten Nationen enthaltenen Verpflichtungen einen Verstoß gegen das Völkerrecht darstellt".[205]

Das „feierliche Bekenntnis" zur KSZE-Schlußakte und UN-Charta, und damit zum Prinzip der Nichteinmischung in innerstaatliche Angelegenheiten und Konflikte, galt für alle europäischen Staaten, mit einer Ausnahme: Jugoslawien. Hier wurden die Konflikte internationalisiert und von außen angeheizt; 1991 in Kroatien, 1992 in Bosnien-Herzegowina und schließlich 1998 in Serbien. Bis zu dem mit massiven NATO-Bombendrohungen im Oktober 1998 erzwungenen Milošević-Holbrooke-Abkommen lehnte Belgrad eine Einmischung in den Kosovo-Konflikt ab. Noch im Frühjahr diesen Jahres hatte Mirko Marjanović, Ministerpräsident Serbiens, darauf verwiesen, daß es viele innere Konflikte gibt, deren Ursachen ausschließlich auf nationaler Ebene liegen, um fortzufahren: „Gewisse internationale Faktoren bestehen jedoch darauf, die Kosovo- und Metohien-Frage auszusondern und zu internationalisieren. Warum wird z. B. nicht die kurdische, irische, korsische oder baskische Frage internationalisiert, sondern gerade die Kosovo-Frage? Offensichtlich werden hier unterschiedliche Maßstäbe und eine Politik der Gewalt angewandt. Das Ziel sind weder irgend jemandens Rechte noch die Rechte der albanischen nationalen Minderheit. Das Ziel sind die Schaffung einer Krise und von Instabilität, um die Fähigkeit zur Bewältigung zu demonstrieren, um Vasallentum zu verbreiten und die Präsenz ausländischer Truppen in dieser Region zu rechtfertigen."[206] Marjanović sollte Recht behalten.

Auch das „Verdienst", entscheidend zur Internationalisierung des Kosovo-Konfliktes beigetragen zu haben, gebührt einem Deutschen: dem damaligen Außenamtschef Klaus Kinkel. Er war der erste Außenminister, der nach den gewaltsamen Auseinandersetzungen im Gebiet Drenica die Einberufung des Weltsicherheitsrates forderte, was Rußland und China anfangs als direkte

---

205 Ebenda, S. 146
206 Informationsbulletin der Botschaft der BRJ in der BRD vom 27.4.1998

Einmischung in die inneren Angelegenheiten Jugoslawiens kennzeichneten und ablehnten. Er war derjenige, der am 8. März 1998 auf einer Beratung mit der US-amerikanischen Außenministerin Madeleine Albright zur Vorbereitung einer Zusammenkunft der sogenannten Internationalen Kontaktgruppe in Bonn Vorschläge unterbreitete, die auf eine Internationalisierung des innerjugoslawischen Konfliktes hinausliefen, darunter die Einschaltung des UN-Weltsicherheitsrates und der Organisation für Sicherheit und Zusammenarbeit in Europa, die Verstärkung der UN-Militärkräfte in Mazedonien und der Militärpräsenz der Westeuropäischen Union in Albanien. Auf einer anschließenden Pressekonferenz konnte er dann voller Genugtuung erklären: „Wir haben meine Vorschläge erörtert und die Amerikaner haben ein unermeßliches Interesse und Verständnis für unsere Position an den Tag gelegt."[207] Als die Mitglieder der Kontaktgruppe, der Vertreter der USA, Rußlands, Frankreichs, Großbritanniens, Italiens und Deutschlands angehören, am Tag danach im Londoner Regierungsgebäude zusammentraten, wurden nach kontroverser Diskussion wesentliche Elemente der bundesdeutschen Vorschläge, vor allem dank US-amerikanischer Unterstützung, angenommen. „Deutschland", so wurde später im „Archiv der Gegenwart" festgehalten, „setzte nach eigenen Angaben durch, daß die Vereinten Nationen und die OSZE in die Geschehnisse eingebunden wurden, die zunächst als ‚innere Angelegenheit' bezeichnet worden waren."[208]

Was im Falle der zahlreichen ethnischen Konflikte in Europa tunlichst vermieden wurde, wurde gegenüber Jugoslawien praktiziert: Der innerstaatliche Konflikt im Süden Serbiens wurde internationalisiert. Dank deutscher Initiative und druckvoller deutsch-amerikanischer Kooperation wurden die Weichen auf ausländische Einmischung gestellt, die über mehrere Stationen zum Diktat von Rambouillet und schließlich zum Krieg der NATO gegen Jugoslawien führen sollte.

---

207 Zitiert nach Matthias Küntzel: Der Weg in den Krieg, S. 42
208 Ebenda, S. 44

Beim Angriff in der ersten Staffel

Sechstens, als der NATO-Luftangriff am Abend des 24. März begann, flogen deutsche Tornados, wie einige Berliner Zeitungen in fetten Lettern meldeten, in der ersten Staffel mit. Das schier Unfaßbare geschah: Deutschland führte einen Angriffskrieg gegen Jugoslawien, zum dritten Mal im 20. Jahrhundert. 450 mal kehrten die deutschen Tornado-Flieger „glücklicherweise", wie es hieß, „heil und unversehrt" von ihren Terroreinsätzen zurück. Welche Städte und Dörfer sie angegriffen – Belgrad, Novi Sad oder Kragujevac –, welche Ziele sie getroffen, welche „Kollateralschäden" sie verursacht und wieviel Menschen sie erschlagen oder verstümmelt haben, ist bisher NATO- und Bundeswehrgeheimnis.

Auch die Krieger bleiben anonym, selbst dann, wenn ihr oberster Kriegsherr Rudolf Scharping in seinem sogenannten Kriegstagebuch ihre Heldentaten beschreibt, die vor dem Hintergrund der von ihm ausgemalten serbischen Greuel um so leuchtender hervortreten. Unter dem Datum des 29. März 1999 notierte er. „Ein deutscher Tornado-Einsatz ... startete beispielsweise in Piacenza (Italien) und dauerte dann zwischen fünf und sieben Stunden. An der Spitze eines Verbandes zu fliegen, gegnerische Luftabwehr auszumachen, zu unterdrücken und zu bekämpfen, war enorm gefährlich. Diese Flüge waren für die Piloten eine ganz erhebliche körperliche und seelische Belastung. Meine Gespräche mit den Piloten zeigten mir, daß sie ihren Auftrag mit großem Selbstbewußtsein und höchster Professionalität erfüllten."[209]

Natürlich verliefen die Einsätze gegen das feindliche Jugoslawien nicht immer reibungslos, doch deutsche Militärflieger verlieren, wie Scharping zu berichten weiß, auch in größter Gefahr nicht die Übersicht: „Man darf sich ... keine Illusionen darüber machen: man kann keinen Krieg ohne Schäden für die Zivilbevölkerung führen.

Mit welchen Belastungen die Piloten dabei zurechtkommen müssen, wurde mir bei einer anderen Besprechung im Führungszentrum auf der Hardthöhe wieder deutlich. Ich sah einen Videofilm, aufgenommen aus dem Cockpit eines eingesetzten ECR-

---

209 Rudolf Scharping: Wir dürfen nicht wegsehen, S. 88

Tornados, der bei seinem Einsatz vom gegnerischen Radar erfaßt und dann beschossen wurde. Man hört lautes Schreien, sieht ein blitzschnell eingeleitetes Ausweichmanöver, ein Absturz aus einer Flughöhe von über 22.000 Fuß auf weniger als 8.000 Fuß, eine Beschleunigung auf das 1,3fache der Schallgeschwindigkeit. Unter höchster nervlicher und körperlicher Anspannung rettet sich die Flugzeugbesatzung."[210]

Wahrhafte deutsche Helden! Sie wurden hoch dekoriert, aber ihre Namen und jeweiligen Kriegsverdienste wurden – wie ungewöhnlich doch für deutsche Kriegsgeschichte – der Öffentlichkeit verschwiegen. Einer allerdings wurde deutschland- und weltweit bekannt: ein schwäbischer Leutnant. Seine Ruhmestat vollbrachte er jedoch nicht während der Bombardierungen, sondern nach deren Einstellung und unmittelbar nach dem Einmarsch von 1.000 deutschen Soldaten in Kosovo und Metohien. Am 13. Juni 1999 hatten er und seine Männer in der jugoslawischen Stadt Prizren zwei bewaffnete Serben erschossen, die in einem alten Lada gepanzerte Fahrzeuge der Bundeswehr „angegriffen" hatten. Im Gegenangriff, als die Serben bereits rückwärts fuhren, feuerten die deutschen Soldaten rund 180 Schuß aus ihren G-36-Gewehren und außerdem 40 aus Maschinengewehren ab. Noch am selben Abend kommentierte der schwäbische Leutnant die Heldentat mit den Worten: „Ich habe nicht getötet, weil ich es wollte, sondern weil ich es mußte – und glatt getroffen. Wenn schon, denn schon." Und ein Scharfschütze, der ihm in dem „Gefecht" Feuerschutz gab, lobte: „Meine Fresse, das war gute Arbeit." Später wurde der Leutnant im Auftrag des Verteidigungsministers „für beispielhafte Erfüllung der Soldatenpflicht" durch den Heeresinspekteur Helmut Willmann mit dem Ehrenkreuz in Gold, der höchsten Auszeichnung der Bundeswehr, dekoriert.[211]

Darüber ist in Scharpings Kriegstagebuch nichts zu lesen, statt dessen notiert er unter dem Datum des Bravourstückes von Prizren, des 13. Juni: „Unsere Soldaten sind mit unseren Verbündeten im Kosovo als Befreier empfangen worden. Jubel, Blumen,

---

210 Ebenda, S. 144/145
211 Ausführlich in: Der Spiegel, Nr. 6/2000, S. 48/49

lautstarke Begeisterung – natürlich sind das starke Eindrücke."[212] Auch unter diesen Eindrücken bezeichnete der Buchautor und Verteidigungsminister die erstmalige deutsche Führungsrolle in einem der fünf Besatzungssektoren in Kosovo als Ausdruck eines größeren außen- und sicherheitspolitischen Gewichtes Deutschlands.

Das vor allem war es, was es in Jugoslawien zu erreichen galt: die Tür zu einer neuen deutschen Militärrolle aufzuschlagen und endlich wieder auch militärisch als Großmacht auftreten zu können. Erreicht wurde dieses hehre Ziel mit der Teilnahme am NATO-Angriffskrieg, den einige in der Bundesrepublik Deutschland neuerdings den „vierten serbischen Krieg" nennen.

Führungsrolle im „Dschungel von Chaos und Gewalt"

Siebtens, auch nach der Einstellung der Luftangriffe wurde der Krieg gegen Jugoslawien fortgesetzt – mit der Aufrechterhaltung der Sanktionen, mit grober Einmischung in seine inneren Angelegenheiten und vor allem mit einer permanenten und systematischen Verletzung der Resolution 1244 des UN-Sicherheitrates vom 10. Juni 1999, in der für Kosovo und Metohien die Herstellung einer „substantiellen Autonomie innerhalb der BRJ" vereinbart und das „Eintreten aller Mitgliedsstaaten für die Souveränität und territoriale Unversehrtheit der Bundesrepublik Jugoslawien" hervorgehoben wurde. An dieser Fortsetzung des „Kosovo-Krieges" war und ist die Bundesrepublik Deutschland maßgeblich beteiligt – mittels ihres Einflusses innerhalb der NATO und EU, ihrer Truppenpräsenz und Führungsrolle in einer der fünf Besatzungszonen in Kosovo und Metohien; die Bundeswehr stellt mit rund 6.000 Soldaten immerhin das zweitstärkste Kontingent, sowie mit Hilfe der von ihr besetzten Schlüsselfunktionen im militärischen und im zivilen Bereich: Über einen längeren Zeitraum stellte sie mit General Klaus Reinhardt den Oberbefehlshaber der gesamten KFOR-Truppen, Bodo Hombach, vormaliger Kanzleramtschef unter Gerhard Schröder, fungiert als EU-Sonderbeauf-

---

212 Rudolf Scharping: Wir dürfen nicht wegsehen, S. 204

tragter für den Balkan und Tom Koenigs, Intimus von Joseph Fischer und früherer Frankfurter Stadtkämmerer, wurde als Stellvertreter des UN-Administrators mit dem Aufbau einer zivilen Verwaltung betraut. Durchweg handelt es sich um Positionen, die der wiedergewonnenen Großmachtrolle Deutschlands entsprechen, und manch einen Politiker erfüllt es, wie der Kanzlerbesuch in Prizren zeigte, mit Stolz und Genugtuung, daß der Durchbruch gerade in Jugoslawien erreicht wurde. Doch wenn es um die von der Bundesrepublik und ihren Bündnispartnern proklamierten Zielsetzungen hinsichtlich der Zukunft Kosovos und Metohiens geht, dann kann von allem möglichen, aber keineswegs von einem Durchbruch gesprochen werden.

Als sie den Krieg begannen, erklärten sie, daß es ihnen einzig und allein um eine Beendigung der „schweren und systematischen Verletzungen der Menschenrechte" gehe. Als Belgrad nach 14tägigen NATO-Bombardements einen „Waffenstillstand" anbot, lehnten die Aggressorstaaten das umgehend ab und die Außenminister Deutschlands, Frankreichs, Großbritanniens, Italiens und der USA erklärten in einer gemeinsamen Deklaration: „Die laufenden Militäroperationen der NATO gegen Ziele in der Bundesrepublik Jugoslawien dienen der Unterstützung der politischen Zielsetzung der internationalen Staatengemeinschaft: ein friedliches, multi-ethnisches, demokratisches Kosovo, in dem alle seine Bewohner in Sicherheit leben können."[213]

In den nachfolgenden langen Kriegswochen bekräftigten sie diese Zielsetzung, Tag für Tag und um so lauter, je mehr Menschen von ihren Bomben und Raketen erschlagen wurden. Auch nach Einstellung der Luftangriffe und nach dem Einmarsch der NATO-Truppen unter UNO-Flagge in das südserbische Gebiet, als von einem „friedlichen, multi-ethnischen, demokratischen Kosovo" weit und breit nichts zu sehen war, beteuerten sie diese immer aufs neue; so auch Bundeskanzler Schröder am 29. November 1999 auf der 37. Kommandeurtagung der Bundeswehr in Hamburg. Er pries den ersten Kampfeinsatz deutscher Soldaten seit dem Ende des Zweiten Weltkrieges, er würdigte, daß die KFOR von einem deutschen General geführt wurde, er unter-

---

213 Wortlaut der Erklärung in: Frankfurter Rundschau, 8.4.1999

strich, und das tatsächlich zu Recht, daß es „vor zehn Jahren einfach unvorstellbar war, daß deutsche Soldaten auf dem Balkan zum Einsatz kommen würden", um dann noch einmal das „entscheidende" Kriegsziel zu nennen: „Zum ersten Mal kämpften im Frühjahr 1999 deutsche Soldaten für wahrhaft europäische Werte – nicht für einen verblendeten Nationalismus, nicht zur Eroberung fremder Länder, nicht in Verfolgung strategischer oder angeblicher strategischer Interessen, sondern für eines der höchsten Ziele überhaupt: für die Verteidigung der Menschenrechte, für die Beendigung von Mord und Vertreibung."[214]

Als der Kanzler diese edlen Ziele vor der versammelten Generalität in Erinnerung rief, waren Verletzung der Menschenrechte, Mord und Vertreibung in Kosovo und Metohien im vollen Gange. Seitdem sind viele weitere Monate ins Land gegangen, und wie steht es um den Aufbau eines „friedlichen, multiethnischen, demokratischen Kosovo" als integralem Bestandteil der Bundesrepublik Jugoslawien? Halten wir uns an die Fakten:

Seit dem Einmarsch der KFOR und der Übernahme der zivilen Verwaltung durch die UNO sind hunderttausende während des Krieges nach Albanien und Mazedonien geflohene Albaner nach Kosovo zurückgekehrt, zerstörte Wohnhäuser und öffentliche Gebäuder wurden und werden wieder aufgebaut, die Grundversorgung der Bevölkerung mit Nahrung, Wasser und Heizung ist gesichert. Aber: Allein bis Mitte August 2000 wurden 5089 terroristische Überfälle gezählt, davon 4776 auf serbische und andere nicht albanische Bewohner des Gebietes; ermordet wurden 1041 Personen, davon 910 Serben; die Zahl der Entführungen betrug 963, davon 883 Serben. Rund 360.000 Serben, Roma, Juden, Montenegriner, Moslems, Kroaten sowie Angehörige anderer Bevölkerungsgruppen wurden vertrieben. Die etwa 65.000 katholischen Albaner sind immer stärkerem Druck ausgesetzt. Die kleine, aber aktive jüdische Gemeinde in Priština hat aufgehört zu existieren. Laut Aussage des ehemaligen Vorsitzenden der Gemeinde, Čedomir Prlinčević, wurden die letzten Juden aus Priština von „Albanern aus Albanien" verjagt. Große Teile des Gebietes sind mittlerweile von Serben und anderen Nichtalbanern „ethnisch

---

214 Information des Bundespresseamtes vom 29.11.1999, Nr. 490/99

gesäubert". In Priština, wo bis zum Eintreffen der KFOR 40.000 Serben lebten, sind weniger als 100 zurückgeblieben. Zur gleichen Zeit kamen etwa 250.000 Albaner aus dem Nachbarland über die offene Staatsgrenze, die laut UN-Beschluß von jugoslawischen Sicherheitskräften kontrolliert werden sollte, in Kosovo und Metohien an. Die Labourabgeordnete im britischen Parlament und Vorsitzende des Allparteien-Ausschusses für den Balkan, Alice Mahon, stellte dazu fest: „Es ist schon eine bittere Ironie, daß der Rest Jugoslawiens weiterhin aus einer wahrhaft multi-ethnischen Gesellschaft besteht, während im Kosovo unter dem Vorsitz von KFOR das Vorhaben Fortschritte macht, mit Hilfe von Terror einen ethnisch reinen Staat zu schaffen."[215]

Niedergebrannt, zerstört oder schwer beschädigt wurden 87 mittelalterliche Klöster und Kirchen, Zeugnisse der serbischen Kultur und Geschichte. Die einzig verbliebenen serbischsprachigen Medien – die Tageszeitung „Jedinstvo" und „Radio‚S'‚ – wurden demoliert und mußten ihre Arbeit einstellen.

Während die jugoslawische Armee und Polizei das Gebiet in der vereinbarten Frist verlassen haben, wurde die UCK weder vollständig entwaffnet noch aufgelöst, sondern unter Beibehaltung ihrer Struktur in das sogenannte Kosovo-Schutz-Korps (KSK) umgewandelt. In einem vertraulichen UNO-Bericht, den die britische Sonntagszeitung „The Observer"[216] veröffentlichte, werden dem von der Weltorganisation finanzierten KSK eine nahezu endlose Reihe von kriminellen Handlungen vorgeworfen. Sie reichen von Mord, Folter, Erpressung bis zu Menschenhandel und Zwangsprostitution. Seitens der OSZE wird die Sicherheitslage als katastrophal eingeschätzt. In ihrem Bericht für den Zeitraum vom 31. Mai bis 6. Juni 2000 stellte die OSZE-Mission für Kosovo fest, daß das Gebiet von einer Gewaltwelle erfaßt ist, die zu einer dramatischen Erhöhung des Gefühls der Unsicherheit bei der nicht albanischen Bevölkerung geführt hat, da es „aussieht, daß es sich um eine systematische Kampagne mit dem Ziel han-

---

215 Alice Mahon: Kosovo Today, in: Nachrichtenblatt des Committee for Peace in the Balkans, Nr. 5, Februar 2000, zitiert nach Übersetzung Rainer Rupp, in: Junge Welt, 10.2.2000
216 The Observer, 15.3.2000

delt, Kosovo und Metohien weiter zu destabilisieren und die Serben zum Verlassen von Kosovo und Metohien zu zwingen".[217] Mehr als 30 internationale humanitäre Organisationen, darunter selbst „Ärzte ohne Grenzen", mußten ihre Tätigkeit zeitweilig oder völlig einstellen.

Die UN-Verwaltung und KFOR sind außerstande oder nicht willens, die Gewalt zumindest einzudämmen. „Die sogenannte internationale Gemeinschaft, die Milliarden für einen Krieg aufgebracht hat, ist", so konstatierte Matthias Z. Karádi, Balkan-Experte vom Hamburger Institut für Friedensforschung und Sicherheitspolitik, „augenscheinlich nicht bereit, nur einen Bruchteil dieser Summe bereitzustellen, um den Frieden, so schlecht er sein möge, durch internationale Polizei zu schützen."[218] Namhafte Journalisten, wie Norbert Mappes-Niediek, der sich Anfang 1999 noch für die Errichtung eines internationalen Protektorates in Kosovo und Metohien aussprach, und Politiker, wie die verteidigungspolitische Sprecherin der Grünen im Bundestag, Angelika Beer, die zu den flammenden Befürwortern einer NATO-Okkupation gehörte, zeigten im Jahr nach dem NATO-Überfall eine bemerkenswerte Übereinstimmung, als sie die Lage in dem Gebiet charakterisierten. Beer sprach von einem „Dschungel von Chaos und Gewalt"[219] und Mappes-Niediek stellte fest: „Ein Jahr nach dem Krieg gleicht die ‚Insel der Stabilität', die hier entstehen sollte, eher einem Sumpf aus Verbrechen und Korruption."[220]

Tom Koenigs, stellvertretender UN-Administrator, sieht das völlig anders und hat für seine andere Sicht eine Erklärung, deren Überzeugungskraft umwerfend ist. Befragt von eben diesem ausgewiesenen Balkan-Kenner Mappes-Niediek nach der Rolle der UNO bei der Verbrechensbekämpfung in Kosovo und Metohien, erklärte er wortwörtlich: „Es ist unglaublich viel passiert und

---

217 Zitiert nach dem Memorandum der Regierung der BRJ über die Durchführung der Resolution des UN-Sicherheitsrates 1244(1999), in: Informationsbulletin von Tanjug, 22.8.2000
218 Interview mit Matthias Z. Karádi in Neues Deutschland, 17.2.2000
219 Frankfurter Rundschau, 9.2.2000
220 Norbert Mappes Niediek: Verbrechen und Korruption. Bittere Bilanz ein Jahr nach dem Ende des Kosovo-Krieges, in: Berliner Zeitung, 10./11.6. 2000

völlig unvorstellbar, daß dieses Land nicht in Chaos und Verbrechen versunken wäre, wenn UNO und KFOR nicht hier wären ... Wer glaubt, daß man eine Zivilgesellschaft, ein Mehrparteiensystem, eine geordnete rechtsstaatliche Verwaltung, eine multiethnische Gesellschaft oder eine nur halbwegs funktionierende Ökonomie in 100 Tagen aufbauen könnte, soll sich Bosnien ansehen oder die DDR, wo man um 400 Prozent bessere Ausgangschancen hatte."[221]

Ach, wäre er doch in seiner Stadtkämmerei in Frankfurt am Main geblieben! Statt dessen residiert er in Priština und betreibt an der Seite seines Chefs, des Leiters der zivilen UN-Mission in Kosovo, unter Mißachtung der Sicherheitsratsresolution 1244(1999), der darin verbürgten Souveränität und territorialen Integrität der Bundesrepublik Jugoslawien, die schrittweise Herauslösung der Provinz aus dem Verfassungs- und Rechtssystem, der Finanz- und Wirtschaftsordnung Jugoslawiens: Jugoslawische Betriebe im gesellschaftlichen und privaten Besitz wurden enteignet, beschlagnahmt oder geschlossen, darunter das Elektroenergiesystem, die Eisenbahn, das Buntmetallkombinat „Trepča"; als offizielles Zahlungsmittel wurde die DM eingeführt; ohne Zustimmung der Belgrader Regierung wurden „Büros" für die Verbindung ausländischer Staaten mit Kosovo, ausgestattet mit diplomatischen Privilegien, geschaffen, Besuche ausländischer Politiker und Diplomaten organisiert und Personaldokumente für jugoslawische Staatsbürger ausgestellt; vorangetrieben wird der Bau von ausländischen Militärbasen.

Derweil Koenigs und seine Beamten im fernen Priština die Sicherheitsratsresolution aushöhlen und peu à peu vollendete Tatsachen schaffen, sinnieren seine hochrangigen Kollegen in der Heimat schon über eine Revision der UN-Beschlüsse und über eine Veränderung des Status von Kosovo und Metohien. Der außenpolitische Sprecher der CDU/CSU-Opposition, Karl Lamers, denkt schon seit längerem laut darüber nach. Bereits am 23. Kriegstag, am 15. April 1999, kennzeichnete er die angestrebte Stationierung von NATO-Truppen vor dem Bundestag als „ein(en) erste(n) Schritt zur Loslösung des Kosovo von Jugosla-

---

221 Interview mit Tom Koenigs in Freitag, 24.12.1999

wien ... In einem solchen unabhängigen Kosovo als Zwischenschritt zu einem Anschluß an Albanien würde mit Sicherheit kein Serbe mehr leben wollen ... Übrigens gibt es auch kaum mehr Serben in der kroatischen Krajina – etwas, was wir stillschweigend hingenommen haben."[222] Und nach dem Krieg, am 11. Juni 1999, war er sich vor dem Hohen Haus sicher, daß mit dem Einzug der NATO „aller Wahrscheinlichkeit nach mehr oder minder alle Serben das Kosovo verlassen werden" und fragte, die Antwort implizierend: „Ist nicht ein multiethnischer Kosovo eine schöne Wunschvorstellung und nähert sich nicht die Souveränität der Bundesrepublik Jugoslawien für den Kosovo einer Fiktion?"[223] So also war es: Für Lamers und andere Krieger gegen „ethnische Vertreibung" der Albaner war die der Serben schon eine hinzunehmende, wenn nicht gar ausgemachte Sache.

Außenminister Joseph Fischer war da noch vorsichtiger. In offiziellen Erklärungen bekannte er sich zur UN-Resolution und damit zur territorialen Integrität Jugoslawiens, aber in Kontakten mit Journalisten ließ er schon einmal eine entgegengesetzte Position durchblicken. In einem Gespräch mit „Le Monde" deutete er ziemlich unmißverständlich an, daß er sich die Lösung der „albanischen Frage", also auch den Status Kosovos, nach dem Vorbild der deutschen „Wiedervereinigung" vorstellt. Angesprochen auf den endgültigen Status von Kosovo und Metohien, „führte der Chef der Diplomatie Berlins", so notierte der Berliner Korrespondent des Pariser Blattes, „das Beispiel seines eigenen Landes an: Die Deutschen bilden eine einzige Nation und einen einzigen Staat, nicht weil sie es gewollt haben, sondern weil ihre Nachbarn die Wiedervereinigung im gegebenen Moment akzeptiert haben. Der Wunsch nach Unabhängigkeit ist eine Sache, die Sicherheit der Nachbarn und die Stabilität der Region eine andere. Die internationale Gemeinschaft ist im Kosovo und auf dem Balkan, um zu zeigen, daß die ‚albanische Frage' – nach dem Vorbild der ‚deutschen Frage' im Jahre 1990 – nicht ohne Zustimmung der

---

222 14. Deutscher Bundestag, Stenographisches Protokoll, Plenarsitzung vom 15.4.1999, S. 2650
223 14. Deutscher Bundestag, Stenographisches Protokoll, Plenarsitzung vom 11.6.1999, S. 3566

Nachbarn geregelt werden kann, durch friedliche Mittel im Rahmen regionaler Sicherheit, welche den Balkan an das integrierte Europa heranführt."[224]

Zuweilen wurde Joseph Fischer auch deutlicher, so in der außenpolitischen Debatte des Bundestages Mitte November 2000. Nach dem nun schon fast obligatorischen Stoßseufzer: „Gott sei Dank gab es jetzt die friedliche demokratische Revolution in Belgrad", erklärte er, daß „die finale Statusfrage" für Kosovo „gegenwärtig nicht zu entscheiden (ist)", und er an diesem Punkt mit dem von ihm „sehr geschätzten Kollegen Lamers ... nicht über Kreuz" stehe.[225]

Offenbar ist das deutsche Schuldkonto gegenüber Serbien und Jugoslawien noch nicht geschlossen. Die Veränderung der Machtverhältnisse in Belgrad dürfte daran wenig ändern, auch wenn im deutsch-jugoslawischen Verhältnis nach langem Winter ein neuer Frühling einzuziehen scheint. Deutscher hegemonialer Ehrgeiz und Tatendrang lassen sich auf Dauer nicht mit dem Streben der Balkanvölker nach Freiheit und Unabhängigkeit, nach einem wahrhaft gleichberechtigten Platz in Europa vereinbaren. Und die Völker, auch das großmütige, zu schnellem Vergeben und Verzeihen neigende Volk der Serben, haben ein langes Gedächtnis.

---

224 Zitiert nach Klaus von Raussenddorff: Fischers Ringen um Hegemonie, in: Junge Welt 6.4.2000
225 14. Deutscher Bundestag, Stenographischer Bericht, 134. Sitzung am 17.11.2000, S. 12985

KAPITEL 4

Mit zwei blutunterlaufenen blauen Augen davongekommen

Die NATO im Dilemma

Die politische Wende in Belgrad soll nicht nur den Angriffskrieg im nachhinein rechtfertigen, sie soll auch vergessen machen, daß die NATO an seinem Ende haarscharf an einem Desaster vorbeigeschrammt ist.

Auch nach wochenlangen mörderischen Bombardierungen war Jugoslawien trotz der stetig steigenden Zahl ziviler und militärischer Opfer, der Zerstörung großer Teile der Infrastruktur und Wirtschaft nicht bereit, sich dem NATO-Terror zu beugen. So kategorisch, wie es das Diktat von Rambouillet zurückgewiesen hatte, so entschieden lehnte es auch all jene im Kriegsverlauf wuchernden Rambouillet-Variationen ab, die in ihrem Kern letztlich doch auf eine NATO-Besetzung und eine spätere Abtrennung von Kosovo und Metohien von Serbien hinausliefen. Auch der viel gerühmte 6-Stufen-„Friedensplan" des deutschen Außenministers Joseph Fischer bildete hier keine Ausnahme. Vom Rambouillet-Diktat unterschied er sich darin, daß dessen wesentliche Bedingungen nun von der G-8-Gruppe, also auch von Rußland, und anschließend vom UN-Sicherheitsrat abgesegnet werden sollten. Die Selbstmandatierung der NATO sollte durch eine Nachmandatierung durch die Weltorganisation abgestützt werden. Besonders originell war dabei der Vorschlag Fischers, die Luftangriffe für 24 Stunden zu unterbrechen, wenn Jugoslawien beginnen würde, seine Streitkräfte aus Kosovo und Metohien abzuziehen. Bei Fortsetzung des Rückzuges sollten die Angriffe suspendiert bleiben. O sancta simplicitas! 24 Stunden hätten gerade ausgereicht, die jugoslawischen Truppen und Militärtechnik aus ihren gesicherten und gut getarnten Stellungen herauszuführen, um sie sodann der Entscheidung der NATO-Generale zu überlassen.

Nein, ganz so einfältig war Belgrad nicht, und überhaupt: Wer ausgerechnet von den Serben erwartet hatte, daß sie sich einer militärischen Übermacht, und sei sie noch so beeindruckend, unterwerfen würden, hatte die Geschichte des Balkans gar nicht oder nur oberflächlich studiert und sah sich nun bitter enttäuscht. So sehr die NATO-Späher auch Ausschau hielten, in Belgrad waren keine Anzeichen für eine bevorstehende Kapitulation zu erblicken. Dafür mehrten sich in der NATO die Zeichen dafür, daß graduelle Meinungsverschiedenheiten zwischen den Angreiferstaaten zu tiefgehenden Divergenzen über die Fortführung des Krieges wurden. Der Zusammenhalt innerhalb der Allianz schwand zusehends. Das „Serbenfreßblatt", die „Frankfurter Allgemeine Zeitung", wurde unruhig. Allein am 20. Mai veröffentlichte sie zwei ausführliche Beiträge unter alarmierenden Überschriften: „Risse und Meinungsverschiedenheiten in der NATO. Der Kosovo-Einsatz stellt die Allianz auf eine Bewährungsprobe" und „Die Zeit drängt. Unter Druck überdenkt die NATO ihre Kosovo-Strategie". Im ersteren schrieb Klaus-Dieter Frankenberger einleitend: „Der Eindruck verfestigt sich, daß die NATO allenfalls nach außen eine feste, gemeinsame Haltung hinsichtlich ihrer Strategie in der Kosovo-Krise einnimmt. Kratzt man an den Beteuerungen der Geschlossenheit und Einigkeit, dann werden Risse und Meinungsverschiedenheiten sichtbar – was in einem Bündnis von neunzehn Mitgliedsstaaten an sich keine Überraschung ist, aber in Kriegszeiten Folgen hat ..."[226] Und im zweiten Grundsatzartikel konstatierte Karl Feldmeyer: „Zwei Monate dauern die Luftangriffe der NATO auf Jugoslawien nun schon an. Statt des erhofften Erfolgs haben sie der NATO die Erkenntnis gebracht, daß es leichtfertig war, sich auf die Hoffnung zu verlassen, Milošević werde binnen weniger Tage nachgeben. Die Reaktion der Allianz darauf ist Beharrlichkeit. Zusätzliche Luftstreitkräfte werden eingesetzt. Dennoch überschatten Sorgen die Zuversicht, auf diese Weise ans Ziel zu kommen. Mit jedem Tag, der verstreicht, wird es schwieriger, das Bündnis zusammenzuhalten. Im Kreis des NATO-Rates, also dort, wo die Entscheidungen fallen, ist es Generalsekretär Solana und den maßgebenden NATO-

---

226 Frankfurter Allgemeine Zeitung, 20.5.1999

Partnern bislang gelungen, die Geschlossenheit aufrechtzuerhalten ... Dennoch wachsen die Anzeichen dafür, daß das Bündnis seine Angriffe nicht beliebig lange fortsetzen kann. Die Äußerungen und Vorstöße, die von Politikern außerhalb des NATO-Rates unternommen werden, mehren sich. Hinter vorgehaltener Hand werden sie als ernst zu nehmende Anzeichen dafür gewertet, daß die Einheit des Bündnisses zerbrechen könnte. Das gilt für die jüngsten Äußerungen des britischen Außenministers Cook, der einen Kampfeinsatz von Heeresverbänden der NATO im Kosovo nicht länger ausschließen will, ebenso wie für die Vorschläge des italienischen Ministerpräsidenten D'Alema, die Angriffe auszusetzen ..."[227]

Mit jedem neuen „Kollateralschaden" bröckelte der Rückhalt für den Krieg selbst in den Bevölkerungsteilen, die der Manipulation der öffentlichen Meinung anfangs zum Opfer gefallen waren. Ende Mai wurde NATO-Generalsekretär Javier Solana ein internes Papier vorgelegt, in dem Experten zur Einschätzung gelangt waren, daß die Pluspunkte, die der Pakt in der öffentlichen Meinung durch Bilder von den Flüchtlingsströmen gesammelt habe, durch die Aufnahmen von bombardierten Wohngebäuden oder von Opfern unter der Zivilbevölkerung zunichte gemacht würden. Wörtlich hieß es in der Experteninformation: „Es ist klar, daß die Allianz dabei ist, aus der Informationsschlacht gegen Serbien als Verlierer hervorzugehen."[228]

Die Regierungen der NATO-Länder gerieten unter wachsenden Druck. Die deutsche rot-grüne bildete keine Ausnahme, gerade ihr stand das Wasser bis zum Hals. In der zweiten Maihälfte war die Stimmung endgültig umgeschlagen. Die Mehrheit der Bevölkerung sprach sich in Umfragen für eine sofortige Einstellung der Bombardements aus, in Ostdeutschland forderten drei Viertel der Erwachsenen eine sofortige bedingungslose Einstellung der Luftangriffe, darunter 75 Prozent der SPD-Wähler und zwei Drittel der CDU-Anhänger.[229] Die Zahl der Kriegsdienstverweigerer in Deutschland wuchs rapide. Das Bundesverteidi-

---

227 Ebenda
228 Zitiert nach El Mundo, 31.5.1999
229 Angaben nach Leipziger Volkszeitung, 5.6.1999

gungsministerium mußte mitteilen, daß sich im Vergleich der Monate vor und nach dem Beginn des Krieges gegen Jugoslawien die Zahl der Verweigerungsanträge von Bundeswehrreservisten verdoppelt hatte.[230]

Anfang Juni geriet die Schröder-Fischer-Regierung in immer schwerere Turbulenzen und drohte abzustürzen. Unter den Grünen distanzierten sich selbst hartnäckige Kriegsbefürworter vom NATO-Kurs. Sogar die verteidigungspolitische Sprecherin ihrer Bundestagsfraktion, Angelika Beer, die die Bombardierung Jugoslawiens noch auf dem Bielefelder Parteitag als „alternativlos" bezeichnet hatte, erklärte die „absurde Strategie der NATO" für „endgültig gescheitert" und schätzte ein: „Gegenwärtig bombt sich die NATO in die Sackgasse."[231] Mit bis dato nicht registrierter Entschiedenheit reagierte sie auf Äußerungen von Schröders außenpolitischem Berater Michael Steiner, aus denen zu schließen war, daß er eine Beteiligung der Bundeswehr auch an Bodenkampfeinsätzen für möglich hielt: „Die Schmerzgrenze für die Grünen ist erreicht. Es wird keinerlei deutsche Beteiligung an wie immer gearteten Kampfeinsätzen in Jugoslawien mit grüner Zustimmung geben ... Man kann den Frieden nicht durch einen Kampfeinsatz erzwingen ... Fischer weiß, daß wir Grüne an einem Punkt angekommen sind, an dem wir sagen, bis hierhin und nicht weiter. Maßgeblich für Joschka Fischer ist die Suche nach einer internationalen Friedenslösung."[232]

Von Angelika Beer und ihrem frappierenden Sinneswandel gegenüber der NATO-Strategie kann man halten, was man will, hier traf sie ins Schwarze. Ihre Einschätzung verriet den entscheidenden Grund, weshalb der grüne Außenminister, der die deutsche Kriegsbeteiligung betrieben und mit monströsen Argumenten verteidigt hatte, rastlos nach einem Ausweg aus der Sackgasse des Krieges suchte. Für ihn ging es nicht mehr allein um das Fortbestehen der rot-grünen Regierung, auf dem Spiel stand die eigene politische Existenz. Nur so ist der Sinneswandel von Joseph Fischer, der dem von Angelika Beer in puncto Schnelligkeit

---

230 Angaben nach Ossietzky, 11/'99
231 Interview mit Angelika Beer in taz, 1.6.1999
232 Ebenda

nicht nachstand, zu verstehen, wobei er allerdings noch stärker als diese auf das schlechte Kurzzeitgedächtnis seiner Zeitgenossen baute. Noch am 15. April hatte er während einer Bundestagsdebatte mit Blick auf den jugoslawischen Kriegsgegner kategorisch erklärt: „Eine einseitige Vorleistung kann es nicht geben."[233] Nur fünf Wochen später beteuerte er in einem Interview: „Ich habe im Bündnis in den vergangenen Wochen lange und immer wieder um die Initiative zu einer einseitigen, befristeten, vielleicht auch räumlich begrenzten Feuerpause als Angebotsinstrument gefochten."[234]

Auch in der SPD rumorte es. Die Front der Kriegsbefürworter wurde von Woche zu Woche schwächer. Daß Hermann Scheer, die Parteilinke um Detlev Larcher und der damalige saarländische Ministerpräsident Reinhard Klimmt – wie sein Vorgänger Oskar Lafontaine – gegen den Krieg auftraten, daran hatten sich Kanzler Schröder und Minister Scharping gewöhnt; nun aber, Ende Mai/Anfang Juni, meldeten sich Parteifreunde kritisch zu Wort, von denen noch vor kurzem ganz andere Töne zu hören waren. Die ostdeutschen Ministerpräsidenten Manfred Stolpe und Reinhard Höppner traten für eine umgehende Feuerpause ein, eine Forderung, die SPD-Bundesgeschäftsführer Ottmar Schreiner zum Ärger des Parteivorsitzenden mit „Verständnis" aufnahm. Der stellvertretende Fraktionschef und außenpolitische Sprecher Gernot Erler schätzte ein, daß sich die NATO mit dem Verlauf des Krieges ein „Armutszeugnis" ausgestellt hatte. Aber schlimmer noch: Unbill drohte dem Kriegskabinett von einer Seite, von der sie nach dem Sonderparteitag der SPD am 12. April am wenigsten zu erwarten war: von Erhard Eppler. Dieser hatte auf dem Kongreß mit einem zu Herzen gehenden Plädoyer gegen das Völker- und für das Menschenrecht die Mehrheit der Delegierten für den Krieg gewonnen. Nun aber, nach der Ermordung vieler Zivilisten, schrieb er in einem von der Hamburger „Zeit" veröffentlichten Briefwechsel mit Egon Bahr: „Hier erreichen wir, meine ich, eine Grenze."[235]

---

233 AFP, 15.4.1999
234 Interview mit Joseph Fischer in Der Tagesspiegel, 23.5.1999
235 Zitiert nach Süddeutsche Zeitung, 2.6.1999

Epplers Einsicht kam spät, Monate zu spät, aber sie machte deutlich, daß für den Kanzler und seinen Verteidigungsminister auch in der eigenen Partei die Luft immer dünner wurde. In dem Maße, wie der Rückhalt im eigenen Lager bröckelte, schlossen sich die Kriegsgegner wieder enger zusammen. Beim Kassler „Friedensratschlag" Anfang Juni vereinbarten die Vertreter von rund hundert Friedensorganisationen und -initiativen für den Fall der Fortdauer des NATO-Krieges sowohl europaweite Massenkundgebungen als auch wirksame dezentrale Manifestationen. Als Veranstaltungsorte für derartige Aktionen wurden Objekte ins Auge gefaßt, die von den NATO-Bombern in Jugoslawien mit Vorliebe attackiert worden waren: Brücken und Eisenbahnschienen, Krankenhäuser, Elektrizitätswerke und Fernsehstudios. Im Bewußtsein wieder zuwachsender Kraft erklärte der Friedensforscher und Sprecher des „Friedensratschlages", Peter Strutynski, daß die Strukturen für eine kurzfristige Mobilisierung für die vorgesehenen Aktionen und Demonstrationen bereit stehen.

Nein, an der bundesdeutschen „Heimatfront" sah es Ende Mai/Anfang Juni nicht gut aus für Schröder, Fischer, Scharping und die Ihren.

Auch militärisch hatte sich die NATO in eine Sackgasse gebombt. Mit jedem Tag wurde deutlicher, daß die jugoslawische Armee aus der Luft nicht geschlagen werden konnte. Hochrangige Offiziere in den NATO-Stäben übten heftige Kritik an der Vorgabe der Politiker, den Krieg möglichst ohne eigene Verluste zu führen und einen Bodenkrieg von vornherein auszuschließen. Obwohl die Forderungen nach dem Einsatz von Bodentruppen in der zweiten Maihälfte immer lauter wurden und die Militärs von einigen Politikern, vor allem vom britischen Premier, Unterstützung erhielten, konnte sich die NATO nicht zu diesem Schritt entschließen. Dafür hatte sie gute Gründe:

Ein Angriff zu Lande hätte den Einsatz einer Armee von mindestens 250.000 Soldaten erfordert. Die Mehrheit der NATO-Staaten zeigte wenig Bereitschaft, derartige Kampfverbände zur Verfügung zu stellen. Und selbst wenn die Truppen bereitgestellt worden wären, hätte sich die Frage gestellt, aus welcher Richtung der Angriff erfolgen sollte? Die meisten Nachbarländer Jugoslawiens – Kroatien, Ungarn, Rumänien, Bulgarien – waren aus politisch-historischen Gründen, ganz abgesehen von der erforderlichen Vorbereitungszeit, dafür wenig geeignet. Die Länder, in denen die NATO bereits Truppen in Stellung gebracht hatte, schieden mehr oder weniger aus – in Mazedonien lehnte die Mehrheit der Bevölkerung eine NATO-Intervention ab, in Albanien fehlte es an der notwendigen Infrastruktur für einen großangelegten Truppenaufmarsch.

Schwerwiegender waren jedoch andere Gründe. Ein Bodenkrieg hätte Rußland auf die Seite Jugoslawiens getrieben und zu einer nicht kalkulierbaren Eskalation des Konfliktes geführt. Selbst Jelzin, der wiederholt vor dem Einsatz von Landstreitkräften gewarnt hatte, hätte massive russische Militärhilfe für Jugoslawien nicht mehr verhindern können. Aber selbst ohne russische Waffen, reguläre Soldaten oder „Freiwillige" hätte ein Krieg auf jugoslawischem Boden die Zahl der Opfer in die Höhe schnellen lassen – in diesem Falle allerdings auf beiden Seiten. Statt Flugzeugen mit „glücklicherweise heil und unversehrt gebliebenen Piloten" wären Zinksärge in die NATO-Länder zurückgekehrt. Die Auswirkungen auf die Kriegsstimmung in den NATO-Staaten, einschließlich den USA, waren vorausschaubar. In Deutschland hätte die rot-grüne Regierung einen Bodenkrieg keine 24 Stunden überlebt, allein schon die Andeutung einer solchen Kriegsvariante hatte das Schröder-Fischer-Kabinett erschüttert.

Die NATO befand sich in einem Dilemma: Obwohl der Kriegspakt derart bombte, daß ihm die modernen Raketen ausgingen, zeigte sich, daß Jugoslawien aus der Luft nicht zu besiegen war. Mit jedem neuen Luftangriff, der Zerstörung ziviler Ziele und der Ermordung unschuldiger Menschen, wuchs die Zahl derer, die den Krieg ablehnten. Die einzige Alternative zum Luft- war der Bodenkrieg. Der Einsatz von Bodentruppen jedoch hätte, einmal ganz abgesehen von der Reaktion Rußlands, Chinas und anderer Staaten, die NATO einer Zerreißprobe ohnegleichen ausgesetzt, die Antikriegsbewegungen gestärkt und die Gefahr eines völligen Zusammenbruchs der „Heimatfront" heraufbeschworen. Das Dilemma war riesig, schier auswegslos. Aber auch für die in Not geratene Allianz bewahrheitete sich Hölderlins Lebensweisheit: Wo aber Gefahr ist, wächst das Rettende auch. „Der Spiegel" sah das „Rettende" in einer „überraschenden Kehrtwendung" Belgrads und schrieb nach einer Darstellung der prekären Situation: „Da rettete Slobodan Milošević die NATO vor einem existenzbedrohenden Dilemma: Entweder hätte sie ihre Ohnmacht eingestehen oder Kosovo mit Gewalt erobern müssen. Wahrscheinlich hätte beides die Allianz gesprengt."[236]

Wie wahr! Nur in einem Punkt irrte das Nachrichtenmagazin. Nicht Milošević half der NATO aus dem Dilemma, als Retter aus der Not erwies sich ausgerechnet Rußland, auf das Belgrad in der ersten Kriegsphase seine Hoffnungen gesetzt hatte. Vergeblich. Schon vier Wochen nach Beginn der Bombardierungen, am 20. April, hatte Präsident Boris Jelzin in einer Erklärung einen Bruch mit dem Westen wegen des „Kosovo-Konfliktes" ausgeschlossen und damit – wenn öffentlich auch nicht eingestanden – einen neutralistischen Kurs eingeschlagen. Exponent dieser Politik wurde Viktor Tschernomyrdin, der nach der überraschenden Ablösung von Ministerpräsident Jewgeni Primakow zum russischen Sonderbeauftragten für den Balkan ernannt worden war und dessen Hauptaufgabe darin bestand, zwischen dem Aggressor, der NATO, und dem Angegriffenen, Jugoslawien, zu „vermitteln". Fortan sah sich das Balkanland doppelter Bedrängnis ausgesetzt – einerseits durch die eskalierenden barbarischen Luftangriffe des NATO-Gegners und andererseits durch das fortgesetzte Drängen der „slawischen Brüder" im Kreml, einzulenken und den Forderungen der NATO in essentiellen Punkten nachzugeben. Als dem Angreiferpakt in der zweiten Maihälfte aufgrund des ungebrochenen Widerstandswillens Belgrads, der Risse im Bündnis und des Stimmungsumbruchs in der eigenen Bevölkerung das Wasser bis zum Hals stieg, sprang ihm die Jelzin-Administration, die spätestens seit dem Außenministertreffen der G-8-Gruppe in Bonn und den dort verabschiedeten „Grundsätzen einer politischen Lösung der Kosovo-Krise" mit der NATO in ein gemeinsames Boot gestiegen war, zur Seite. Tschernomyrdin machte gegenüber der jugoslawischen Führung deutlich, daß Moskau nicht bereit sei, seine Beziehungen zum Westen dauerhaft zu beschädigen und bei

---

236 Der Spiegel, 23/1999

einer Fortdauer des Krieges Jugoslawien keine Unterstützung gewähren werde. Unter diesem Druck akzeptierte Belgrad Bedingungen für eine Einstellung der Bombardierungen, die es bislang kategorisch abgelehnt hatte: den Abzug der eigenen Sicherheitskräfte aus Kosovo und Metohien und die Stationierung von Truppen auch aus NATO-Staaten.

Daß an den entscheidenden Gesprächen mit dem jugoslawischen Präsidenten Slobodan Milošević am 2. und 3. Juni in Belgrad neben Tschernomyrdin auch Finnlands Präsident Martti Ahtisaari als EU-Beauftragter teilnahm, diente lediglich der Drapierung und der Wahrung des schönen Scheins, daß die unter deutscher Präsidentschaft stehende Europäische Union maßgeblichen Anteil am „Einlenken Miloševićs" hatte. Willkommenes Nebenprodukt war, daß Ahtisaari nach seiner Rückkehr aus Belgrad ein Loblied auf den deutschen Kanzler sang, der gezeigt habe, „wie die Dinge gemacht werden sollten", und vorschlug, den Wiederaufbauplan für Kosovo nicht „Marshall-II-Plan", sondern „Schröder-Plan" zu nennen. Solche Schmeichelei ließ den Kanzler erröten, aber an der Sachlage änderte sie nichts. Entscheidend für das jugoslawische Nachgeben war die Haltung Rußlands, die selbst Madeleine Albright frohlocken und ihren Sprecher erklären ließ: „Die diplomatischen Anstrengungen der Russen haben gewirkt. Wir glauben, sie haben eine entscheidende Rolle gespielt, weil sie den Serben gezeigt haben, daß es eine vereinigte Front aus Rußland, Europa und den USA gibt."[237] Ein Vierteljahr später analysierte die U. S. News and World Report die Effektivität der NATO-Bombardements und gelangte zu der Schlußfolgerung, daß der Luftkrieg in Kosovo nicht durch die Luftschläge beendet wurde, sondern weil Rußland den Serben die Unterstützung entzogen habe.[238]

Dieser Einschätzung des renommierten US-amerikanischen Blattes kann zweifellos zugestimmt werden. Zu präzisieren ist lediglich, daß nicht „Rußland den Serben die Unterstützung entzogen hatte", sondern Boris Jelzin und sein willfähriger Viktor Tschernomyrdin, den der ausgezeichnete NATO-Kenner Rainer

---

237 AFP, 4.6.1999
238 U. S. News and World Report, 20.9.1999

Rupp nicht zufällig als „Lieblingsrussen der Amerikaner" zu bezeichnen pflegt. Beide, der unberechenbare und herrschsüchtige Präsident und sein beflissener Balkan-Beauftragte, haben Jugoslawien, aber auch Interessen Rußlands in seinem „traditionellen" Einflußgebiet auf dem Balkan verraten.

Das Echo in Rußland ließ folglich auch nicht lange auf sich warten. Während Moskaus Bürgermeister und Jelzin-Herausforderer Juri Luschkow meinte, Tschernomyrdin sei als Verhandlungsführer ebenso untauglich wie ein Flickschuster als Tortenbäcker, formulierte der KP-Vorsitzende Genadi Sjuganow noch wesentlich drastischer: Tschernomyrdin sei in Wirklichkeit kein „Sondervertreter Jelzins für den Balkan, sondern ein Sonderverräter der nationalen Interessen Rußlands an die NATO".[239] Selbst die als liberal geltende Tageszeitung „Sewodnja" konstatierte: „Die prowestliche Kreml-Clique hat die Serben verkauft."[240] Am Ergebnis der Tschernomyrdin-„Vermittlung" änderte diese Kritik nichts. Der Kreml-Herrscher und seine Tafelrunde hatten den NATO-Staaten unter die Arme gegriffen und waren Belgrad in den Rücken gefallen.

Die NATO war mit ihrem Latein so ziemlich am Ende. In dieser Situation hat die russische „Vermittlung" die Kriegs-Allianz vor einem Desaster bewahrt, einen Sieg hat sie ihr nicht verschafft, schon gar keinen glänzenden, wie das einige Medien und Kriegstriumphatoren seinerzeit glauben machen wollten. Da kam der erste Befehlshaber der während des Krieges auf den Balkan entsandten Bundeswehrsoldaten, General, inzwischen a. D., Hartmut Harff, der Wahrheit schon näher, als er feststellte: „Wir (sind) noch mal davon gekommen – allerdings mit zwei blutunterlaufenen blauen Augen."[241]

Den Autor dieser Betrachtung erfreut ein solches Urteil. Nicht nur, weil er der NATO wie den „glorreichen Siegern" die beiden blutunterlaufenen blauen Augen von Herzen gönnt, sondern weil es eine Einschätzung bestätigt, die bereits am 4. Juni 1999 auf einer Kundgebung vor der Berliner Gedächtniskirche

---

239 Berliner Zeitung, 10.6.1999
240 Ztiert nach Kölner Stadtanzeiger, 1.6.1999
241 Interview mit General Helmut Harff in Der Spiegel, 4/2000, S. 49

getroffen wurde. Was seinerzeit von einem Teil der demonstrierenden Kriegsgegner, darunter nicht wenige jugoslawische Mitbürger, bezweifelt wurde, kann heute, schon mit einem gewissen historischen Abstand, wiederholt und bekräftigt werden: Die NATO hat im Angriffskrieg gegen Jugoslawien keinen Sieg errungen, sondern eine Niederlage erlitten. Was zu beweisen ist.

UN-Resolution statt bedingungsloser Kapitulation

Seit jeher werden der Ausgang einer militärischen Auseinandersetzung, Sieg oder Niederlage daran gemessen, ob und inwieweit es den kriegführenden Seiten gelungen ist, ihre Kriegsziele zu verwirklichen. Nicht Erklärungen, und seien sie auch noch so kernig wie Bill Clintons bereits erwähnte Jubelbotschaft via Fernsehen an die Nation vom 11. Juni 1999: „Ich kann dem amerikanischem Volk berichten, daß wir einen Sieg für eine sichere Welt, für unsere demokratischen Werte und für ein stärkeres Amerika erzielt haben"[242]; oder Madeleine Albrights Beteuerung am Jahrestag des NATO-Überfalls: „Wir haben getan, was notwendig war, um zu siegen"[243] – sind ausschlaggebend. Entscheidend ist der Vergleich zwischen den bei Kriegsbeginn verkündeten Absichten und den erreichten Ergebnissen. Im Falle der NATO-Aggression wird ein solcher Vergleich erschwert, da die Militärallianz öffentlich sehr unterschiedliche Ziele verkündete und die eigentlichen Absichten kaschierte. Dieser Umstand zwingt dazu, sowohl die mit dem kriegsauslösenden Ultimatum von Rambouillet anvisierten, als auch die verkündeten militärischen, die vorgeblichen humanitären und die tatsächlichen machtpolitischen Zielpunkte zu betrachten.

Werfen wir also zunächst noch einmal einen kurzen Blick auf die Kriegsziele, die mit dem Ultimatum von Rambouillet und Paris formuliert wurden. Laut übereinstimmenden Äußerungen fast aller führenden NATO-Politiker dienten die am 24. März 1999 begonnenen Luftschläge gegen Jugoslawien dazu, das Land nach

---

242 Reuters, 11.6.1999
243 Madeleine Allbright: Kosovo braucht Zeit, in: Die Welt, 23.3.2000

den angeblich erfolglosen Verhandlungen nun mit militärischer Gewalt zur Annahme des sogenannten Friedensplans von Rambouillet zu zwingen. Jugoslawien hatte trotz des surrealistischen Spektakels im Schloß von Rambouillet und später im ehemaligen Pariser Hotel an der Avenue Kleber, das die Bezeichnung „Verhandlungen" nicht verdiente, wesentliche Teile des Planes akzeptiert, darunter essentielle Punkte einer umfassenden Neugestaltung der Autonomie für Kosovo und Metohien sowie eine „internationale Präsenz zur Umsetzung des Abkommens". Entschieden lehnte die jugoslawische Delegation nur drei Forderungen des Ultimatums ab: die Besetzung Kosovos und Metohiens durch die NATO, den ungehinderten und freien Zugang der NATO und damit die Errichtung eines Besatzungsregimes in ganz Jugoslawien sowie die Durchführung eines Referendums über die Unabhängigkeit Kosovos und Metohiens nach einer Übergangszeit von drei Jahren.

Da die NATO auf der bedingungslosen Annahme des Ultimatums bestand, jeglichen Kompromiß ablehnte – Außenminister Joseph Fischer, der angeblich bis zur letzten Minute um eine friedliche Lösung rang, hatte bereits am Vorabend der Fortsetzung der Gespräche in Paris kundgetan, daß es auf keinen Fall weitere Verhandlungen mit Serben und Kosovo-Albanern „über die unterschriftsreif vorliegenden Vereinbarung" geben werde[244] –, reduzierten sich ihre Kriegsziele ipso facto auf die Durchsetzung eben der Forderungen, die Belgrad nicht bereit war zu akzeptieren: eine NATO-Okkupation Kosovos und Metohiens, dessen Abtrennung nach drei Jahren und die Einführung eines NATO-Besatzungsregimes in ganz Jugoslawien.

Diese Forderungen durchzusetzen, ist der von den USA geführten Allianz auch nach 78tägigen barbarischen Bombardements nicht gelungen. Um dem politischen und militärischen Debakel zu entkommen, mußte die NATO nicht nur die Russen zur Hilfe rufen und unter das Dach der Organisation der Vereinten Nationen zurückkehren, sondern auch einer UN-Resolution (Nr. 1244 vom 10. Juni 1999) zustimmen, die sich in wesentlichen Punkten vom Rambouillet-Diktat und gerade von den darin ulti-

---

244 Siehe Matthias Küntzel: Der Weg in den Krieg, S. 175

mativ formulierten Kriegszielen unterschied: Statt eines NATO-Protektorates wurde beschlossen, „unter der Schirmherrschaft der Vereinten Nationen in Kosovo internationale zivile und Sicherheitspräsenzen zu dislozieren"; statt ein NATO-Besatzungsregime in ganz Jugoslawien einzurichten, wurde „das Eintreten aller Mitgliedsstaaten für die Souveränität und territoriale Unversehrtheit der Bundesrepublik Jugoslawien" bekräftigt und statt des nach drei Jahren vorgesehenen Referendums zur Abtrennung der serbischen Provinz wurde eine „substantielle Autonomie innerhalb der Bundesrepublik Jugoslawien" vorgesehen.

Clinton, Albright und ihre bundesdeutschen Freunde können es drehen und wenden, wie sie wollen: Gemessen an den zentralen Bedingungen des Ultimatums hat die NATO im Krieg gegen Jugoslawien keinen Sieg errungen, nicht einmal einen „halben", wie Lothar Rühl in der Frankfurter Allgemeinen Zeitung glaubte, annehmen zu dürfen.[245] Wenn die NATO nach dem Krieg alles daran setzte, mit Hilfe der KFOR und der von ihr beherrschten UN-Verwaltung Kosovo und Metohien de facto in ihr Protektorat zu verwandeln und die souveränen Rechte der Bundesrepublik Jugoslawien zu verletzen, dann war das nur ein Versuch, im Ultimatum gestellte und im Krieg nicht durchgesetzte Ziele im nachhinein zu erreichen, und eine neue grobe Mißachtung von UN-Resolutionen.

Wer trotz alledem in dem Einmarsch von NATO-Truppen unter der Flagge der UNO in das südserbische Gebiet einen Kriegserfolg sehen will, muß sich fragen lassen, was dieser „halbe Sieg", dessen zweite Hälfte doch noch immer eine „halbe Niederlage" wäre, tatsächlich wert ist? Wie die Entwicklung nach der politischen Wende in Belgrad zeigte, hat sich die Allianz mit ihrem militärischen Engagement in eine Sackgasse manövriert, aus der sie, eingeklemmt zwischen ihren bisherigen Kriegsverbündeten, den kosovo-albanischen Separatisten und der UCK, und dem vom Kriegsgegner zum demokratischen Partner gewandelten Belgrad, nicht so leicht herauskommen kann. Inzwischen wird mit einem 20 bis 30jährigen Aufenthalt der KFOR-Truppe von gegenwärtig 40.000 Mann gerechnet, für die jährlich etwa 15 Milli-

---

245 Frankfurter Allgemeine Zeitung, 2.7.1999

arden DM aufgebracht werden müssen.[246] Kosovo und Metohien ist zu einem Klotz am Hals der NATO geworden.

Blamable militärische Schlappe

Verfehlt hat die NATO ihre lauthals verkündeten militärischen Ziele. Auch nach 78 Tagen mörderischer Luftschläge gelang es dem größten, hoch- und high-tech-gerüsteten Militärpakt der Welt, der Allianz von 19 Industriestaaten mit 730 Millionen Einwohnern nicht, die Armee Jugoslawiens, eines Landes mit rund 10 Millionen Bewohnern, zu zerschlagen. Dabei hatte der Serben-in-die Knie-Zwinger Klaus Kinkel, damals noch Bundesminister des Äußeren, bereits im Juli 1995 behauptet, „die NATO sei theoretisch in der Lage, Ex-Jugoslawien in einer Nacht in Schutt und Asche zu legen".[247] Sein Amtsnachfolger Joseph Fischer äußerte sich während des Jugoslawien-Feldzuges in einem Interview mit der Frankfurter Rundschau weniger großspurig, aber immer noch siegesgewiß: „Das Ziel ist es, die Militärmaschinerie Miloševićs entscheidend zu schwächen."[248] Dessen Amtskollege Scharping wiederum sah es als das militärische Hauptanliegen der NATO an, Milošević seine Mordmaschinerie aus der Hand zu schlagen, und NATO-Oberbefehlshaber Wesley Clark definierte die militärischen Pläne des Paktes am 2. Kriegstag mit den Worten: „Unser Ziel ist es, anzugreifen, zu unterbrechen, zu sprengen und, wenn Milošević nicht einlenkt, die serbischen Streitkräfte zu zerstören."[249]

Zu diesem Zweck setzte die NATO eine bis dato nicht gesehene hochmoderne Luftarmada, bestehend aus anfangs 350 und später 1 259 Flugzeugen, ein. Den Löwenanteil stellte die US Air Force mit 982 Maschinen, die Bundesluftwaffe beteiligte sich mit einem relativ kleinen, aber besonders kriegswichtigen Kontingent an den Luftangriffen. Dazu zählten acht ECR (Electronic Combat

---

246 Siehe auch Interview mit Heinz Loquai in Neues Deutschland, 22.9.2000
247 Zitiert nach Matthias Küntzel: Der Weg in den Krieg, S. 90
248 Frankfurter Rundschau, 21.4.1999
249 AFP, 25.3.1999

Reconnaissance)-Tornados aus Landsberg/Lech in Oberbayern und sechs Recce (Reconnaissance, also Aufklärungs)-Tornados aus Jagel/Schleswig Holstein. Zur deutschen Beteiligung an den Bombardements schrieb der Friedensforscher Tobias Pflüger u. a.: „Die ECR-Tornados hatten die Aufgabe, die Flugabwehr Jugoslawiens auszuschalten. ‚Sie sollen die Bresche in die gegenerische Luftabwehr schlagen, durch die andere Kampfflugzeuge schlüpfen und ihr Ziel erreichen können', hieß ihr offizieller Auftrag, Ziel ist: ‚die gegenerische Flugabwehr lokalisieren, identifizieren und zerstören (neutralisieren).' Bewaffnet waren die Tornados mit den HARM-Raketen (High-Speed-Anti-Radiation-Missle). Die HARM-Rakete lenkt sich nach dem Abschuß selbständig ins Ziel. Probleme gibt es, wenn das gegnerische Radar abgeschaltet wird, dann fliegt die Rakete einfach weiter ... Damit hatte Deutschland einen quantitativ sehr kleinen Anteil am Bombardement Jugoslawiens, miltärisch gesehen war die Ausschaltung der Flugabwehr jedoch eminent wichtig. Von deutschem Boden ging der Krieg aus von Spangdahlem in der Eifel, von dort starteten 13 F-117 Nighthawk-Tarnkappenbomber und vier F-16-Kampfflugzeuge der USA, Brüggen/Elmpt bei Mönchengladbach, hier starteten seit 4. April sechs britische Tornados, und der Airbase in Frankfurt (dem ‚Brückenkopf für Kampfeinsätze', Der Spiegel, 6.5.1999), hier starteten KC10-Flugzeuge, die von Frankfurt aus die bombenabwerfenden F-15, F-16, B-52 und Tornados aus der Luft betankten."[250]

An der Seite ihrer Bündnispartner attackierten die deutschen Tornado-Piloten Ziele in Kosovo und Metohien und in ganz Jugoslawien. Gemeinsam brachten sie es auf über 30.000 Einsätze, in deren Verlauf Marschflugkörper neuester Bauart, supermoderne, lasergeleitete Präzisionssprengkörper und andere Raketen und Bomben, darunter Streu-, Splitter-, Cluster- und Graphitbomben sowie Urangeschosse abgefeuert wurden. Als am 10. Juni die Bomber von ihrem letzten Einsatz zurückkehrten, zog die Allianz Bilanz und meldete die Zerstörung von etwa 120 Panzern, 220

---

[250] Tobias Pflüger: Kriegsführung à la NATO und Bundeswehr, in: Terror des Krieges. Hrsg. Hans-Rüdiger Minow, Stephan Eggerdinger, München 2000, S. 74/75

Panzerfahrzeugen und 450 Geschützen. US-Verteidigungsminister William Cohen teilte mit, durch die NATO-Angriffe mit mehr als 23.000 Bomben und Raketen – Kosten elf Milliarden Mark – seien die Hälfte der Artillerie und ein Drittel der Panzerfahrzeuge der Serben in Kosovo zerstört worden.[251] O-Ton Cohen: „Das serbische Militär in Kosovo haben wir zerschlagen."[252]

Kurz danach geschah das Wunder. Nach Annahme der UN-Sicherheitsratsresolution 1244 vom 10. Juni verließ die „zerschlagene" Armee Kosovo und Metohien: In elf Tagen zogen rund 47.000 Mann mit 250 Panzern, 450 Schützenpanzern, 600 Artillerie- und Mörsergeschützen sowie einem Dutzend Flak-Raketenwerfern auf Fahrzeugen ab. Die NATO-Beobachter trauten ihren eigenen Augen nicht, und wie viele andere kam auch der Parlamentarische Staatssekretär im Bundesverteidigungsministerium, Walter Kolbow, aus dem Staunen nicht heraus. Offenkundig, so meinte er, ziehe „eine intakte Armee" ab.[253] In der „Frankfurter Allgemeinen Zeitung" kam Lothar Rühl, einer der Vorgänger Kolbows im Bundesverteidigungsministerium, zu der Schlußfolgerung, daß „der Luftkrieg im Kosovo selbst keinen durchschlagenden taktisch-operativen Erfolg (hatte)". Keinen Grund sah er dafür, „daß man in Brüssel das alte Lied ‚Mit Mann und Roß und Wagen hat sie der Herr geschlagen' anstimmen könnte. Die Bilanz des taktisch-operativen Luftkrieges ist bescheiden ... Auch schon vor dem 24. März (war) bei der NATO klar, daß die lockere Aufgliederung der serbischen Truppen im Kosovo treffsichere Zielangriffe erschweren würde. Trotzdem enttäuscht die geringe Zahl der seit dem Kriegsende aufgefundenen zerstörten serbischen Panzer und Geschütze. Auch waren die rückwärtigen Verbindungen des serbischen Korps im Kosovo nach Serbien nicht nachhaltig unterbrochen, damit auch Nachschub und Personalersatz nicht."[254]

Wie „bescheiden" die Bilanz der massiven NATO-Angriffe auf die jugoslawische Armee in Kosovo und Metohien, der „erfolgreichsten Luftschlacht aller Zeiten", war, war Ende Juni 1999

---

251 Angaben nach Morgenpost, 11.5.2000
252 AP, 11.6.1999
253 Berliner Zeitung, 25.6.1999
254 Frankfurter Allgemeine Zeitung, 2.7.1999

auch in US-amerikanischen Pressebeiträgen zu lesen. Korrespondenten berichteten von lediglich 13 zerstörten Panzern. Über ihre Erkenntnisse informierte später Oberstleutnant a. D. Timothy L. Thomas, Analytiker beim Foreign Military Studies Office in Fort Leavenworth in Kansas/USA: „Charlotta Gall von The New York Times, eine erfahrene Kriegskorrespondentin, die bereits aus dem ersten Tschetschenien-Krieg berichtet hatte, konnte nur geringe Verluste erkennen. Newsweek-Reporter Mark Dennis fuhr zehn Tage lang kreuz und quer durch Kosovo und stieß dabei lediglich auf einen zerstörten Panzer. Schafften es die Serben etwa während ihres öffentlich gefilmten Rückzugs, all ihre zerstörten Fahrzeuge flott zu machen, versteckten sie sie, oder erlitten sie tatsächlich viel weniger Verluste, als NATO-Quellen vermuten ließen? Ende Juli berichtete Aviation Week and Space Technology, daß die NATO 3.000 präzisionsgelenkte Geschosse eingesetzt, und zwar 500 Attrappen, aber nur 50 jugoslawische Panzer getroffen habe ..." Für den Militär-Analytiker ist das eine finanzielle, mehr aber noch eine militärstrategische Frage mit weitreichenden Auswirkungen. So fuhr er fort: „Welche Bombentypen nun tatsächlich die Attrappen trafen, wissen nur die Insider im Pentagon, daher können auch nur sie berechnen, wieviel Geld auf solche Ziele verschwendet wurde. Das ist allerdings ein wichtiger Aspekt, weil schon früh im Kriegsverlauf die NATO- und US-Vorräte an Präzissionsmunition fast zur Neige gingen – ein Fakt, der zweifellos von anderen Nationen mit feindlicher Einstellung gegenüber der Allianz registriert und besonders vermerkt wurde. Sie erhielten so einen Anhaltspunkt, wie lang eine Luftkampagne mit bestimmten High-Tech-Waffen gegen bestimmte Ziele geführt werden kann, bis es an Nachschub mangelt."[255]

Angesichts der miserablen Trefferbilanz, des Unmutes über „verschwendete Gelder" und möglicher Schlußfolgerungen potentieller Gegner warnte der NATO-Oberbefehlshaber für Europa, General Wesley Clark, öffentlich vor „Erbsenzählerei" als Maßstab für die Auswirkungen der Luftangriffe auf die jugoslawische

---

255 Timothy L. Thomas: Der zerstörte Panzer, der kein Panzer war. Kosovo und der herrschende Mythos der Informationsüberlegenheit, in: Frankfurter Rundschau, 31.3.2000

Armee. Intern dagegen befahl er, eine detaillierte „Feindschadenseinschätzung" vorzunehmen, deren niederschmetterndes Ergebnis jedoch geheimgehalten wurde. Erst im Mai 2000 wurde es durch einen Bericht des USA-Nachrichtenmagazins „Newsweek" bekannt. Danach hatte die Allianz in Kosovo, das von Experten Quadratkilometer für Quadratkilometer durchsucht worden war, wesentlich weniger Waffen zerstört, als offiziell angegeben wurde: 14 Panzer statt 120, 18 Schützenpanzer statt 220 und 20 Geschütze statt 450.[256] Kein Wunder also, daß der Staatssekretär Kolbow im Scharping-Ministerium den Eindruck hatte, daß eine „intakte Armee" aus Kosovo und Metohien abzog.

Fazit: Gemessen an der enormen Überlegenheit ihrer Luftarmada und dem Dauerbombardement gerade in dem südserbischen autonomen Gebiet hat die NATO keinen militärischen Sieg errungen, sondern eine blamable Schlappe hinnehmen müssen.

Gelohnt hat sich der Krieg allerdings für das Rüstungsgeschäft. „Bombengeschäfte" hat der militärisch-industrielle Komplex durch Kursgewinne an den Börsen, neue Fusionen im Bereich der Rüstungsindustrie, die Erprobung neuer Waffen, neue Aufträge für die Auffüllung und Modernisierung der Waffenarsenale gemacht, wie Winfried Wolf in seinem gleichnamigen Buch zur politischen Ökonomie des Kosovo-Krieges mit der Akribie eines Wissenschaftlers und der Schärfe eines leidenschaftlichen Kriegsgegners nachweist. Die Ergebnisse seiner faktenreichen Untersuchung illustrieren ein weiteres Mal, wie aktuell die Worte sind, die Brecht seine Mutter Courage in einem Feldlager während des Dreißigjährigen Krieges sprechen läßt: „Wenn man die Großkopfigen reden hört, führens die Krieg nur aus Gottesfurcht und für alles, was gut und schön ist. Aber wenn man genauer hinsieht, sinds nicht so blöd, sondern führen die Krieg für Gewinn."[257]

---

256 Angaben nach Morgenpost, 11.5.2000
257 Bertolt Brecht: Mutter Courage und ihre Kinder, in: Bertolt Brecht: Stücke, Berlin und Weimar 1964, Band VII, S. 103

Humanitäre Katastrophe herbeigebombt

Angetreten zum Krieg waren die „Großkopfigen" der deutschen Bundesrepublik mit dem hehren Ziel, auf dem Balkan „eine humanitäre Katastrophe zu verhindern". Und weil dieses Anliegen so selbstlos und edel, so überzeugend und einleuchtend war, wurde es der Öffentlichkeit immer aufs neue und nahezu immer in der gleichen Variante nahegebracht. In seinem Buch „Wir dürfen nicht wegsehen" erinnert sich Verteidigungsminister Rudolf Scharping, daß sich der Kanzler, der Außenminister und er selbst einig waren: „Zu jeder Zeit betonten wir, daß die militärischen Maßnahmen ein politisches und ein humanitäres Ziel hatten."[258] In dieser Gemeinsamkeit wurden sie nicht müde, aus dem Aggressionskrieg eine Katastrophenverhinderungs-Aktion zu machen.

Vor dem Überfall, am 23. März, erklärte Scharping in den ARD-Tagesthemen, „das politische Ziel sei unverändert, die Spirale der Gewalt zu durchbrechen und eine *humanitäre Katastrophe* zu verhindern". Zeitgleich mit dem Überfall verabschiedete der Europäische Rat in Berlin eine Erklärung, in der die Staats- und Regierungschefs der Aggressorstaaten dem angegriffenen Staat die Botschaft übermittelten: „Aggression darf sich nicht lohnen. Ein Aggressor muß wissen, daß er einen hohen Preis bezahlen muß. Das ist die Lehre des 20. Jahrhunderts."[259] Bei der Ausarbeitung des Entwurfs dieses grotesken Dokumentes hatten das Auswärtige Amt, Joseph Fischers Beamte nicht verabsäumt zu formulieren: „An der Schwelle zum 21. Jahrhundert darf Europa eine *humanitäre Katastrophe* in seiner Mitte nicht tolerieren."[260] Unmittelbar nach dem ersten Angriff wandte sich Bundeskanzler Schröder persönlich an die Öffentlichkeit und erläuterte, daß die NATO mit den Luftschlägen „... eine *humanitäre Katastrophe* verhindern (will)".[261] Da ihm diese Zielbeschreibung des Krieges so gut gefiel, wiederholte er sie zwei Tage

---

258 Rudolf Scharping: Wir dürfen nicht wegsehen, S. 80
259 Bulletin des Presse- und Informationsamtes der Bundesregierung, Nr. 30/ 1999, S. 331
260 Ebenda
261 dpa, 24.3.1999

später vor den Abgeordneten des Deutschen Bundestages: „Das Bündnis war zu diesem Schritt gezwungen, um weitere schwere und systematische Verletzungen der Menschenrechte in Kosovo zu unterbinden und um eine *humanitäre Katastrophe* dort zu verhindern."[262]

Mit den Kanzler-Ansprachen war der Anstoß gegeben, im ganzen Land erläuterten Regierungsmitglieder, Abgeordnete der Koalitions- und der CDU/CSU-FDP-Oppositionsparteien auf allen Ebenen, Kriegsbefürworter in den Ländern und Kommunen das humanitäre Kriegsziel. Ein besonders leuchtendes Beispiel nationaler Geschlossenheit zeigten CDU-Regierung und SPD-Opposition im Freistaat Sachsen. Mit den Unterschriften von Ministerpräsident Kurt Biedenkopf und der Fraktionsvorsitzenden Karl-Heinz Kunckel (SPD) und Fritz Hähle (CDU) veröffentlichten sie eine gemeinsame Erklärung, die folgende beeindruckende Sätze enthielt: „Gestern Abend haben NATO-Luftverbände Einsätze gegen militärische Ziele in Jugoslawien geflogen. An dieser Operation waren auch deutsche Luftwaffensoldaten beteiligt. Zum Glück sind alle gesund wiedergekommen ... Wir danken unseren Soldaten und hoffen, daß die Opfer auf allen Seiten gering sein mögen und die Vernunft bald den Sieg erringt."[263] Für letzteres bestand auch am sächsischen Hofe wenig Hoffnung, auch die hier verabschiedete Solidaritätsadresse an das rot-grüne Kriegskabinett in Berlin enthielt, nach der Bekräftigung der Schröderschen These „Wir befinden uns nicht im Krieg ... mit Jugoslawien", den obligatorischen Passus: „Wir führen militärische Schläge, die das Ziel haben, eine *humanitäre Katastrophe* für die Kosovo-Albaner zu beenden."[264]

An dieser Zielbeschreibung hielten die Kriegsbefürworter eisern fest, auch lange nach dem Krieg, und auch die Bundesregierung. In ihrer Antwort vom 11. Oktober 1999 auf eine Kleine An-

---

262 Gerhard Schröder: Regierungserklärung vom 27.3.1999, in: Blätter für deutsche und internationale Politik, 5/1999, S. 635
263 Presseinformation der SPD-Fraktion im Sächsischen Landtag Nr. 079/25.3.1999, zitiert nach: Horst Schneider: Kritische Anmerkungen zur NATO-Aggression gegen Jugoslawien, S. 31
264 Ebenda

frage der PDS-Fraktion im Bundestag bekräftigte sie: „79 Tage lang führte die NATO mit dem strategischen Ziel, eine *humanitäre Katastrophe* zu verhindern ... Luftschläge gegen die BRJ durch ..."[265]

Daß die Verhinderung einer „humanitären Katastrophe" und der „Schutz der Menschenrechte" ein Vorwand und zudem ein höchst durchsichtiger waren, war allen politisch halbwegs Gebildeten noch lange vor dem ersten Raketenschlag gegen Jugoslawien klar. Warum sollten ausgerechnet diejenigen, die in Jahrzehnten, von Vietnam bis Kurdistan humanitäre Katastrophen und Menschenrechtsverletzungen schwerster Art zu verantworten, gefördert oder zumindest geduldet haben, plötzlich zu so leidenschaftlichen Verfechtern von Humanität und Bürgerrechten geworden sein, daß sie selbst vor dem offenen Bruch der UN-Charta nicht zurückschreckten? Bis zum heutigen Tag hat keiner der edlen Menschenrechtskrieger diese simple Frage beantwortet; weder im Falle Jugoslawiens noch in den vorangegangenen Fällen völkerrechtswidriger Einmischung in die inneren Angelegenheiten anderer Staaten. Zutreffend stellte Wolfgang Richter, Vorsitzender der Gesellschaft für Bürgerrecht und Menschenwürde (GBM), deshalb in einem Beitrag zur Vorbereitung auf das Internationale Europäische Tribunal über den NATO-Krieg gegen Jugoslawien nach einer Analyse der westlichen Interventionspolitik nach 1945 sowie des Anspruches der USA auf „Ausübung einer Weltmenschenrechtsgendarmerie" fest, „daß die Begründung des Menschenrechtsinterventionismus der USA und der NATO im Krieg z. B. gegen den Irak und gegen Jugoslawien kein zufälliges und bloß zeitweiliges Moment ihrer gegenwärtigen Politik, sondern Kernstück ihres Bemühens ist, ihrem politischen Wirken die höhere Weihe von ‚Legitimität' zu geben".[266]

Kritiker des Krieges verwiesen wiederholt darauf, daß die Erklärung, eine „humanitäre Katastrophe" durch Krieg abwehren, Menschenrechte durch militärisch organisierten Menschenmord schützen zu wollen, von einer Perversion des Denkens zeugt. So

---

265 14. Deutscher Bundestag, Drucksache 14/1788, S. 2
266 Wolfgang Richter: Der Jugoslawienkrieg und die Menschenrechte, in: Die deutsche Verantwortung für den NATO-Krieg gegen Jugoslawien, S. 43

bestechend diese Diagnose auch sein mag, so billigt sie letztlich den Verantwortlichen für die Aggression edle, wenn schließlich auch pervertierte, also lediglich unheilvoll angewandte Motive zu. In Wahrheit diente die Menschenrechtsrhetorik auch im Falle des Bombenterrors gegen Jugoslawien der Rechtfertigung, der Legalisierung des Krieges. „Wer wollte sich gegen die Menschenrechte und eine ihnen folgende Politik aussprechen?" fragten Wolf-Dieter Narr, Roland Roth und Klaus Vack in ihrer „Pazifistisch-menschenrechtlichen Streitschrift" vom Dezember 1999, um fortzufahren: „Den Menschenrechtszaubersack kann man fast nach Belieben füllen, zubinden oder offen lassen. Menschenrechte eignen sich bestens dazu, daß Menschen ihre Hoffnung darauf projizieren. Eine an sich gute Sache. Darum muß gar nicht lange geprüft werden, ob diejenigen, die die Menschenrechte anbieten, und die Sache, für die sie eingesetzt werden sollen, in bester menschenrechtlicher Ordnung sind. Wie Moral am trickreichsten mit großem moralischem Aufwand unterwandert wird, so gilt Gleiches für die Menschenrechte. Das nennt man Doppelmoral oder Doppelmenschenrechte."[267]

So sehr sich die deutschen „Doppelmoralisten" Schröder, Scharping und Fischer im Bunde mit ihren NATO-Partnern auch bemühten, als Kriegsziel die Vermeidung einer „humanitären Katastrophe" – „ein Unwort", wie Horst Grabert anführte, „denn Katastrophen sind nie humanitär" – auszugeben, auf Dauer hatte diese Begründung keinen Bestand. Der Krieg selbst strafte sie Lügen.

Aber selbst wenn dem nicht so wäre, wenn die Katastrophenverhinderung kein vorgetäuschtes, sondern das tatsächliche oder zumindest eines der Ziele des Krieges gewesen wäre, bleibt die Frage, ob die NATO es erreicht oder verfehlt hat? Auch in diesem Fall gab der Krieg die Antwort; er verhinderte keine „humanitäre Katastrophe", er schuf sie.

Als am Mittwoch, den 24. März 1999, die NATO-Kampfflugzeuge von ihren Flugbasen in den USA, in Deutschland, Italien, Bosnien, Mazedonien, Ungarn, von den in der Adria und im

---

[267] Wolf-Dieter Narr/Roland Roth/Klaus Vack: Wider kriegerische Menschenrechte, S. 53

Mittelmeer kreuzenden Flugzeugträgern starteten, um pünktlich um 20.00 Uhr zum ersten Mal ihre tödliche Last ins Ziel zu bringen, lebten die rund 10 Millionen Jugoslawen in großer Anspannung. Die Menschen litten unter dem Druck des Ultimatums, der Kriegsdrohung der NATO und den anhaltenden bewaffneten Auseinandersetzungen in Kosovo und Metohien, vor denen mehrere Zehntausende aus Dörfern und Städten geflohen waren, an den Folgen des gewaltsamen Zerfalls der früheren jugoslawischen Föderation in der 1. Hälfte der 90er Jahre und an den Auswirkungen der jahrelangen Wirtschaftssanktionen. Eine „humanitäre Katastrophe" gab es nicht, auch nicht in dem südserbischen autonomen Gebiet. Mit der Detonation der ersten Raketen und Bomben ändert sich das schlagartig.

Die Kriegsfurie packt das Land, bringt Schmerz und Elend, Tod und Zerstörung, ruft trostlose Niedergeschlagenheit hervor und weckt heldenmütigen Widerstandswillen, stürzt ganz Jugoslawien in den Notstand und Kosovo ins Chaos, verwandelt Verzweiflung in Zorn, Wut und nationalen Haß. In Kosovo und Metohien beginnt ein Massenexodus von nahezu biblischen Ausmaßen. Während zwischen dem März 1998 und dem März 1999 170.000 Bewohner vor den Auseinandersetzungen zwischen der UCK und den jugoslawischen Sicherheitskräften aus dem Gebiet geflohen waren, flüchten im ersten Kriegsmonat 600.000 Menschen, vierzigmal mehr als während der Monate im zurückliegenden Jahr. Zum Kriegsende sind es 800.000, darunter 70.000 Serben und Roma, zum größten Teil aber albanische Bewohner des Gebietes. Sie verlassen das Gebiet – flüchtend vor den NATO-Bomben, die Serben und Albaner töten, allein Priština wird 280 mal von der NATO angegriffen, vertrieben von serbischen Paramilitärs, den Aufrufen der UCK folgend und ihren Terror gegen „Kollaborateure" fürchtend, Schutz suchend vor den Kämpfen zwischen der UCK und dem jugoslawischen Militär.

Kosovo und Metohien versinkt im Grauen des Krieges und ganz Jugoslawien blutet aus unzähligen Wunden. Pechschwarze kilometerhohe Rauchschwaden aus den 23 zerstörten Raffinerien und Chemieanlagen überziehen das Land. Die NATO bombardiert systematisch die sensitiven Produktionsstätten, deren Zerstörung zu den größten Umweltschäden führen mußte und zu denen Jugoslawien zuvor Warnhinweise verbreitet hatte. Aus Petrochemie- und Chemiefabriken werden Bomben. Die indirekte chemische Kriegsführung setzt riesige Mengen hochgiftiger Substanzen frei, allein im Industriegebiet von Pančevo, nahe der Millionenstadt Belgrad, neben Unmengen von Phosgen 1.200 Tonnen Vinylchloridmonomer, 3.000 Tonnen Natriumhydroxid, 800 Tonnen Salzsäure, 250 Tonnen Ammoniakflüssigkeit und 8 Tonnen Quecksilber. Vergiftet werden Flüsse, weite Ackerflächen, das Grundwasser und damit die Wasserreservoirs für Hunderttausende von Menschen.

Zertrümmert oder demoliert werden 60 Brücken, 19 Bahnhöfe, 13 Flughäfen, 480 Schulobjekte, 365 Klöster, Kirchen, Kultur- und historische Gedenkstätten, darunter der Park des Gedenkens an die im Zweiten Weltkrieg von der deutschen Wehrmacht erschossenen 7.000 jugoslawischen Bürger in Kragujevac. Mit herkömmlichen und Graphitbomben werden die Hauptelektrizitätswerke angegriffen und über längere Zeiträume bis zu 70 Prozent der Bevölkerung von der Stromversorgung abgeschnitten. Die Auswirkungen für die Grundversorgung der Zivilbevölkerung, für Krankenhäuser, Geburtskliniken, Inkubatoren, Wasserpumpen und viele andere Bereiche sind katastrophal, zeitweilig kann die Bevölkerung durch den Ausfall der Alarmsirenen nicht einmal mehr vor den Angriffen der Terrorpiloten gewarnt werden. Zerschlagen werden die Relaisstationen für Rundfunk und Fernsehen, darunter die in der unmittelbaren Nähe der nationalen Gedenkstätten auf dem Avala-Berg bei Belgrad und dem Lovćen in Montenegro.

Zerstört oder beschädigt werden 110 Krankenhäuser, lebensnotwendige medizinische Geräte, Hilfs- und Arzneimittel. Infolge der Zerstörung von Straßen, Brücken und Bahngleisen sowie des Kraftstoffmangels nach der Zertrümmerung der Raffinerien muß die Behandlung von Patienten mit chronischen Herz- und Nierenerkrankungen, von Diabetes- und Krebspatienten unterbrochen oder verspätet durchgeführt werden. Der wochenlange Aufenthalt in Schutzkellern führt zum Ausbruch von schweren Darmerkrankungen.

In Schutt und Asche gelegt werden 121 Industriebetriebe, in denen 600.000 Jugoslawen in Arbeit und Brot standen. Rund 2,5 Millionen Menschen verlieren damit ihre Existenzgrundlage. Über 2.500 Menschen werden getötet, mehr als 10.000 schwer oder leicht verletzt. Dreißig Prozent aller Getöteten und vierzig Prozent der Verstümmelten und Verletzten sind Kinder.

In den 78 Tagen zwischen dem 24. März und dem 10. Juni 1999 wirft die NATO mehr Sprengstoff über der Bundesrepublik Jugoslawien ab, als während der vier Jahre des Zweiten Weltkrieges in dem damals wesentlich größeren Jugoslawien eingesetzt wurde. Abgefeuert werden 31.000 Geschosse mit sogenanntem abgereicherten Uran, die etwa zehn Tonnen radioaktives Uran freisetzen und weite Gebiete auf lange Zeit verseuchen. B-1-Bomber und Kampfflugzeuge des Typs F-16 werfen Splitterbomben, auch „Streubomben" genannt, ab, Metallbehälter, 450 Kilogramm schwer, in denen sich bis zu 202 Einzelbomben mit jeweils 1.800 rasiermesserscharfen Metallsplittern befinden und die auf einer Fläche von 150 mal 1.000 Metern tötlich wirken. Nach dem Krieg wird von der NATO eingestanden werden, daß bis zu 30.000 dieser Splitterbomben nicht explodierten und, gefährlichen Minen gleich, noch Jahre danach das Leben der Menschen bedrohen.[268] Tief besorgt zeigten sich einige NATO-Regierungen, daß der von der Uranmunition herrührende radioaktive Staub ihren Soldaten in den KFOR-Einheiten Blut und Eingeweide zerfrißt; das Schicksal der Bewohner Kosovos und Metohiens, deren Menschenrechte man angeblich schützen wollte, scherte sie wenig. Von der Hardthöhe herab wurden die spätestens seit dem Golfkrieg nachgewiesenen Gefahren gleich für beide Seiten – für „unsere Jungs" wie für die Zivilbevölkerung – heruntergespielt.

Die Fotos von den durch Splitterbomben im Zentrum von Nis, auf dem Marktplatz in der Nähe der Universität und des Stadtkrankenhauses, erschlagenen und zerstückelten Menschen

---

268 Die Angaben über Kriegsopfer und -schäden basieren auf Beiträgen, die auf dem internationalem Hearing zum Europäischen Tribunal über den NATO-Krieg gegen Jugoslawien am 30. Oktober in Berlin vorgetragen wurden. Siehe: Die Wahrheit über den NATO-Krieg gegen Jugoslawien. Hrsg. Wolfgang Richter, Elmar Schmähling, Eckart Spoo, Sckkeuditz 2000

gingen um den Erdball ebenso wie die apokalyptischen Bilder der grauenhaften Folgen der Angriffe auf die Raffinerien in Pančevo und Novi Sad, auf den Personenzug auf der Brücke über die Schlucht von Grdelička, auf den Flüchtlingskonvoi bei Djakovica, auf das Dorf Koriša und auf das Wohnviertel in Aleksinac. Weltweit riefen sie Entsetzen hervor. Doch sie gaben nur einen kleinen Ausschnitt des Grauens und der Not wieder, die der Krieg der NATO über Jugoslawien und seine Menschen gebracht hatte.

Was hatten Schröder, Scharping und Fischer und all die anderen zu Beginn des Krieges erklärt, lautstark und voller Pathos? Ziel der Luftschläge sei es, „eine humanitäre Katastrophe zu verhindern". Wenn das das tatsächliche Ziel des Krieges der NATO gewesen wäre, und nicht nur ein vorgetäuschtes, dann hätten sie es grausam verfehlt, dann hätten sie auch in dieser Hinsicht keinen Sieg errungen, sondern eine schändliche Niederlage erlitten.

Mißlungener Probelauf für neue NATO-Strategie

So häufig und penetrant die Berliner Regierung die vorgebliche humanitäre Mission der NATO in die Welt posaunte, so verschwiegen zeigte sie sich im Hinblick auf deren machtpolitische Ziele. Ungewöhnlich war das keineswegs, denn schließlich gehörten letztere gewissermaßen zur Intimsphäre der Herren Schröder, Scharping und Fischer. Auf diesen Umstand hatte der SPD-Politiker Egon Bahr schon am 3. Kriegstag, wenn auch ohne Nennung seiner kriegseifrigen Parteifreunde und deren Kriegskameraden in und außerhalb der Koalition, hingewiesen, als er in einer Rede bei den Potsdamer Frühjahrsgesprächen einleitend ausführte: „Es gibt ein paar Vokabeln, die wenig gebraucht werden, jedenfalls in den Erklärungen von Regierungen. Dazu gehören Macht, Herrschaft und Einfluß. Das war anders zu Zeiten, in denen die Verteidigungsminister noch Kriegsminister genannt wurden. Aber auch wenn ich von meiner Intimsphäre nicht gern spreche, so gibt es sie doch. Und auch, wenn die Staaten von ihren intimen Erwägungen nicht gern sprechen, so spielen Macht, Herrschaft und Einfluß ihre unveränderte Rolle, gewichtig, bewegend, oft entscheidend. Wer das nicht berücksichtigt oder leugnet, wird die Lage und die Entwicklung falsch analysieren und zu Fehleinschätzungen kommen."[269]

Im NATO-Krieg gegen Jugoslawien gab es derartige machtpolitischen Ziele, „Erwägungen", die mit „Macht, Herrschaft und Einfluß" verbunden waren, reichlich, im Übermaß. Ziel der NATO war es unter anderem, Jugoslawien endgültig zu zerschlagen, die Osterweiterung des Paktes voranzubringen, den Einfluß Rußlands auf dem Balkan weiter zurückzudrängen und seine Einkreisung zu vollenden. Dafür, daß gerade das im Kalten Krieg vom Westen so umworbene Jugoslawien nach der politischen Zeitenwende am Ende der 80er und zu Beginn der 90er Jahre in das Visier der NATO geriet, gibt es viele Gründe. Sie wurden an anderer Stelle ausführlich behandelt.[270] Hier soll nur an vier Einschätzungen erinnert werden, die allein schon ausreichen, um sich ein Bild von einigen Motiven bundesdeutscher und NATO-Jugoslawienpolitik zu machen.

Die erste nannte sich „Positionspapier", erarbeitet worden war es im Mai 1991 im Auswärtigen Amt, damals geleitet von Hans-Dietrich Genscher, und „Position" wurde zum Konflikt zwischen Kroatien und Slowenien einerseits und Serbien andererseits um die Zukunft des jugoslawischen Vielvölkerstaates bezogen: „Es geht vor allem um einen Kampf der Marktwirtschaft gegen zentralistische Kommandowirtschaft, von demokratischen Pluralismus gegen Einparteienherrschaft, von Rechtsstaatlichkeit gegen militärische Repression."[271] Es versteht sich, daß im Auswärtigen Amt Serbien als Hort der „zentralistischen Kommandowirtschaft", der „Einparteienherrschaft" und der „militärischen Repression" galt, hatte sich doch dort in demokratischen Wahlen im Unterschied zu den beiden nördlichen Republiken die Sozialistische Partei durchgesetzt, die partout nicht völlig von der Selbstverwaltung lassen wollte und zudem für den Erhalt der jugoslawischen Föderation eintrat. „Kommandowirtschaft", „Einpar-

---

269 Egon Bahr: Selbstbestimmung der Völker und Schutz für Minderheiten, Rede am 26.3.1999 bei Potsdamer Frühjahrsgesprächen
270 Siehe Ralph Hartmann: Die ehrlichen Makler, S. 183-203
271 Zitiert nach: Die Zeit, 8.3.1996, S. 13

teienherrschaft", „Repression" waren die Schlagworte, mit denen in der Systemauseinandersetzung die europäischen sozialistischen Länder – mit Ausnahme Jugoslawiens – bedacht worden waren; nun, nach dem Untergang des Realsozialismus in Europa, wurden diese Todschlagsargumente gegen Serbien und „Restjugoslawien" verwandt, die stellvertretend für die Untergegangenen zu Aussätzigen erklärt wurden.

Die zweite Einschätzung stammt von Rupert Scholz, dem ehemaligen Verteidigungsminister und jetzigen Verfassungsrichter, der, ebenfalls 1991, auf einer Strategietagung von Rüstungsmanagern und hohen Bundeswehroffizieren aus seinem Herzen keine Mördergrube machte: „Wir glauben, daß wir die wichtigsten Folgen des Zweiten Weltkrieges überwunden und bewältigt hätten, aber in anderen Bereichen sind wir damit befaßt, noch die Folgen des Ersten Weltkrieges zu bewältigen ... Jugoslawien ist als eine Folge des Ersten Weltkrieges eine sehr künstliche, mit dem Selbstbestimmungsrecht nie vereinbar gewesene Konstruktion." Ein geeinter und starker südslawischer Staat auf dem Balkan mißfiel dem Erzkonservativen Scholz ebenso wie seinen Vorgängern in den voran- und untergegangenen deutschen Reichen. Deshalb empfahl er, daß „Kroatien und Slowenien völkerrechtlich unmittelbar anerkannt werden müssen ...Wenn eine solche Anerkennung erfolgt ist, dann handelt es sich im Jugoslawienkonflikt nicht mehr um ein innenpolitisches Problem Jugoslawiens, in das international nicht interveniert werden dürfe ..." Scholz ließ keinen Zweifel aufkommen, daß an einer dann möglichen Intervention auch die deutsche Bundesrepublik beteiligt sein müßte.[272] Deshalb empfahl er zur Überwindung der Weltkriegsfolgen die völkerrechtliche Anerkennung der sich abspaltenden Republiken, die eine „internationale Intervention" ermöglichen würde.

Die dritte erhellende Bewertung war zwei Jahre später zu lesen, in der namhaften US-Zeitschrift „Political Affairs". Sie war 1993 aufschlußreich, aber auch heute noch ist sie besonders all jenen zum Lesen zu empfehlen, die meinten, politisch nur dann

---

272 Rupert Scholz: Vortrag auf dem 6. Fürstenfeldbrucker Symposium für Führungskräfte aus Bundeswehr und Wirtschaft am 23. und 24. September 1991, in: bbw-Dokumentationsreihe Nr. 20, S. 20/21

gegen die NATO-Einmischungspolitik glaubwürdig auftreten zu können, wenn sie sich gleichzeitig schärfstens vom „Belgrader Regime" abgrenzten. „Political Affairs" schrieb: „Alle abgefallenen Republiken sind auf den kapitalistischen Weg eingeschworen, während die Bevölkerung der bei Jugoslawien verbliebenen Republiken (Serbien und Montenegro), trotz massiver USA-Finanzhilfe für die Opposition auch 1993 sozialistische Kandidaten unterstützt hat. Der Haß des Westens ist aber nicht nur auf die sozialistische Wahl, sondern auch auf den Widerstand der Serben gegen die neue Weltordnung zurückzuführen."[273]

Auch sieben Jahre später hatte sich der „Haß des Westens" nicht gelegt. Christian Schwarz-Schilling, Bundesminister a. D., umtriebiger Kriegsbefürworter schon lange vor dem Krieg und sinnigerweise stellvertretender Vorsitzender des Ausschusses für Menschenrechte und humanitäre Hilfe im Deutschen Bundestag, artikulierte ihn – die vierte Einschätzung liefernd – mit einprägsamen Worten: „Der positive Aufbruch Osteuropas ging an einem Land vollkommen vorbei. Das war Jugoslawien. Wie ein blutender Pfahl der Vergangenheit steckte er fest und unverrückbar im Fleische der osteuropäischen Region."[274]

Dieser „blutende Pfahl" mußte, koste es, was es wolle, herausgerissen werden, wenn die osteuropäische Region ohne Ausnahme in das westliche Wertesystem, in neoliberale Marktwirtschaft und Demokratie, und keineswegs zuletzt in die Militärallianz integriert werden sollte, die mittlerweile bis zum Bug vorgedrungen ist und seine Fühler weit in den sogenannten euro-asiatischen Raum ausgestreckt hat, sinnigerweise aber noch immer den schon bei seiner Gründung unzutreffenden Namen „North Atlantic Treaty Organisation", „Nordatlantikpakt", beibehält.

Als im NATO-Rat die Entscheidung zum Angriff fiel, ging es jedoch nicht allein um Jugoslawien, um Milošević und schon gar nicht um Kosovo, das – und auch das eine der üblichen politischen Etikettenschwindeleien – den Tarnnamen für die Aggressi-

---

273 Political Affairs, 7/1993
274 Zitiert nach Hans-Rüdiger Minow: Vier apokalyptische Reiter, in: Der Terror des Krieges, München 2000, S. 9

on abgeben mußte: „Kosovo-Krieg". Unter der Führung Washingtons verfolgte der Pakt im Feldzug gegen Jugoslawien von Anfang an weitreichende globalstrategische Ziele, auf die von unterschiedlichster Seite aufmerksam gemacht wurde.

Darunter auch von zwei Botschaftern, einem jugoslawischen und einem deutschen. Der eine schrieb, daß „es den einflußreichen transatlantischen Kräften, die unter Mißachtung aller Prinzipien des Völkerrechts massiven militärischen Druck auf ein souveränes europäisches Land ausgelöst haben, in erster Linie darum geht, das Gewaltmonopol der Vereinten Nationen zu brechen und an seine Stelle das Recht auf Selbstmandatierung zum Einsatz militärischer Gewalt zu setzen. Auch in der Bundesrepublik Deutschland weisen immer mehr besonnene Stimmen darauf hin, daß mit einer solchen Politik die Charta der Vereinten Nationen und die Prinzipien der Helsinki-Schlußakte, das Völkerrecht selbst durch das Recht des Stärkeren, durch das Faustrecht ersetzt werden sollen, was bei weitem nicht nur katastrophale Folgen für Serbien und Jugoslawien, sondern für die gesamte internationale Staatengemeinschaft und ihre friedliche Zukunft haben würde."[275] Der andere erklärte zu den Motiven für das Diktat von Rambouillet: „Nach meiner Beurteilung ist die NATO-Doktrin der Schlüssel zur Beantwortung dieser Frage. Man wußte, daß die neue Doktrin Diskussionen u. a. in den europäischen Ländern auslösen würde. Daher sollte sich die NATO in diesem Konflikt als Ordnungsmacht präsentieren. Das Kalkül war: Wenn Milošević nicht bereits vorher einknickt, dann wird er nach fünf Tagen vor der NATO-Macht einknicken. Dann ist sie unbestritten das Nonplusultra zur Durchsetzung einer Ordnung. Daß dieses Konzept gescheitert ist, wissen wir. Kurzum, mögliche Alternativen waren nicht interessant, gewollt war die Vorführung der neuen Doktrin. Es ging nicht um das Kosovo."[276]

Abgesehen von der Wortwahl eine bemerkenswerte Übereinstimmung! Autor der ersten Definition der USA- und NATO-Ziele war Zoran Jeremić, Botschafter der Bundesrepublik Jugo-

---

275 Tanjug, 24.2.1999
276 Horst Grabert: Die vielen Gesichter des Kosovo-Krieges, in: Der Kosovo-Krieg, S. 28

slawien in der Bundesrepublik Deutschland. Enthalten war sie in einem vor dem Krieg verfaßten offenen Brief an die Abgeordneten des Deutschen Bundestages, in dem leidenschaftlich appelliert wurde, einem militärischen Einsatz deutscher Soldaten und Offiziere gegen Jugoslawien nicht zuzustimmen. Die zweite Einschätzung stammte von Horst Grabert, in den 80er Jahren Botschafter der Bundesrepublik Deutschland in der Sozialistischen Föderativen Republik Jugoslawien. Getroffen wurde sie in einem Vortrag unmittelbar nach dem Krieg. Der Appell des jugoslawischen Botschafters, der kurz nach dem Überfall nach Belgrad zurückberufen wurde, blieb ohne Echo; die Einschätzung des deutschen, mittlerweile a. D., aber immer noch rührig, stieß bei seinen Ex-Kollegen im Auswärtigen Amt und in der rot-grünen Regierung auf wenig Gegenliebe.

Mit ihren Auffassungen standen die beiden Botschafter bekanntlich nicht allein. Geteilt wurde ihre Bewertung der Kriegsziele von vielen, wobei manch einer nicht vor drastischen Worten zurückschreckte. So auch Heleno Saña, der von sich sagt, er sei nicht Schriftsteller geworden, um den Reichen die Schuhe zu putzen. Er umriß die Ziele der von den USA geführten Allianz gegenüber Jugoslawien mit folgenden Sätzen: „Die USA fühlen sich seit langem im zunehmenden Maße dazu berufen, die Welt zu kommandieren; entsprechend dulden sie immer weniger, daß diese Führungsrolle in Abrede gestellt wird. Dort, wo Dollar-Diplomatie, Erpressung und Ultimaten nicht reichen, um die eigenen Interessen durchzusetzen, wird Gewalt angewandt. ‚Küss meinen Arsch, oder ich poliere dir die Fresse.' So charakterisierte der britische Dramatiker Harold Pinter im Interview mit der Pariser Tageszeitung ‚Liberation' die USA-Politik. Gründe dafür lassen sich von der Propaganda-Maschinerie immer herbeizaubern, und sie sind ausnahmslos stets erhabener Natur: humanitäre Hilfe, Verteidigung der Menschenrechte, Schutz für Verfolgte und unterdrückte Minderheiten, friedensstiftende Missionen usw. Die Bösen und Schuldigen sind immer die anderen, wie jetzt Milošević."[277] Nicht weniger einprägsam äußerte sich einer der renom-

---

277 Zitiert nach Informationsmaterial „Sozialer Humanismus. Initiative zweite Aufklärung", Mai/1999

miertesten USA-Wissenschaftler, Noam Chomsky, Professor am Massachusetts Institute of Technology in Boston, zu den globalstrategischen Zielen der NATO-Führungsmacht USA auf dem Balkan: „Wir müssen auf das Bild des Mafia-Bosses zurückkommen. Wenn jemand kein Schutzgeld bezahlt, dann muß der Mafia-Boss seine ‚Glaubwürdigkeit' wieder herstellen, damit nicht noch andere auf die dumme Idee kommen, den Gehorsam zu verweigern. Was Clinton & Co sagen ist: Es ist notwendig, daß alle genügend Angst vor dem Weltpolizisten haben."[278]

Ganz gleich, mit welcher Ausgewogenheit oder Schärfe die Genannten und andere formulierten, sie alle stimmten darin überein, daß es der NATO bei ihrem Angriffskrieg gegen Jugoslawien keineswegs um Kosovo und Metohien ging. Ziel des Krieges war der Krieg selbst, um die Macht der NATO zu demonstrieren und den Staaten der Erde die Lektion zu erteilen, daß fortan nicht das Recht der Gleichberechtigten, UNO-Charta und Völkerrecht, sondern das Recht der Stärkeren gilt. Ziel war es, die neue NATO-Strategie zu erproben und durchzusetzen.

Wurde dieses Ziel erreicht? Hat die Allianz am Beispiel Jugoslawiens der Welt die Botschaft übermittelt, daß sie jeden ins Visier genommenen Gegner, jeden kleineren oder größeren Staat in kurzer Zeit und ohne spürbare eigene Verluste in Grund und Boden bomben kann, wenn er sich dem Willen der Allianz widersetzt? Zweifel sind angesagt. Natürlich hat die NATO mitten im Krieg gegen Jugoslawien, am 23. und 24. April 1999, auf dem Jubiläumsgipfel in Washington ein „aktualisiertes strategisches Konzept" verabschiedet. Diese neue NATO-Strategie sieht bekanntlich eine geographische Ausdehnung des sogenannten Bündnisgebietes auf eine Grauzone, genannt „euro-atlantischer Raum", und eine funktionelle Erweiterung – statt Verteidigungsbündnis soll der Pakt künftig ein Instrument der Krisenintervention sein – vor. Aktiv soll er nicht nur im Verteidigungsfall werden, sondern u. a. auch bei Gefahr für die Zufuhr lebenswichtiger Ressourcen, Gefahren durch Terrorismus, bei drohenden Flüchtlingsströmen, in Fällen politischer Destabilisierung und im Falle der

---

278 Zitiert nach Winfried Wolf: Bombengeschäfte. Zur politischen Ökonomie des Kosovo-Krieges, Hamburg 1999, S.

Verbreitung von Massenvernichtungswaffen. Derartige Kriseninterventionen sollen möglichst mit UN-Mandat erfolgen, notfalls aber auch ohne ein solches Mandat, d. h., wie im Krieg gegen Jugoslawien, per Selbstmandatierung.

Glanz und protokollarischer Pomp der Jubiläumsveranstaltung zum 50. Jahrestag der Paktgründung konnten nicht darüber hinwegtäuschen, daß der exemplarische Krieg, der Probe-Krieg nicht so verlief wie geplant. Der durchschlagende Erfolg war längst ausgeblieben, und die übermächtige Allianz mußte vor den Augen der entsetzten, aber aufmerksamen Nicht-NATO-Staaten noch sieben Wochen länger bomben, maßlos und wie von Sinnen auf ein relativ kleines Land einschlagen, ehe sie sich vor einem Desaster mit Hilfe der Russen und unter Rückkehr unter das Dach der UNO retten konnte. Die NATO wollte der Welt eine Lektion erteilen, und hatte selbst allen Grund, für sie bittere Lehren zu ziehen.

Noch kurz vor dem Kriegsende mußte selbst der stockkonservative Karl Lamers, der stets strategisch denkende außenpolitische Sprecher der CDU/CSU-Bundestagsfraktion, feststellen: „Man darf nicht vergessen, daß der Erfolg an einem seidenen Faden hängt. Die neue NATO-Strategie wird mit Sicherheit im Lichte der Kosovo-Erfahrung anders gelesen werden, als ihre Autoren es sich vorgestellt haben."[279] Wenige Tage später schrieb Torsten Wöhlert im „Freitag": „Wenn es in NATO-Kreisen je Überlegungen gab, Kosovo zu nutzen, um die eigene Omnipotenz zu beweisen, indem man die UNO umgeht, Rußland vorführt und Europa an die Kandare legt, dann ist dieses Vorhaben bisher gründlich gescheitert. Kritische Geister in Washington und Brüssel wissen längst, daß die Allianz noch einmal mit einem blauen Auge davonkommt – so es bei der von Belgrad gebilligten Konfliktlösung bleibt."[280] Zeitgleich hatte Reinhard Mutz, Mitautor des „Friedensgutachtens 1999" und Vizedirektor des Instituts für Friedensforschung und Sicherheitspolitik an der Universität Hamburg, noch deutlichere Worte gefunden. Auf die Frage des „Neuen Deutschlands": „Sie vertreten die These, die NATO

---

279 Interview mit Karl Lamers in taz, 5.6.1999
280 Freitag, 11.6.1999

praktiziere im Kosovo-Konflikt ihre neue Strategie der weltweiten Interventionen auch ohne UNO-Mandat. Ist sie dann nach dem bisherigen Kriegsverlauf nicht schon gescheitert, bevor sie richtig zu greifen beginnt?" antwortete der Friedensforscher kurz und knapp: „Natürlich ist sie gescheitert. Wenn das der Probelauf war, dann war er keine Ermunterung zur Fortsetzung."[281]

Wenn schon der Verlauf der Aggression und die Unbeugsamkeit Jugoslawiens die Erreichung des globalstrategischen Kriegsziels der NATO in Frage stellten und keine „Ermunterung zur Fortsetzung" der neuen Strategie waren, um wieviel mehr Anlaß zur Ernüchterung gab dann die dem Krieg nachfolgende Reaktion anderer Staaten, von Großmächten, an deren Adresse die Kosovo-Botschaft vor allem gerichtet war?

Vor allem in Moskau und Peking sollte der geplante siegreiche Blitzkrieg gegen Jugoslawien davon künden, daß die USA nach dem Zusammenbruch des Realsozialismus in Europa und dem Ende des Gleichgewichts des Schreckens dank eigener militärischer Überlegenheit und mittels des NATO-Knüppels endgültig zur unumstrittenen Nummer 1 in der internationalen Arena, zum Weltgendarm in der von Präsident Bush schon 1990 proklamierten „Neuen Weltordnung" aufgestiegen sind. Auch vor dem Niedergang und dem Zerfall der zweiten Supermacht, der Sowjetunion, hatten die USA Weltherrschaftspläne verfolgt, öffentlich verkündeten sie sie höchstens in verbrämter Form. In den 90er Jahren veränderte sich das.

In seinem vielzitierten Buch „Die einzige Weltmacht" schrieb Zbigniew Brzezinski in aller Offenheit: „Der Zusammenbruch ihres Rivalen versetzte die Vereinigten Staaten in eine außergewöhnliche Lage. Sie wurden gleichzeitig die erste und die einzig wirkliche Weltmacht."[282] Die offiziellen Repräsentanten der USA standen ihm nicht nach. Bill Clinton erklärte in seiner Rede zur Amtseinführung schon 1993: „Ganz sicher muß Amerika auch weiterhin die Welt anführen."[283] Und Madeleine Albright führte

---

281 Gespräch mit Reinhard Mutz in Neues Deutschland, 9.6.1999
282 Zbigniew Brzezinski: Die einzige Weltmacht, Weinheim und Berlin 1997, S. 26
283 AFP, 20.1.1993

am 30. Oktober 1998 – kurz nach dem Milošević-Holbrooke-Abkommen – aus: „Fast während meines ganzen Lebens hat Amerika im internationalen System eine führende Rolle gespielt. Und heute ist dieser Einfluß der amerikanischen Führungsrolle von den Straßen Sarajewos bis zu den Dörfern im Nahen Osten, von den Klassenzimmern Zentralamerikas bis zu den Gerichtssälen Den Haags spürbarer denn je."[284]

Wie dieser Anspruch auf Weltherrschaft notfalls durchzusetzen ist, dafür sollte der Krieg gegen Jugoslawien ein Paradebeispiel sein. Das war er nun nicht gerade, aber noch nach dem Krieg erklärte der NATO-Oberkommandeur Wesley Clark, daß der Krieg gegen Jugoslawien „ein ganz entscheidender Präzedenzfall für das kommende Jahrhundert" gewesen sei.[285]

Wohin zielte dieser „Präzedenzfall"? Antworten auf diese Frage werden in West und Ost gegeben. In einer Studie der Hamburger Bundeswehruniversität lautete die ausreichend präzise westliche Antwort: „Der Einsatz militärischer Kräfte der NATO im Kosovo ... wird als Präzedenzfall für mögliche künftige Einsätze im unmittelbaren Vorfeld Rußlands gewertet, etwa im Kaukasus."[286] Die östliche Antwort gab Boris Schmeljow, Prorektor der Hochschule für internationale Beziehungen in Moskau. Er sieht das geopolitische Ziel des Vorgehens der NATO in Kosovo im folgenden: „Ohne Kontrolle über Jugoslawien gibt es keine Kontrolle über den Balkan. Ohne Kontrolle des Balkans gibt es keine Kontrolle über das Schwarzmeergebiet. Und ohne diese keine Kontrolle über Transkaukasien und die Ölfelder von Baku. Der Krieg gegen Jugoslawien ist eine Vorbereitung auf den Krieg gegen Rußland."[287] Natürlich ist diese Darstellung etwas vereinfacht. Heutzutage führen noch ganz andere Wege zu den Ölfeldern von Baku, die USA-Konzerne sind sie längst gegangen. Aber daß der Krieg gegen Jugoslawien letztlich gegen Rußland zielte, steht außer Frage.

---

284 Zitiert nach UZ, 2.4.1999
285 Berliner Zeitung, 12.7.1999
286 Zitiert nach Neues Deutschland, 28.4.1999
287 Interview mit Boris Schmeljow in Junge Welt, 5./6.6.1999

Die Raketen flogen gegen Belgrad, gegen Niš, Kragujevac, Priština, aber im Visier der NATO- und US-Strategen lagen auch fernere, östlichere Gebiete, und darunter die zentralasiatische Region und das Kaspische Becken, die laut Zbigniew Brzezinski „über Erdgas- und Erdölvorräte verfügen, die jene Kuwaits, des Golfs von Mexiko oder der Nordsee weit in den Schatten stellen".[288] Hier – so Brzezinski – müsse es „Amerikas primäres Interesse folglich sein, mit dafür zu sorgen, daß keine einzelne Macht" (*also Rußland*) „die Kontrolle über dieses Gebiet erlangt und daß die Weltgemeinschaft" (*sprich: die USA und mit ihr die NATO, die sich, wie z. B. in Kosovo, so gern als „internationale" oder „Weltgemeinschaft" ausgeben*) „ungehinderten finanziellen und wirtschaftlichen Zugang zu ihm hat".[289]

Noch deutlicher äußerte sich der damalige Vize-Direktor im Büro des Staatssekretärs im US-Verteidigungsministerium David Tucker. Noch vor dem „Kosovo-Krieg" schrieb er, daß es für die USA nur eine Region gebe, für die es sich wirklich zu kämpfen lohne. Dies sei „das Gebiet vom Persischen Golf nördlich bis zum Kaspischen Meer und östlich bis nach Zentralasien".[290]

Verständlicherweise blieb Rußland gegenüber diesen Überlegungen nicht tatenlos, zumal ihnen zeitgleich mit dem Krieg gegen Jugoslawien und der Verabschiedung der neuen NATO-Strategie längst Taten, das schrittweise Vordringen des Paktes in die erdölreichen, ehemals zur Sowjetunion gehörenden Länder und die Planung von Erdöltrassen unter Umgehung russischen Staatsterritoriums, gefolgt waren. Moskau fühlt sich durch diese Entwicklung ernsthaft bedroht und durch die Aggression auf dem Balkan ist dieses Bedrohungsgefühl gewachsen. Nicht zufällig verband Außenminister Iwanow in der Periode nach der Aggression seine Kritik am Vorgehen des Westens in Kosovo mit scharfen Warnungen vor einer Expansionspolitik im Kaukasus. Wiederholt erklärte er, daß Moskau „allen Versuchen, Rußland aus dem Kaukasus zu verdrängen, entschiedenen Widerstand entge-

---

288 Zbigniew Brzezinski: Die einzige Weltmacht, S. 182
289 Ebenda S. 215
290 Zitiert nach Wolfgang Gehrcke: Wie zwei Züge, die aufeinander zu rasen, in: Frankfurter Rundschau, 16.2.2000

gensetzen werde. In der Kaspischen Region und im Kaukasus vollziehe sich ein offensichtlicher Kampf um Einflußzonen. Amerika versuche, Rußland und Iran aus der Region zu verdrängen, die gerade für diese beiden Länder lebenswichtig sei."[291]

Führende Militärs sprachen eine klarere Sprache, so der Chef des Generalstabes der russischen Armee, Anatoli Kwaschnin, nach dessen Worten „die Aggression der NATO gegen Jugoslawien die militärische und politische Lage in Europa grundlegend verändert hat ... Jetzt gibt es keine Garantien, daß die NATO ihr Szenario gegen Jugoslawien nicht als Grundlage für Handlungen für beliebige andere Länder, darunter auch Rußland, nimmt."[292]

Mit scharfen verbalen Reaktionen Rußlands auf die Bombardierung Jugoslawiens hatten die NATO-Staaten gerechnet, nicht jedoch damit, daß die am Boden liegende Großmacht, der eigentlich die furchteinflößende Stärke der westlichen Allianz vorgeführt werden sollte, *nach* dem Krieg entschiedene militärische und militärpolitische Gegenmaßnahmen ergriff. Dabei handelte es sich keineswegs allein um die unmittelbar nach dem Ende der Bombardierungen erfolgte handstreichartige Besetzung des Militärflughafens von Priština durch eine aus Bosnien herbeigeeilte russische Einheit von etwa 200 Mann, die in Moskau, in Belgrad, bei den Serben in Kosovo und Metohien und bei vielen Gegnern der Aggression Jubel und Begeisterung, in den NATO-Hauptstädten und -Stäben jedoch Entsetzen hervorrief.

Der Handstreich, eingeleitet nach Absprachen zwischen der russischen Armeeführung und Belgrad als Antwort auf die Einteilung der Provinz in fünf Besatzungszonen unter Ausschluß Rußlands, blieb eine Episode. Nach der vollständigen Blockade des Vorkommandos und der Verweigerung einer Überfluggenehmigung durch Ungarn, Rumänien und Bulgarien für in Rußland bereitstehende Luftlandetruppen akzeptierte Moskau nach langwierigen Verhandlungen, daß seine KFOR-Truppen in den fünf Sektoren in Abstimmung mit den jeweiligen NATO-Befehlshabern operieren konnten. Das Ziel, einen eigenen Sektor zu erhalten, konnte nicht erreicht werden.

---

291 Der Tagesspiegel, 1.12.1999
292 Zitiert nach Frankfurter Allgemeine Zeitung, 16.11.1999

Erst später wurde bekannt, daß das Entsetzen in der NATO über das anfangs erfolgreiche russische Husarenstück bei einigen Generälen auch den letzten Rest an Vernunft beseitigt hatte. Unmittelbar nach Bekanntwerden der Aktion hatte der NATO-Oberkommandierende General Wesley Clark dem Chef der KFOR-Einheiten, dem britischen General Sir Michael Jackson, den Befehl gegeben, die russische Militäreinheit mit Waffengewalt vom besetzten Militärflughafen zu vertreiben. Mit dem Hinweis, wegen des Flugplatzes keine bewaffnete Auseinandersezung mit den Russen und dadurch einen Dritten Weltkrieg zu riskieren, verweigerte der Brite die Ausführung des wahnwitzigen Befehls. Rußland wurde auf anderem Wege gezwungen, seinen strategisch außerordentlich wichtigen Vorposten aufzugeben.

Die erneute Demütigung der einstigen Supermacht brachte in Moskau das Faß zum Überlaufen. Im russischen Verteidigungsministerium und später auch im Kreml wurden aus dem NATO-Krieg Schlußfolgerungen gezogen, die weit über den Balkan hinausreichten.

Wer, wie die NATO-Strategen, gehofft hatte, Moskau, dessen Administration unter Jelzin Jugoslawien eine umfassende Unterstützung versagt hatte, werde sich fortan ducken und die militärische Überlegenheit der westlichen Allianz staunend und erschrocken zur Kenntnis und duldend hinnehmen, sah sich getäuscht. Auch dieses Kriegsziel – die Demonstration der Stärke gegenüber Rußland – wurde nicht erreicht.

Mit sichtlichem Erstaunen und Unbehagen mußte man in Brüssel, Washington, Berlin und in anderen Hauptstädten der NATO-Länder russische Reaktionen registrieren, die man dem heruntergewirtschafteten Land vor dem „Kosovo-Krieg" kaum noch zugetraut hatte:
– Entschlossen und brutal ging Moskau gegen die tschetschenischen Separatisten und damit gegen eine weitere von innen und außen betriebene Destabilisierung an seinen Südgrenzen vor. Der Tschetschenien-Krieg erwies sich als eine Art Fortsetzung des „Kosovo-Krieges" mit nur scheinbar vertauschten Fronten. So, wie die gegen Jugoslawien eingesetzten USA- und NATO-Raketen auch auf Rußland zielten, richtete sich das russische

Trommelfeuer in Tschetschenien auch gegen das Expansionsstreben der westlichen Allianz. Hauptleidtragender war in beiden Fällen die unschuldige Zivilbevölkerung. Zutreffend bewertete August Pradetto, Politikwissenschaftler an der Hochschule der Bundeswehr in Hamburg, in einer Studie zu den „Schlußfolgerungen ein Jahr nach dem Kosovo-Krieg" den „zweite(n) Tschetschenien-Krieg auch als russische Antwort auf das Vorgehen der NATO in Kosovo. Der Krieg gegen die Kaukasusrepublik begann genau drei Monate nach Beendigung des Bombardements Jugoslawiens. Moskau wollte offenbar möglichst schnell und eindeutig klarstellen, daß das strategisch hochbedeutsame Gebiet zu Rußland gehört, zumal sich die USA seit dem Zerfall der Sowjetunion immer intensiver in der erdöl- und erdgasreichen kaspischen Region engagieren."[293]

– Unmittelbar nach der NATO-Aggression fand eine einwöchige russisch-weißrussische Militärübung von einer Größenordnung statt, die letztmals Ende der 80er Jahre unter den Bedingungen der Existenz des Warschauer Vertrages registriert worden war. Das ursprünglich für den Herbst geplante Manöver „Westen 99" war als unmittelbare Reaktion auf die NATO-Bombardierungen vorverlegt worden. In seinem Verlauf flogen russische strategische Bomber vom Typ Tu-160 zum nördlichen Polarkreis, von dem aus Raketen auf mehrere tausend Kilometer entfernte Zielattrappen abgefeuert wurden.

– Ungeachtet seiner außerordentlich beschränkten ökonomischen Möglichkeiten verstärkte Rußland unmittelbar nach dem Krieg seine Rüstungsanstrengungen und stellte demonstrativ neue Waffensysteme in den Dienst. Höhepunkt war der erfolgreiche Start einer interkontinentalen Atomrakete vom Typ Topol M unter den Augen von Wladimir Putin, damals noch Ministerpräsident, im Dezember 1999. Bei der „Waffe des 21. Jahrhunderts", wie Topol M in Rußland genannt wird, handelt es sich um eine 47 Tonnen schwere Feststoffrakete, die einen 1,2 Tonnen schweren nuklearen Sprengkopf über 10.000 Kilometer zielgenau transportieren kann.

---

[293] August Pradetto: Moral, Interessen und Machtkalkül in der Außenpolitik, in: Frankfurter Rundschau, 24.3.2000

– Unter dem unmittelbaren Eindruck der Aggression gegen Jugoslawien, der Verabschiedung der neuen NATO-Strategie sowie des ökonomischen und politischen Vordringens der USA an seiner konflikt- und erdölreichen Südflanke veränderte Rußland im Januar 2000 sein nationales Sicherheitskonzept. Im vorangegangenen, es war erst drei Jahre zuvor angenommen worden, war festgelegt, daß Rußland nur dann zu Nuklearwaffen greifen würde, wenn es seine staatliche Existenz bedroht sehe. Im neuen „Konzept der nationalen Sicherheit", das die Handschrift Putins trägt, wurde die nukleare Einsatzschwelle gefährlich gesenkt. Wörtlich heißt es, daß Rußland bereit ist, „alle Kräfte und Mittel einzusetzen, die ihm zur Verfügung stehen, um einen bewaffneten Angriff zurückzuschlagen, einschließlich des Einsatzes von Nuklearwaffen, wenn alle anderen Mittel zur Lösung der Krise erschöpft sind oder sich als unproduktiv erwiesen haben".[294]

– Ausgehend vom neuen nationalen Sicherheitskonzept hat Wladimir Putin in der Folgezeit wiederholt, so auch im Sommer 2000 vor ranghohen Offizieren, die Bedeutung einer „starken Armee" für Rußland unterstrichen, um seine Interessen in der Welt durchzusetzen und seine innere Stabilität zu wahren. Unter Hinweis auf die Versuche, das Kräfteverhältnis in der Welt umzugestalten – und der Angriffskrieg gegen Jugoslawien unter Ausschaltung der UNO und der Mißachtung der Position der Sicherheitsratsmitglieder Rußland und China war dabei der alles überragende Vorgang – erklärte er wörtlich: „Der Faktor der militärischen Macht ist heute am wichtigsten, um die Stabilität des Landes zu sichern und seine Integrität und Souveränität zu gewährleisten."[295]

„Putins Rhetorik vom starken Rußland", so schätzte die Frankfurter Allgemeine Zeitung ein, sei nach dem Kosovo-Konflikt „schon Teil der offiziellen Außenpolitik geworden". Zu dieser Schlußfolgerung kam das Blatt auch in einem Bericht über die im Mai 2000 stattgefundenen „Schlangenbader Gespräche", veranstaltet von der Friedrich-Ebert-Stiftung und der Hessischen

---

294 Njesawisimoje Wojennoje Obosrenije, 14.1.2000, zitiert nach Rainer Rupp: Russische Warnschüsse, in: Junge Welt, 25.1.2000
295 dpa, 25.7.2000

Stiftung für Friedens- und Konfliktforschung. Beim Meinungsaustausch über sicherheitspolitische Fragen mit russischen Politikern, Diplomaten und Militärs sei schnell deutlich geworden, daß „der Kosovo-Krieg in Moskau alles andere als vergessen ist". So „kamen die Russen immer wieder auf die Intervention der NATO in Jugoslawien zu sprechen; ganz so, als ob der militärische Schlag gegen Milošević gerade in diesen Tagen stattfinde. Inhaltlich unterschieden sich die Vorwürfe nicht von denen, die schon vor einem Jahr erhoben worden waren: Die NATO habe das Völkerrecht gebeugt, das Kosovo als Testfall für künftige Interventionen in anderen Weltgegenden mißbraucht und dem Separatismus überall auf der Welt Vorschub geleistet." Nahezu konsterniert stellte die FAZ fest: „Neu war allerdings das verstärkte Pochen auf die Rückkehr zur Großmacht-Rolle Rußlands. Vor dem Hintergrund seiner Atomwaffen, Größe, wissenschaftlichen Leistungsfähigkeit und seines wirtschaftlichen Potentials sei Rußland nicht mehr dazu bereit, sich vom Westen gängeln zu lassen, hieß es in Schlangenbad."[296]

Schlangenbad ist neuerdings überall, wo russische Politiker und Militärs auftreten. Neue Männerfreundschaften, versöhnliche politische Gesten, schrittweise Wiederaufnahme militärischer Kooperation und Milliardengeschäfte ändern an dieser Haltung nichts. Einen solchen Kosovo-Effekt hatten die NATO-Krieger schwerlich erwartet und schon gar nicht bezweckt.

Ähnlich wie Rußland reagierte China, zweiter Adressat der NATO-Demonstration der Stärke, die durch die „versehentliche" Zerstörung der chinesischen Botschaft besonderen Nachdruck erhalten hatte. Auch in Peking wurde das Vorgehen der von den Vereinigten Staaten geführten NATO als Teil des Strebens nach Welthegemonie sowie als gefährlicher Präzedenzfall für weitere Einmischungen in die inneren Angelegenheiten Chinas, für das Schüren ethnischer Konflikte und letztlich für militärische Interventionen betrachtet. Die Führung der Volksrepublik China zog daraus Schlußfolgerungen, die zwar nicht zu derartig spektakulären Aktionen wie in Rußland führten, aber keineswegs im Sinne der NATO-Politik der Stärke und Einschüchterung lagen. Auf

---

[296] Frankfurter Allgemeine Zeitung, 9.5.2000

letzteres wies auch eine im Sommer 2000 bekanntgewordene Studie des militärischen US-Nachrichtendienstes hin, in der auf die verstärkten Rüstungsanstrengungen Chinas nach den NATO-Luftangriffen gegen Jugoslawien aufmerksam gemacht wurde. Dazu zählte der Nachrichtendienst neben der Aufrechterhaltung der chinesischen nuklearen Abschreckung und beträchtlichen Waffenkäufen in Rußland, darunter moderne Luftabwehr-Raketen, die verstärkten Anstrengungen Pekings zur Modernisierung von Ausrüstung und Ausbildung der Armee sowie auf dem Gebiet der elektromagnetischen und elektronischen Kriegsführung, mit der gegnerische High-Tech-Waffen unschädlich gemacht werden sollen. Auch über die chinesische Reaktion nach dem Krieg dürfte sich die Freude in den NATO-Metropolen in Grenzen gehalten haben.

Wenn die USA und die NATO angenommen hatten, mit ihrer Demonstration der Stärke vor allem Rußland und China für ihre Weltherrschaftsambitionen gefügiger zu machen, dann waren ihre im mörderischen Zerstörungskrieg gegen Jugoslawien eingesetzten Präzisionswaffen allesamt Rohrkrepierer. Erreicht haben sie keine Einschüchterung, sondern das Gegenteil. Auch die Frankfurter Allgemeine Zeitung kam zu der Schlußfolgerung: „Niemand, der bei Verstand ist, könnte ernsthaft dazu raten, wegen des russischen Kriegs in und gegen Tschetschenien Moskau zu bombardieren. Und nur wenige kämen auf die Idee, gegen China militärisch vorzugehen, sollte Peking seine Unterdrückungspolitik in Tibet verschärfen ... Eine humanitäre Intervention gegen Großmächte, die über ein umfangreiches, auch nukleares Machtpotential verfügen ..., die bloße Vorstellung ist absurd."[297]

So wenig die NATO-Mächte ihre mit dem Rambouillet-Diktat verfolgten, ihre vorgeblich humanitären und ihre tatsächlichen militärischen Ziele verwirklichen konnten, so wenig gelang es ihnen, mit dem Krieg gegen Jugoslawien ihre machtpolitischen, globalstrategischen Zielsetzungen zu erreichen. Wenn der völkerrechtswidrige Angriffskrieg eine Art Generalprobe für die Anwendung der neuen NATO-Strategie war, dann ist sie mißlungen. Das heißt allerdings nicht, daß die Väter und Verfechter der

---

297 Frankfurter Allgemeine Zeitung, 8.11.1999

Strategie auf eine spätere, dann aber erfolgreiche Premiere verzichten wollen.

Man sehe sich nur an, welche Lehren die deutschen Aggressionsteilnehmer, Verteidigungsminister Scharping und seine Generale, Außenminister Fischer und seine Staatssekretäre, Kanzler Schröder und seine Berater, aus dem „glorreichen Sieg", der eigentlich ein schwerer Fehlschlag war, ziehen.

KAPITEL 5

Der nachgeholte „Sieg" und der eingeplante nächste Krieg

Deutsche Revolutionshilfe

In der Bundestagssitzung vom 11. Oktober 2000, in der der Machtwechsel in Belgrad lebhaft begrüßt und in eine nochmalige Rechtfertigung der Luftangriffe auf Jugoslawien umgemünzt wurde, gestand ein Abgeordneter, daß seine „Augen feucht" wurden, als „die Bilder von Hunderttausenden von Menschen, die durch die Straßen Belgrads marschierten und ihre Nomenklatura in die Pensionierung schickten, über den Äther gingen". Der all so Gerührte war Eberhard Brecht, SPD-Abgeordneter aus Quedlinburg, Diplomphysiker und zur Endzeit der DDR Vizepräsident der Liga für die Vereinten Nationen. Ihn erinnerten die Bilder an den Herbst 1989, und so dankte er nicht nur den Menschen in Serbien, sondern u. a. auch den westlichen Regierungen, dem deutschen Außenminister und der ganzen Bundesregierung, ohne deren Politik das „Wunder von Belgrad" nicht möglich gewesen wäre.[298]

Der Dank war nicht völlig unberechtigt, denn das augenfeuchtende „Wunder" war nicht vom jugoslawischen Himmel gefallen. Ein wenig hatten auch Berliner Wundertäter ihre Hand im Spiel.

In seinem Buch „Wir dürfen nicht wegsehen. Der Kosovo-Krieg und Europa" hat Rudolf Scharping ein ganzes Kapitel den „Lehren aus dem Kosovo-Konflikt" gewidmet. Darin hat er vor allem noch einmal alle Kriegsrechtfertigungslegenden wiederholt. Bei genauerem Studium sind auch zwei Lehren zu finden, die darauf abzielen, aus dem fehlgeschlagenen doch noch einen sieg-

---

298 14. Deutscher Bundestag, Stenographisches Bericht, 123. Sitzung am 11.10.2000, S. 11833

reichen Krieg zu machen. Zum einen plädiert er für eine „langfristige Strategie" zur Förderung stabiler Demokratien, florierender Marktwirtschaften und offener pluralistischer Gesellschaften, wobei er unterstreicht: „Für den Balkan wird dabei entscheidend sein, ob das Milošević-Regime durch eine demokratische Regierung ersetzt werden kann."[299] Zum anderen bilanziert er, „daß Europa alleine zur Bewältigung dieser Krise nicht in der Lage gewesen wäre", um fortzufahren: „Und zu den Erfahrungen der Kriege auf dem Balkan zählt, daß präventive Politik ohne glaubwürdige sicherheitspolitische Fähigkeiten nur sehr eingeschränkt Erfolg haben kann. Es wird also Aufgabe der Europäer sein, in der NATO und durch gemeinsame Außen- und Sicherheitspolitik eine Balance zwischen präventiver Krisenbewältigung und glaubwürdigem Krisenmanagement herzustellen."[300]

Wenden wir uns zunächst der ersten Scharpingschen Folgerung aus dem Krieg zu, dem mit Bomben und Raketen nicht erreichten Ziel, das „Milošević-Regime" – eingängiges und deshalb gern gebrauchtes Synonym für die Herrschaft der Sozialistischen Partei Serbiens – zu stürzen. Außenminister Joseph Fischer brachte es am 5. Februar 2000 auf der NATO-Sicherheitskonferenz in München auf die Kurzformel: „Wir haben den Krieg erst gewonnen, wenn in Belgrad Demokratie herrscht."[301] Um dieses Ziel zu erreichen, den Krieg doch noch zu gewinnen, der Demokratie in Belgrad zum Durchbruch zu verhelfen und damit die eigene, die Ehre der Aggressoren zu retten, verfolgte die Berliner Regierung gemeinsam mit ihren Verbündeten gegenüber Jugoslawien eine Nachkriegspolitik, die auf sechs Säulen ruhte:
– Verweigerung jeglicher Wiederaufbauhilfe, Fortführung der bisherigen Sanktionen und zusätzliche Exportverbote für Waren, Technologien und Dienstleistungen zur Reparatur von Kriegsschäden. So, wie sie im Bundestag in fest geschlossener Front die deutsche Teilnahme am Krieg beschlossen hatten, so lehnten

---

299 Rudolf Scharping: Wir dürfen nicht wegsehen, S. 219
300 Ebenda, S. 219/220
301 Zitiert nach Claus Schreer: Der Krieg gegen Jugoslawien ist noch nicht zu Ende, in: Hintergrundinformationen: Ein Jahr nach dem NATO-Krieg, München 2000, S. 3

SPD, Grüne, CDU/CSU und FDP nach dem Krieg alle Anträge der PDS ab, die „auf Aufhebung des Ölembargos, auf Hilfe bei der Räumung der Donau, die den Wiederaufbau der Donaubrükken ein- und nicht ausschließt, sowie auf Beantragung der Aufhebung der europäischen Embargomaßnahmen bei der Europäischen Union" abzielten, ab.[302]

– Aufrechterhaltung der diplomatischen Blockade mit der Absicht, durch eine weitgehende internationale Isolierung, darunter der Verweigerung bzw. Suspendierung der angestammten jugoslawischen Rechte als Gründungsmitglied der Organisation der Vereinten Nationen und der Organisation für Sicherheit und Zusammenarbeit in Europa, zusätzlichen Druck auf Belgrad auszuüben.

– Ausgrenzung der Bundesrepublik Jugoslawien aus dem am 10. Juni – am Tag der Suspendierung der Luftangriffe – von den EU-Außenministern und deren Amtskollegen aus den Balkanstaaten beschlossenen „Stabilitätspakt für Südosteuropa". Einer der Kernpunkte des vom deutschen Außenminister initiierten Paktes bestand darin, Jugoslawien solange von jeder Wirtschaftshilfe auszuschließen, solange Slobodan Milošević Präsident ist. Im Gegensatz dazu wurden die integralen Bestandteile der jugoslawischen Bundesrepublik Kosovo und Metohien sowie Montenegro als künftige „Nutznießer des Paktes" betrachtet. Diese Bestimmungen und der Aufruf der ersten Gipfelkonferenz der Mitgliedsstaaten an die jugoslawische Bevölkerung, „sich für einen demokratischen Wechsel zu entscheiden", machten deutlich, daß der „Stabilisierungspakt für Südosteuropa" vor allem auch als Pakt zur Destabilisierung Jugoslawiens angelegt war.

– Förderung der separatistischen Kräfte Montenegros, die unter der Führung des im Oktober 1997 gewählten Republikspräsidenten Milo Djukanović eine Umwandlung der Bundesrepublik Jugoslawien in eine lose Konföderation als einen entscheidenden Schritt zur staatlichen Unabhängigkeit anstrebten. Verbal sprach sich die deutsche Diplomatie wiederholt gegen eine staatliche

---

302 Siehe dazu: Wolfgang Gehrcke: Antworten der Bundesregierung auf Anfragen der PDS, in: Die deutsche Verantwortung für den NATO-Krieg gegen Jugoslawien, S. 91/92

Abtrennung Montenegros aus, mit ihren Taten aber – mit einer eindeutigen Parteinahme für den prowestlich orientierten Präsidenten der Teilrepublik und der Schürung des Konfliktes, mit Millionen-Krediten und nicht zuletzt mit der Anbindung der eigens geschaffenen montenegrinischen Währung über einen sogenannten Currency Board (Währungsrat) an die D-Mark – unterstützte sie die sezessionistischen Bestrebungen, die auf eine Abtrennung Serbiens von der Adria und die endgültige Zerstörung der jugoslawischen Föderation hinauslaufen.

– Mitwirkung an der faktischen Herauslösung Kosovos und Metohiens aus der Republik Serbien und dem jugoslawischen Staatsverband durch die permanente Verletzung wesentlicher Elemente der Resolution 1244 des UN-Sicherheitsrates vom 10. Juni 1999 und die Duldung der von den kosovo-albanischen Separatisten betriebenen Politik der vollendeten Tatsachen.

– Allseitige Unterstützung der oppositionellen Kräfte in Serbien. Entscheidendes Kriterium für die Gewährung massiver Hilfe waren weder politische Konzepte noch nationale Programme der Begünstigten, sondern einzig und allein deren bekundete Gegnerschaft zur Sozialistischen Partei Serbiens und zu deren Vorsitzenden.

Abgesehen von häufigen Besuchen des Vorsitzenden der Demokratischen Partei Serbiens, Zoran Djindjić, in Deutschland, erfolgte die Unterstützung für die oppositionellen Kräfte in Jugoslawien ziemlich unspektakulär, nahezu lautlos oder, wie es der Balkan-Koordinator Bodo Hombach formulierte, „sehr, sehr heimlich"[303] und Hand in Hand mit den USA. Letztere traf allerdings das Mißgeschick, daß aufschlußreiche Ausführungen an die Öffentlichkeit gelangten, die eigentlich nur für einen kleinen internen Kreis gedacht waren. Die jugoslawische Nachrichtenagentur Tanjug veröffentlichte im August 2000 eine Rede, die der frühere Sonderbeauftragte der USA-Regierung für das ehemalige Jugoslawien, Robert Gelbard, Ende Juli 1999 vor dem Senatsausschuß für auswärtige Beziehungen gehalten hatte. Der Bericht des hohen amerikanischen Diplomaten ist ein exzellentes Beispiel dafür, wie strikt, ja geradezu penibel die USA-Administration die Normen des internationalen Rechtes, und hier vor allem das Prin-

---

303 Der Spiegel, 41/2000, S. 24

zip der Nichteinmischung in die inneren Angelegenheiten anderer Staaten, beachten. Gelbard führte u. a. aus:

„Ich danke Ihnen, daß Sie mir noch einmal die Möglichkeit geboten haben, vor diesem Ausschuß über den Stand unserer Anstrengungen hinsichtlich der Demokratisierung der BRJ zu sprechen ... Unsere Unterstützung der demokratischen Kräfte ist eine Investition in die Zukunft Serbiens. Ich möchte daran erinnern, daß wir nicht bei Null anfangen. In den zwei Jahren vor der Krise in Kosovo haben wir 16,5 Millionen Dollar für Programme zur Unterstützung der Demokratisierung Serbiens ausgegeben ...

Ich möchte die Anstrengungen der Regierung in fünf Kategorien einteilen: 1. Wie ich eingangs erwähnt habe, bemühen wir uns, daß Miliošević vollkommen isoliert bleibt. 2. Wir planen, einem großen Kreis demokratischer Gruppen ... zu helfen. 3. Wir konsultieren uns eng mit dem geeinten Europa, um die Aktivitäten sowohl im Kosovo als auch hinsichtlich der Demokratisierung in Serbien allgemein abzustimmen. 4. Wir unterstützen ein allgemeines Engagement der Länder Südosteuropas, hier ihre Erfahrungen hinsichtlich der Demokratisierung und des Übergangs zu nutzen. 5. Wir gewähren der Reformregierung in Montenegro, Republik der Bundesrepublik Jugoslawien, starke Unterstützung ...

Wir haben noch immer Geld zur Verfügung, das wir sofort für Projekte der Demokratisierung Serbiens einsetzen können. Wir kommen bei einer Reihe dieser Projekte schnell voran. Ich arbeite eng mit den betreffenden Organisationen zusammen, um die besten Methoden zu finden, der serbischen Opposition zu helfen ... Spezialisten sind sich einig, daß es den Oppositionsparteien am meisten nützt, wenn wir ihnen technische Hilfe und erstklassige politische Ratschläge geben ...

Was die unabhängigen Medien in Serbien betrifft, so wirken wir an zwei Fronten. Erstens mit dem Ziel, die Menge objektiver Nachrichten für die serbische Bevölkerung zu erhöhen. Wir nähern uns der Vollendung des ‚Rings um Serbien', eines Netzes von Sendeeinrichtungen, das den Empfang der Stimme Amerikas, von Radio France International und anderen internationalen Nachrichtenprogrammen auf UKW im ganzen Land ermöglicht. Radio Freies Europa hat seine Sendungen in serbischer Sprache auf 13,5 Stunden täglich erhöht. Allerdings ist es vielleicht noch bedeutsamer, daß wir die unabhängigen Medien in Serbien selber stärken ... Deshalb prüft USAID (U.S. Agency for International Development – R. H.) zusammen mit anderen internationalen Gebern den Vorschlag, einzelnen TV- und Radiostationen zu helfen ... Geprüft werden auch Programme zur Ausbildung von Journalisten, der Unterstützung von lokalen Publikationen und der Nutzung von Internet-Anschlüssen.

Der zweite Aspekt der amerikanischen Politik gegenüber Serbien, den ich hervorheben möchte, ist unsere Zusammenarbeit mit den Europäern ... Die europäischen Länder unterstützen unser grundsätzliches Herangehen an Serbien und sind damit einverstanden, daß die Isolierung Miloševićs der Eckpfeiler unserer Strategie sein muß ..."[304]

Über das Vorgehen des deutschen Auswärtigen Amtes, des Bundesnachrichtendienstes, verschiedenster honoriger Stiftungen waren derartige präzise Angaben lange Zeit nicht zu erfahren. In Deutschland beschränkte man sich öffentlich auf allgemein gehaltene Solidaritätsadressen an die Oppositionsparteien und -gruppierungen in Serbien. So auch während der im Sommer 2000 in Berlin stattgefundenen internationalen Konferenz zur Förderung der Demokratie in Südosteuropa. Von hier aus versprachen Joseph Fischer und Madeleine Albright der serbischen Opposition erneut Hilfe in ihrem Bemühen, Slobodan Milošević zu stürzen, und der deutsche Außenminister erneuerte seine Lieblingsthese: Erst wenn „Demokratie und die Herrschaft des Rechts in Belgrad gesiegt haben, wird der Krieg in Ex-Jugoslawien wirklich zu Ende sein".[305]

Die selbstlose, natürlich nur von demokratischen Erwägungen getragene Hilfe erfolgte weiter im stillen, allerdings verstärkt, als in Jugoslawien für den 24. September 2000 vorgezogene Präsidentschafts- sowie Parlaments- und Kommunalwahlen anberaumt wurden. Genaue Angaben über den deutschen Beitrag wurden erst publik, als in Belgrad die Würfel gefallen waren. Und siehe da, er war nicht gerade gering, auch wenn er hinter den Millionen-

---

304 Neues Deutschland, 1.9.1999
305 Berliner Zeitung, 30.6.2000

Dollarsummen zurückblieb, die die USA für den jugoslawischen Wahlkampf gespendet hatten. So lohnt es sich schon, auch hier längere Auszüge aus dem informativen Bericht nachzulesen, den „Der Spiegel", garniert mit Fotos vom Sturm auf das Belgrader Parlament und von Joseph Fischer inmitten der Mitarbeiter des Balkan-Sonderstabes im Auswärtigen Amt, über die „Hilfe zur Revolution" – so die Überschrift des Beitrages – unmittelbar nach dem Machtwechsel veröffentlichte. Das Nachrichtenmagazin schreibt u. a.:

„Massive politische und materielle Unterstützung aus Berlin – wie aus anderen Hauptstädten des Westens – hat dazu beigetragen, daß oppositionelle Gruppen und Parteien die Kraft entwickeln konnten, Milošević zur Aufgabe zu zwingen und selbst die Regierung zu übernehmen ... Am 17. Dezember vergangenen Jahres versammelten Fischer und Albright die namhaftesten jugoslawischen Oppositionellen am Rande eines G-8-Treffens in einem fensterlosen Raum des Interconti-Hotels in der Budapester Straße in Berlin. Mit von der Partie: Zoran Djindjić und Vuk Drašković, beide Milošević-Gegner, die sich jedoch noch nie auf Dauer verbünden konnten. Ein Teilnehmer des Meetings heute: ‚Damals hat man die Opposition gründlich zusammengeschissen.' ...

Anders als früher beschränkte sich die Hilfe für die Opposition nicht nur auf die zerstrittenen Milošević-Widersacher im Großraum Belgrad. Diesmal wurden auch Politiker, Organisationen und Parteien, Städte und Gemeinden in der Provinz gefördert, die sich bereits bei den Wahlen von 1996 und 1997 gegen Milošević entschieden hatten ...

Ein weiteres Kernstück der Allianz gegen Milošević waren die Partnerschaften zwischen Städten in Jugoslawien und im westlichen Ausland. Circa 45 Millionen Mark gelangten auf diesem Weg direkt zu den knapp 40 Städten, in denen die Opposition regiert ... Die Städtepartnerschaften waren freilich nur ein Trick, um zu kaschieren, daß Deutschland – wie andere Staaten – der Opposition in Jugoslawien direkt unter die Arme greift ... Das deutsche Geld – bis heute 16.951.800 Mark allein für Städtepartnerschaften – stammt in Wahrheit aus dem Fundus des Auswärtigen Amtes für den Stabilitätspakt ...

In großem Umfang und ‚sehr, sehr heimlich', so Bodo Hombach, wurden auch oppositionelle Medien unterstützt. Zeitungen erhielten Papier, um überhaupt erscheinen zu können. Kleineren Blättern wurde auch schon mal eine neue Druckmaschine in die Redaktion gestellt. Rundfunk- und TV-Stationen wurden mit moderner Sende-Technik ausgerüstet ... Offiziell lief die Medienhilfe über die Deutsche Welle, das Zweite Deutsche Fernsehen und den Bayrischen Rundfunk. Das Geld dafür kam meist vom Bundespresseamt in Berlin ..."[306]

Wer beim Studium des Berichtes noch annahm, daß das Hamburger Magazin bei der Darstellung der deutschen Revolutionshilfe ein wenig übertrieben habe, sah sich getäuscht. Wenige Stunden nach der bemerkenswerten Veröffentlichung beeilte sich eine Sprecherin des Auswärtigen Amtes, alle wesentlichen Angaben des „Spiegels" zu bestätigen[307], und die „Frankfurter Allgemeine Zeitung" meldete unter der Überschrift „Berlin zufrieden mit eigenem Beitrag. Opposition wurde mit 28 Millionen Mark unterstützt" wenig später: „Mit Zufriedenheit wird im Auswärtigem Amt auf die deutsche Unterstützung der serbischen Opposition in den Monaten vor dem Machtwechsel zurückgeblickt."[308]

Der zufriedene Amtschef Joseph Fischer ließ fortan keine Gelegenheit aus, zu betonen, daß es sich bei der deutschen Mitwirkung am Wahlkampf in Jugoslawien um keinerlei Einmischung in die inneren Angelegenheiten eines anderen Staates handelte. Auch in der Jugoslawiendebatte am 11. Oktober im Bundestag erklärte er, darin „keine Einmischung von außen" sehen zu können und darüber hinaus sei daran nichts geheim gewesen, es sei alles „auf dem offenen Markt geschehen".[309] Letzteres scheint lediglich einer der Hauptwahlhelfer, der Balkan-Koordinator Bodo Hombach, nicht bemerkt zu haben, sonst hätte er wohl doch nicht so „sehr, sehr heimlich" agiert.

---

306 Der Spiegel, 41/2000, S. 23/24
307 dpa, 8.10.2000
308 Frankfurter Allgemeine Zeitung, 10.10.2000
309 14. Deutscher Bundestag, Stenographisches Bericht, 123. Sitzung am 11.10.2000, S. 11823

Ansonsten ist dem Chef des Amtes, das für die Beachtung der Normen des Völkerrechts zuständig ist, nur zuzustimmen. Man stelle sich nur einen kurzen Moment vor, was geschehen würde, wenn eine bekannte linke Oppositionspartei in der deutschen Bundesrepublik vor den Wahlen zum Bundestag aus dem Ausland Millionen und Abermillionen Mark zur Unterstützung der von ihr regierten Kommunen, zur Schulung von Wahlhelfern, zur Austattung ihrer Zeitungen, zur Modernisierung ihrer Rundfunk- und TV-Stationen, die sie im Unterschied zur Opposition gegen die Diktatur in Jugoslawien nicht besitzt, erhalten würde? Selbstverständlich würden der Verfassungsschutz, die Regierung und ihre Sprecher, allen voran Joseph Fischer, eine derartige „Nichteinmischung" lebhaft begrüßen. Letzteren jedenfalls erfüllt seine „Nichteinmischung" mit Stolz, und dankbar ist er auch, wie er den Abgeordneten des Bundestages mitteilte: „Wir haben uns in all den Monaten seit dem Ende des Kosovo-Krieges engagiert: in der Stärkung der demokratischen Opposition, in der Stärkung der zivilgesellschaftlichen Selbstheilungskräfte. Ich möchte allen politischen Stiftungen, die sich daran beteiligt haben, und all denen, die sich bei der Städtepartnerschaft in der Bundesrepublik Deutschland und bei den kritischen Medien engagiert haben, herzlich danken; denn über Monate hinweg waren dies entscheidende Beiträge für den Sieg der Demokratie."[310]

Hier allerdings übertrieb der Redner ein wenig: „Entscheidend" für den Ausgang der Wahlen in Jugoslawien, in denen die Sozialisten im Bundesparlament die Mehrheit erlangten, den Kampf um das Präsidentenamt und um die Führung in den Kommunen verloren, war das von ihm geschilderte deutsche Mittun nicht. Da war beispielsweise die Beratung in Brüssel eine Woche vor dem Wahltermin schon wichtiger. Hier hatten sich die EU-Außenminister mit dem Ziel getroffen, „den Wählern für den Fall eines Sieges demokratischer Kräfte eine ‚fundamentale Änderung' der Jugoslawien-Politik in Aussicht zu stellen", und erklärt, daß die Europäische Union „die Sanktionen gegen Belgrad aufheben will, falls die Opposition bei den jugoslawischen Wahlen am

---

310 Ebenda

Sonntag gewinnt".[311] Mit dieser Erklärung wurden die Wahlen zu einer Art Volksbefragung über die Fortsetzung oder Beendigung der Sanktionen umfunktioniert, was den Wahlausgang nicht unwesentlich beeinflußt haben dürfte.

Sicher, für den „Fall der letzten kommunistischen Bastion in Europa", wie die ausländischen Wahlsieger zu sagen beliebten, gibt es viele Ursachen. Der Autor maßt sich nicht an zu entscheiden, welche von ihnen letztlich den Ausschlag gaben: War es die ausländische Einmischung, die nach den Worten von Olaf Standke „ein politisches Lehrstück" war, „bei dem der Westen seinen Lieblingsfeind Milošević von Anfang an die Schurkenrolle zuwies und massiv wie wohl noch nie in die inneren Wahlangelegenheiten eines Landes eingriff"[312], oder war es die allgemeine Erschöpfung eines drangsalierten Volkes, das nach zehn Jahren Dämonisierung, Sanktionen und Isolierung, wirtschaftlichen und sozialen Niedergangs, nach Kriegs- und Nachkriegsnot mehrheitlich um jeden Preis nach Veränderungen strebte? Waren die Fehleinschätzungen des innenpolitischen Kräfteverhältnisses und die Erscheinungen innerhalb der Sozialistischen Partei Serbiens (SPS), die Mihailo Marković, bis 1995 Vizechef dieser Partei, nach den Wahlen anführte – ihre „innere Erosion" und „Demoralisierung", das „fehlende Gespür von Slobodan Milošević für das Phänomen der Korruption", der „Unmut unter Funktionären der SPS über eine Bevorzugung der Jugoslawischen Linken (JUL)", die „Diskrepanz zwischen dem Programm einer linken Partei und ihrer Praxis" –, ausschlaggebend oder die geschickte Taktik des Oppositionsbündnisses, statt des prowestlichen und nach eigenem Bekunden nicht „mehrheitsfähigen" Zoran Djindjić den nichtdiskreditierten Vojislav Koštunica als Präsidentschaftskandidaten aufzustellen, der die NATO-Aggression wiederholt leidenschaftlich verurteilt hatte, und damit die zentrale Wahllosung der Sozialisten „Das Volk und nicht die NATO wählt" zu entwerten? All die genannten und gewiß weitere Faktoren wirkten sich auf den Ausgang der Wahlen und des Machtkampfes zwischen den Parteien aus, in welchem Maße, mit welchem Gewicht ist schwer

---

311 Der Tagesspiegel, 19.9.2000
312 Olaf Standke: Belgrader Lehrstück, in: Neues Deutschland, 26.9.2000

oder gar nicht zu bestimmen. Es gab Hunderte von Überlegungen und Empfindungen, die das Abstimmungsverhalten der Wähler beeinflußten, Zuneigung oder gar Liebe zur NATO dürften wohl nicht darunter gewesen sein. Allein schon deshalb entbehrt die vom deutschen Außenminister im Bundestag aufgestellte Behauptung, daß es ohne den NATO-Krieg „garantiert nicht einen Sieg der Demokratie in Belgrad gegeben" habe, jeglicher Logik. Offenkundig hatten ihn seine Berater nicht einmal über die Erklärung informiert, die Vojislav Koštunica unmittelbar nach den Wahlen auf einer Kundgebung in Belgrad abgegeben hatte. Vor zehntausenden Demonstranten hatte er ausgerufen: „Wir haben gewonnen trotz der Sanktionen, denen wir seit Jahren ausgesetzt sind, trotz der NATO-Bomben, die im vergangenen Jahr auf uns niedergegangen sind."[313] Fischers Behauptung wird auch nicht folgerichtiger, wenn er sie bei jeder passenden und unpassenden Gelegenheit wiederholt oder modifiziert, wie z. B. während der Jahrestagung des NATO-Parlaments Mitte November 2000 in Berlin, auf der er erklärte, daß ohne die „unmißverständliche Haltung" der NATO im Kosovo-Konflikt die „demokratische Befreiung" der Serben nicht möglich gewesen wäre.[314]

Eine derartige absonderliche Argumentation zur Erklärung der Wahlergebnisse und politischen Wende in Jugoslawien, deren Zweckbestimmung nur allzu augenfällig ist, ist ebenso irreführend wie es eine Wählerschelte von außen wäre. Die Jugoslawen haben gewählt, ob sie sich richtig entschieden haben, wird die Zukunft zeigen. Eines ist jedoch sicher: Die politische Wende in Belgrad eignet sich nicht, um im nachhinein den verbrecherischen Angriffskrieg der NATO gegen Jugoslawien zu legalisieren, die Verantwortlichen zu rehabilitieren und die verlorene Ehre der „glorreichen Sieger" wieder herzustellen.

Daran ändert auch die ungewöhnliche Eile nichts, mit der diejenigen, die fast ein Jahrzehnt lang die internationale Isolierung Jugoslawiens betrieben, nach dem Sturz von Milošević die über das Land verhängte wirtschaftliche und diplomatische Blockade aufhoben. Ein Teil der Sanktionen wurde suspendiert, mate-

---

313 Archiv der Gegenwart, September 2000, S. 44481
314 ddp, 19.11.2000

rielle und finanzielle Hilfen wurden gewährt, unterbrochene diplomatische Beziehungen wieder hergestellt. Das bislang verfemte Land wurde in kurzer Zeit in die UNO, in die OSZE und in den „Stabilitätspakt für Südosteuropa" aufgenommen. Auf einer Gipfelkonferenz der Europäischen Union mit den aus der früheren jugoslawischen Föderation hervorgegangenen Staaten in Zagreb wurde auch Jugoslawien eine EU-Beitrittsperspektive eröffnet.

Dabei geschah nahezu Kurioses. In der ersten Phase der Normalisierungsprozedur stattete der sechs Wochen zuvor von einem ordentlichen Belgrader Gericht wegen Kriegsverbrechen verurteilte deutsche Außenminister Fischer der jugoslawischen Hauptstadt einen Besuch ab, in dessen Verlauf er der neuen jugoslawischen Regierung die unverzügliche Wiederaufnahme diplomatischer Beziehungen ankündigte, ganz so, als seien diese am 25. März 1999 von der deutschen und nicht von der jugoslawischen Bundesrepublik als Antwort auf den NATO-Überfall abgebrochen worden. Auch die Aufnahme in die gesamteuropäische und in die Weltorganisation erfolgte in seltsamer Weise, so, als sei Jugoslawien niemals Mitglied der UNO und der OSZE gewesen. Auf einer Außenministerkonferenz der OSZE-Staaten in Wien wurde der jugoslawische Präsident genötigt, in einer feierlichen Zeremonie die Schlußakte von Helsinki von 1975 und die Charta von Paris von 1990 zu unterzeichnen, Dokumente, unter die jugoslawische Präsidenten bereits damals ihre Unterschrift gesetzt hatten: in der finnischen Hauptstadt Josip Broz Tito und in der französischen Metropole Borisav Jović.

Doch nicht diese kurios erscheinenden Details, hinter denen sich ernste Fragen der Rechtsnachfolge der zerbrochenen jugoslawischen Föderation verbargen, waren das eigentlich Bemerkenswerte. Außergewöhnlich und verräterisch war das rasante Tempo, mit dem die treibenden Kräfte der NATO einen Normalisierungsschritt dem anderen folgen ließen, obwohl sich die Haltung Belgrads zum Kosovo-Komplex nach dem Machtwechsel nicht wesentlich verändert hatte und Präsident Koštunica wie sein Vorgänger die NATO-Aggression anprangerte und eine „Schiedsrichterrolle des Auslandes" ablehnte. Schwerlich zu übersehen war: Die beeindruckende Geschwindigkeit diente dem nochmaligen Nachweis, daß Blockade und Krieg nicht gegen das serbische Volk, sondern einzig und allein gegen die sozialistischen Machthaber und Milošević gerichtet waren. Ziel der raschen Rehabilitierung Jugoslawiens war die Rehabilitierung der NATO-Angriffskrieger selbst.

Zu einem von der Öffentlichkeit nur ungenügend beachteten und gewürdigten Höhepunkt im Prozeß der Rehabilitierung der Kriegsallianz kam es Ende Oktober 2000 bei einem exklusiven Abendessen, das der Public-Relations-Berater Moritz Hunzinger zu Ehren des Vorsitzenden der Demokratischen Partei Serbiens, Zoran Djindjić, in Frankfurt gab. Djindjić, vom „Spiegel" als „Organisator der Belgrader Revolte" und als „Königsmacher" des „weniger polarisierenden Koštunica" apostrophiert, war an seinem ersten freien Wochenende nach der „Revolution" nach Deutschland geeilt, um mit Blick auf die bevorstehenden Wahlen in Serbien weitere materielle und finanzielle Hilfe zu sammeln. Als „Überraschungsgast" des Treffens erschien der deutsche Verteidigungsminister und Zoran Djindjić schloß ihn in seine Arme.[315] Rudolf Scharping war verständlicherweise gerührt und beglückt; was konnte ihn, den NATO-Einpeitscher, der zu Beginn des Krieges gegen Serbien vom Verteidigungs- auch zum Propagandaminister avanciert war, und mit ihm auch die Allianz mehr rehabilitieren als die feste Umarmung des Führers der siegreichen serbischen Opposition? War das nicht noch einmal ein überzeugender Beweis dafür, daß die Luftangriffe ausschließlich gegen den gestürzten Diktator geführt worden waren? Bedauerlich war nur, daß diese symbolträchtige Geste aus wahltaktischen Überlegungen – die Liebkosung des Chefs der Demokratischen Partei für den Erfinder des „serbischen Fötengrills" hätte sich nicht gerade förderlich auf die Wahlchancen der Demokraten ausgewirkt – nicht gebührend popularisiert werden konnte. So lag denn das Schwergewicht der Kriegsrehabilitierung auch weiterhin auf der eiligen Rückholung des von der Diktatur befreiten Landes in die „demokratische Staatengemeinschaft".

Die so versuchte „Ehrenrettung" der NATO wird, so flugs und wundersam sie auch daherkam, keinen Bestand haben. Die

---

315 Siehe: Der Spiegel, 44/2000, S. 214

Aggression des Paktes war eine Zäsur in der europäischen Geschichte nach dem Zweiten Weltkrieg, und die Namen der Verantwortlichen, darunter des deutschen Kanzlers und seiner Minister für Verteidigung und Äußeres, werden für immer mit ihr verbunden bleiben.

Auch der nochmalige Siegesjubel von Schröder, Scharping und Fischer nach der Wende in Belgrad wird nicht von langer Dauer sein. Die Sozialisten in Serbien sind vorerst entmachtet, Slobodan Milošević, der „Oberschurke" und „Hauptschuldige vom Dienst" ist gestürzt, die Probleme in Jugoslawien sind geblieben. Weder der allwissende Joseph Fischer noch der interventionsfreudige Rudolf Scharping, weder die USA noch die Europäische Union und die NATO haben Antworten auf die drängenden Fragen:

Wie will die NATO die geweckten Hoffnungen der albanischen Separatisten in Kosovo und Metohien auf staatliche Unabhängigkeit erfüllen und gleichzeitig die Belgrad gegebene Zusage einhalten, daß das südserbische Gebiet in Übereinstimmung mit den Beschlüssen des Weltsicherheitsrates integraler Bestandteil Serbiens und Jugoslawiens bleibt? Wie sollen die vertriebenen Serben, Montenegriner, Roma, Juden, Türken, Kroaten und Angehörigen anderer Nationalitäten in das Gebiet zurückgeführt werden, und wie soll ein friedliches multiethnisches Zusammenleben erreicht werden? Wie lange, wieviele Jahre oder gar Jahrzehnte sollen KFOR und UNMIK in Kosovo und Metohien stationiert und das Gebiet de facto ein NATO-Protektorat bleiben? Wie will man, falls man es überhaupt möchte, der Geister, die man gestern noch rief, der separatistischen Kräfte in Montenegro, im Sandschak und in der Vojvodina wieder Herr werden? Soll man den prowestlichen montenegrinischen Präsidenten Djukanović die Unterstützung entziehen oder ist es für die NATO nicht zweckdienlicher, die Abspaltung Montenegros voranzutreiben und damit Jugoslawien den Todesstoß zu versetzen und den wenig geliebten Koštunica zum Staatsoberhaupt ohne Staat zu machen? Doch würde ein solcher Kurs nicht dazu führen, daß der jetzige jugoslawische Präsident mit seinen eher bescheidenen Vollmachten über kurz oder lang zum einflußreichen Präsidenten Serbiens aufsteigt und den Favoriten der Bundesrepublik Djindjić von den Schalthebeln der gerade errungenen Macht verdrängt? Wie lange noch soll die SFOR (Stabilization Force) in dem nicht zusammenwachsenden und nicht funktionierenden Kunststaat Bosnien-Herzegowina verbleiben? Wie soll dem Drängen der dortigen kroatischen und serbischen Bevölkerung nach einem Zusammenschluß mit ihren jeweiligen Mutterländern begegnet werden? Wie sollen die katastrophalen Auswirkungen der Sanktionen und Bombardierungen auf die wirtschaftliche und soziale Lage in Jugoslawien überwunden und die Hoffnungen der Wähler der Oppositionsparteien auf eine schnelle Verbesserung ihrer Lage erfüllt werden, wenn sich die Verfechter des Neoliberalismus und der Globalisierung, die Großkonzerne auf der Suche nach Großaufträgen und Maximalprofiten auf das geschundene Land stürzen? Wie soll die Einbeziehung des Landes in den „Stabilitätspakt für Südosteuropa" in einem überschaubaren Zeitraum eine spürbare ökonomische Gesundung befördern, wenn die zur Verfügung stehenden kargen Finanzen schon für die Bedürfnisse der anderen Balkanstaaten nicht im geringsten ausreichen und die bisher vorgesehenen Mittel im bundesdeutschen Haushalt zudem noch gekürzt werden sollen? Lassen die in den jugoslawischen Nachbarstaaten Bulgarien und Rumänien gemachten Erfahrungen nicht befürchten, daß eine vom IWF diktierte Schocktherapie und die Beseitigung der Reste sozialistischen Eigentums sowie der Arbeiterselbstverwaltung zur massiven Vernichtung weiterer Arbeitsplätze, zu sprunghaften Preiserhöhungen, zu Deindustrialisierung und Ausverkauf der nationalen Ressourcen führen und damit den jetzt zerstrittenen, arg gebeutelten sozialistischen und anderen linken Kräften in Serbien neuen Auftrieb geben?

In einer schwierigen Zwickmühle befinden sich KFOR, NATO, USA und EU auch hinsichtlich ihrer Haltung zur „Befreiungsarmee von Preševo, Medvedja und Bujanovac" (UCPMB). Sollen sie diese immer aggressiver auftretende Gruppierung endgültig fallenlassen und damit ihre Beziehungen zur UCK und anderen albanischen separatistischen Kräften weiter belasten, oder ist es zweckmäßig, sie weiter als Druckmittel auch gegen die neue Regierung in Belgrad zu erhalten? Letzteres würde allerdings nicht nur die Lage in der entmilitarisierten Pufferzone zu Kosovo weiter verschärfen, sondern neue akute Kriegsgefahren für die gesamte angrenzende Balkanregion heraufbeschwören. Hier bleibt wenig Zeit zum Lavieren.

Viele Fragen und wenig Antworten, zumindest keine solchen, die den Interessen der Jugoslawen, ihren Wünschen und Erwartungen gerecht würden. Die einfachste könnte auf die Forderung hinauslaufen, endlich die ausländische Einmischungspolitik zu beenden und es den jugoslawischen Völkern zu ermöglichen, ihr Leben und multinationales Zusammenleben, ihre staatlichen und gesellschaftlichen Strukturen nach ihren eigenen Vorstellungen, ihren reichen zivilisatorischen Erfahrungen selbst, ohne ausländische Einmischung zu gestalten. Doch diese simple Antwort reicht nach den Geschehnissen im vergangenen Jahrzehnt nicht aus. Die meisten der heute existierenden schwerwiegenden Konflikte und Widersprüche sind zwar im Innern entstanden, aber eben durch die Einmischung des Auslandes, allen voran der Bundesrepublik Deutschland, geschürt oder extrem verschärft worden. Nun ist es die Pflicht Deutschlands und seiner EU- und NATO-Partner dazu beizutragen, den Schutt wegzuräumen, den ihre Einmischungs- und Kriegspolitik hinterlassen hat, zu versuchen, wenigstens einen Teil der schweren Schuld zu tilgen und Bedingungen zu schaffen, die es den Jugoslawen, den Serben und Montenegrinern, den Albanern und Ungarn und den Angehörigen der vielen anderen Nationalitäten erlauben, ihre ureigensten Probleme frei von äußerem Druck, demokratisch und friedlich zu lösen.

Deutschland spielte eine Schlüsselrolle beim Schüren innerjugoslawischer Konflikte, der Zerschlagung der früheren jugoslawischen Föderation, der Vorbereitung und Durchführung des barbarischen Luftkrieges. Es hat die Chance, Wegbereiter für den Versuch zu sein, eigenes und das Schuldkonto der NATO gegenüber Jugoslawien abzubauen. Ein erster unabdingbarer Schritt müßte es sein, daß sich die Berliner Regierung namens des deutschen Volkes bei den Serben und allen jugoslawischen Völkern für die Beteiligung der Bundesrepublik an der Aggression gegen ihr Land entschuldigt und der zweite auf diesem gewiß langen Weg sollte die Initiierung eines internationalen Programms der

Wiedergutmachung der Schäden sein, die durch den Krieg der NATO-Staaten verursacht wurden. Die an zahllose Bedingungen geknüpften Almosen im Rahmen des „Stabilitätspaktes für Südosteuropa" reichen dazu bei weitem nicht aus.

Natürlich, und ganz so weltfremd ist der Autor nicht, werden sich die „glorreichen" Sieger" Schröder, Scharping, Fischer und die anderen hüten, eine derartige Entschuldigung auszusprechen, wäre sie doch gleichbedeutend mit dem Eingeständnis, Völker- und Menschenrecht gebrochen, Kriegsverbrechen begangen zu haben. Aber der Tag wird kommen, und so optimistisch ist der Autor immer noch, an dem eine deutsche Regierung um Vergebung für diese Schandtat bitten wird.

Die deutsche Bundeswehr auf der Überholspur

Nach jedem Krieg, verlorenen oder gewonnenen, rufen die Generale nach besseren Waffen, nach schlagkräftigeren Truppen, nach neuen siegverheißenden Strategien. Nach dem Krieg gegen Jugoslawien war es nicht anders.

Im Gleichklang mit den „Lehren aus dem Kosovo-Konflikt", die Verteidigungsminister Rudolf Scharping in seinem „Kriegstagebuch" anführt, beklagte die deutsche Generalität die ungenügende Ausrüstung und Schlagkraft der Armee, die sie seit geraumer Zeit „sicherheitspolitische Fähigkeiten" nennt. Voran ging auch dieses Mal General Klaus Naumann, inzwischen ehemaliger Generalinspekteur der Bundeswehr und ehemaliger Vorsitzende des NATO-Militärausschusses. Mitte November 1999 sprach er vor dem Politischen Forum Ruhr über die „Lehren aus dem Kosovo-Konflikt". Nur kurz würdigte er den NATO-Einsatz als einen Erfolg, um sodann „schnörkellos und präzise", wie Berichterstatter feststellten, einzuschätzen, daß der Kosovo-Krieg kein Modell für künftige Auseinandersetzungen sein könne. Im Kosovo sei die begrenzte Handlungsfähigkeit der Europäer sichtbar geworden. Um einen Konflikt in einer europäischen Region von der Größe des Saarlandes beizulegen, so Naumann, seien die Europäer nicht ohne die Hilfe der Amerikaner ausgekommen; zu 85

Prozent hätten sie auf die Mittel der USA zurückgreifen müssen. Da das nicht so bleiben könne, forderte er, schlagkräftige Reaktionskräfte zu bilden, in der Bundeswehr mit weniger Personal größere Handlungsfähigkeiten zu erreichen und überhaupt eine „angemessene Sicherheitsvorsorge" zu treffen, wozu auch die Fähigkeit und Entschlossenheit zum militärischen Handeln gehöre. „Allein auf eine Zivilmacht kann man nicht setzen."[316]

Diese und andere wenig friedliche Folgerungen aus dem Balkankrieg bestimmten auch Inhalt und Verlauf der 36. Münchner Konferenz für Sicherheitspolitik im Februar 2000, die sich mit den „Lehren aus dem Kosovo-Krieg" beschäftigte. Wie keine andere bestätigte diese hochrangig besetzte Tagung, daß der „Kosovo-Krieg" tatsächlich als ein Katalysator für neue Rüstungsanstrengungen und für die Schaffung von stets einsatzbereiten Interventionsstreitkräften wirkte.

Nach den Worten von Javier Solana, Hoher Repräsentant für die Gemeinsame Außen- und Sicherheitspolitik der EU und Generalsekretär der WEU, war der Kosovo-Krieg eine „Alarmglocke für Europa", er habe gezeigt, daß der Kontinent zwar genügend Soldaten, aber nicht die Fähigkeit habe, sie schnell an Krisenpunkte zu verlegen. Für George Robertson, Generalsekretär der NATO, war das NATO-Engagement in Kosovo „ein Test" für die Fähigkeiten der Allianzstreitkräfte, in dem erhebliche Mängel deutlich geworden seien, darunter untaugliche Strukturen, zu viele schwere Waffen, ungenügende Beweglichkeit, überholte Technik und mangelnde Kompatibilität der europäischen Bündnispartner. Geoffrey Hoon, Minister für Verteidigung des Vereinigten Königreiches von Großbritannien und Nordirland, meinte, daß „der Kosovo" in vielerlei Hinsicht „eine Fallstudie" über das gemeinsame Handeln der NATO gewesen sei. Dieses gelte es zu verbessern.[317]

William S. Cohen, Minister für Verteidigung der Vereinigten Staaten von Amerika, schätzte mit Blick auf den NATO-Krieg ein: „Wir hatten Erfolg, und wir hatten Glück, und wir haben das,

---

316 Frankfurter Allgemeine Zeitung, 13.11.1999
317 Wolfgang Fechner: Bericht zur 36. Münchner Konferenz für Sicherheitspolitik nebst Redetexten, in: Europäische Sicherheit, 3/2000, S. 30-43

was es zu diesem Zeitpunkt zu tun galt, in Anbetracht der Einschränkungen und Mängel auch sehr gut gemacht." Was letztere anbetraf, so hielt er den europäischen Verbündeten ein ganzes Sündenregister vor, das dem des NATO-Generalsekretärs ziemlich ähnlich war. Zudem erinnerte er an den während des Krieges stattgefundenen NATO-Jubiläumsgipfel in Washington, auf der alle Mitglieder der sogenannten Initiative zu den Verteidigungsfähigkeiten (Defense Capabilities Initiative – DCI) zugestimmt hätten. Bedauerlicherweise seien in der Vergangenheit vielen Absichtserklärungen zur „Verteidigungsplanung" keine Taten gefolgt und auch hinsichtlich Kosovos sei der Weg zur Hölle mit guten Vorsätzen gepflastert gewesen. Damit sich das nicht wiederhole, las er den Allianz-Partnern regelrecht die Leviten und noch einmal wortwörtlich vor, was sie in Washington im einstimmig angenommenen DCI-Dokument gelobt hatten: „Wir müssen die Art ändern, in der wir handeln. Wir müssen mobiler werden. Wir müssen schneller, agiler werden. Wir müssen bessere Kommunikationssysteme haben. Wir müssen die Fähigkeit zur Aufrechterhaltung unserer Streitkräfte haben, wenn sie in ein Gebiet gehen, das ziemlich unwirtlich sein kann. Wir müssen mehr Präzisionswaffen haben. Wir müssen in der Lage sein, die Dinge heute anders zu machen."[318]

Rudolf Scharping und seinen Generalen hätte Cohen das nicht noch einmal vorlesen müssen. Sie hatten bereits – wie auch Naumanns Erklärungen zeigten – eigene Schlußfolgerungen gezogen.

Schon auf der Kommandeurtagung Ende November 1999 in Hamburg, auf der der Kanzler so ruhmredige Worte über den Einsatz deutscher Soldaten auf dem Balkan gefunden hatte, hatte der damalige Generalinspekteur der Bundeswehr, General Hans Peter von Kirchbach, erklärt, daß die Bundeswehr in ihren bisherigen Strukturen nicht in der Lage sei, ihre künftigen Aufgaben zu Krisenmanagement und Krisenbewältigung sowie zur Verteidigung von Bündnispartnern an den Flanken der NATO zu erfüllen. Er wies darauf hin, daß die Aufgabe, für die die Bundeswehr ur-

---

318 William S. Cohen: Wir brauchen Taten nicht Worte, in: Europäische Sicherheit, 3/2000, S. 40

sprünglich geschaffen worden sei, nämlich die Landesverteidigung gegen einen Angriff auf breiter Front zwischen Norwegen und der Türkei, praktisch ausgeschlossen werden könne. Grundmuster der Aufgaben, denen sich die Bundeswehr künftig stellen müsse, seien die Balkan-Operationen. Die beiden Hauptaufträge der Bundeswehr – multinationale Krisenbewältigung mit lang andauernden Einsätzen „an der Peripherie des Bündnisses" und die rasche Verstärkung der Verteidigung von eventuell gefährdeten Bündnispartnern an den Flanken der Allianz – hätten gemeinsame Merkmale und erforderten die gleichen Schlüsselfähigkeiten. Der General listete sie auf: Strategische Aufklärung; Verlegung der Streitkräfte über große Entfernungen, auch durch die Luft; Führung zwischen Hauptquartieren über große Entfernungen; Befähigung zum Gefecht der verbundenen Waffen und zur teilstreitkraftübergreifenden Operationsführung bis hin zur Korpsebene; Schutz vor Flugkörpern und Massenvernichtungswaffen; Durchhalten durch Rotation oder durch Verstärkungskräfte. Bei vielen dieser Fähigkeiten sah von Kirchbach Nachholbedarf, insbesondere in den Bereichen strategische Aufklärung, strategischer Transport sowie Führung und Kommunikation.

Faßt man die „Lehren", die in Berlin aus dem Krieg gegen Jugoslawien gezogen wurden, zusammen, so waren sie vorrangig auf das von den Regierenden – gleich ob diese von der CDU/CSU und FDP oder von der SPD und den Grünen gestellt wurden – verfolgte Ziel gerichtet, den seit der staatlichen Vereinigung Deutschlands eingeschlagenen Kurs auf eine militärische Großmachtrolle und auf eine Verwandlung der Bundeswehr in eine global agierende Interventionsarmee beschleunigt fortzusetzen. Im Bündnis mit den Kriegspartnern in der NATO und in der Europäischen Union wurde und wird er zielstrebig, Schlag auf Schlag umgesetzt.

Noch während der letzten Tage des Balkankrieges hatten sich die EU-Staaten im Juni 1999 auf ihrer Gipfelkonferenz in Köln darauf geeinigt, die lange Zeit dahindämmernde und erst während der beiden Golfkriege zu Beginn der 90er Jahre wiedererweckte Westeuropäische Union (WEU) zum militärischem Arm der Europäischen Union zu machen. Der Kölner Beschluß kam nicht völlig überraschend. Er war u. a. durch die „Petersberger Erklärung" der WEU-Staaten vom Juni 1992, die eigenständige militärische Aktionen außerhalb der NATO zur „Konfliktverhütung und Konfliktbewältigung" vorsah, und durch den am 1. Mai 1999 in Kraft getretenen Amsterdamer Vertrag mit seinen weitreichenden Festlegungen für eine Gemeinsame Außen- und Sicherheitspolitik (GASP) der EU vorbereitet worden. Der Krieg gegen Jugoslawien und sein für die NATO unerwarteter Verlauf am Rande eines politischen und militärischen Debakels hatten die Umsetzung dieser Vorhaben beschleunigt. Nicht ohne Stolz konnte Außenminister Fischer auf der 36. Sicherheitskonferenz in München unterstreichen, daß man in Europa, „aufgerüttelt durch die Erfahrungen des Kosovo-Konfliktes, die Schaffung europäi-scher Krisenbewältigungsfähigkeiten mit einem fast schon amerikanischen ‚can-do'-Pragmatismus an(geht)" und in einem Jahr „mehr erreicht (hat) als in vielen Jahren und mit vielen Kommuniqués zuvor".[319]

Bereits auf dem nächsten EU-Gipfel in Helsinki im Dezember 1999 wurde beschlossen, bis zum Jahre 2003 eine hochmobile Eingreiftruppe von 15 Brigaden mit 50.000 bis 60.000 Soldaten mit entsprechender offensiver Ausrüstung aufzustellen, die es ermöglichen soll, mindestens ein Jahr lang eine militärische Aktion nach der Art des Kosovo-Krieges oder gleichzeitig mehrere kleine Operationen durchzuführen. Zur Sicherung einer halbjährlichen Rotation wird mittlerweile von einer Gesamttruppenstärke von 180.000 Soldaten ausgegangen, von denen Deutschland bis zu 54.000 Mann bereitstellen will. Darüber hinaus einigten sich die EU-Staats- und Regierungschefs darauf, eine gemeinsame Streitkräfteführung sowie strategische Luft- und Seetransportkapazitäten, darunter ein europäisches Lufttransport-Kommando, zu schaffen.

Seit dem Treffen in Helsinki – und die genau ein Jahr danach stattgefundene EU-Gipfelkonferenz in Nizza hat es noch einmal nachdrücklich bestätigt – beteuern die Staats- und Regierungschefs, ihre Außen- und Verteidigungsminister unablässig, daß die

---

319 Joseph Fischer: Die europäische Agenda der nächsten Jahre ist anspruchsvoll, in: Europäische Sicherheit, 3/2000, S. 36

Pläne zur Schaffung einer europäischen Interventionsarmee ausschließlich der Sicherung eines friedlichen Umfeldes, dem Schutz vor möglichen sicherheitspolitischen Risiken, eben der „Konfliktverhütung und Konfliktbewältigung", dienen. Sehr neu ist diese Argumentation nicht. Schon nach dem Zusammenbruch des Realsozialismus in Europa und der Auflösung des östlichen Militärpaktes hatte der westliche ähnlich argumentiert. So konnte Hans Modrow am Vorabend des Nizza-Gipfels vor dem Plenum des Europäischen Parlamentes mit gutem Grund feststellen, daß die Begründungen für die EU-Eingreiftruppe fatal jenen ähneln, mit denen die Weiterexistenz der NATO begründet wurde: „Es geht nicht in erster Linie darum, Konfliktherde zu löschen, sondern um die militärische Sicherung des Zugangs zu Märkten, Rohstoffen und Interessengebieten."[320]

Mit der finnischen Hauptstadt waren seit der dort 1975 stattgefundenen gesamteuropäischen Konferenz lange Zeit die Begriffe „Sicherheit und Zusammenarbeit in Europa" verbunden, nun steht ausgerechnet sie für eine völlig andere Politik. „Aus einem falschen, völkerrechtswidrigen Aggressionskrieg werden falsche und gefährliche Schlußfolgerungen gezogen. Sicherheitspolitik wird fast völlig militärisch definiert und auf militärische Interventionsfähigkeit ausgerichtet", schätzte Andrè Brie, Mitglied des Auswärtigen Ausschusses im Europaparlament, ein.[321] Und im „Friedensgutachten 2000" konstatierten die bekanntesten deutschen Friedensforschungsinstitute: Ausgerechnet auf die militärische Intervention in Jugoslawien antwortete die EU „mit einem Konzept, das die Militärlastigkeit westlicher Sicherheitspolitik noch verschärfen könnte".[322] Auf den Konjunktiv in diesem Satz könnte gut und gern verzichtet werden, ebenso wie in der von einem der Gutachter geäußerten Überlegung, daß derartige Militärapparate leicht eine Eigendynamik entwickeln könnten.

---

320 Europäisches Parlament, Ausführliche Sitzungsberichte, Sitzung vom 29.11.2000, S. 56/57
321 Andrè Brie: Brüssel auf dem Weg zur Militärunion, in: Neues Deutschland, 10.12.1999
322 Zitiert nach Jochen Reinert: Doppelgesicht, in: Neues Deutschland, 7.6.2000

Diese Dynamik ist vorausschaubar und damit auch das Ergebnis: Mit der Verwirklichung der Beschlüsse von Helsinki entsteht neben der NATO schrittweise ein eigenständiger europäischer Militärpakt, in dem die Bundesrepublik Deutschland naturgemäß über einen größeren Einfluß als in dem von den USA geführten transatlantischen Bündnis verfügen wird. Deutschland wird mit Abstand das größte Truppenkontingent für die EU-Streitmacht und mit General Rainer Schuwirth auch den Befehlshaber stellen.

Entsprechend intensiv hat Verteidigungsminister Rudolf Scharping den Umbau und die Modernisierung der Bundeswehr vorangetrieben. Gleich an drei Arbeitsplätzen ließ er die Hauptrichtungen einer grundlegenden Reform der Bundeswehr untersuchen: in der schon während des Balkankrieges eingesetzten Kommission unter Vorsitz des Alt-Bundespräsidenten Richard von Weizsäcker, beim damaligen Generalinspekteur der Bundeswehr Hans Peter von Kirchbach und beim Leiter des Planungsstabes auf der Hardthöhe, General Harald Kujat, dem späteren Nachfolger von Kirchbachs. Bei aller Unterschiedlichkeit im Herangehen und in den Details stimmten die im Frühsommer 2000 vorgelegten Konzepte darin überein, daß die bisher auf Landes- und Bündnisverteidigung, einschließlich sogenannter Vorneverteidigung, ausgerichtete Bundeswehr in eine moderne, hochflexible und mobile Truppe mit der Fähigkeit zur schnellen, weltweiten Intervention umzubauen ist. Das und nichts anderes machte Rudolf Scharping zum Dreh- und Angelpunkt seiner Reformpläne, und seine Generale beeilen sich, diese zügig umzusetzen.

Schon Ende Oktober 2000 konnte Heeresinspekteur Helmut Willmann berichten, wie der Umbau zu einer Interventionsarmee mit globalem Aktionsradius vonstatten gehen soll. Zukünftig wird das Heer so strukturiert, daß für einen großen Kriseneinsatz 15.000 bis 30.000 Soldaten oder für „zwei mittlere Operationen über einen langen Zeitraum" jeweils 8.000 Mann zur Verfügung stehen. Diese Zahlen dürften mit fünf zu multiplizieren sein, denn der Heeresinspekteur operierte mit dem „Faktor 5": Um die Durchhaltefähigkeit der Truppe zu gewährleisten, soll jeder Soldat nach einem halbjährigen Auslandseinsatz für zwei Jahre wieder in der Heimat stationiert werden.

Das Transportproblem für derartige globale Einsätze und den anvisierten Kriegsreiseverkehr war schon vor Willmanns Information zur Bundeswehrreform geklärt worden. Die bisherigen Transall-Maschinen sollen in den nächsten Jahren durch 73 Airbus A 400 M ersetzt werden, wofür weit über 10 Milliarden DM ausgegeben werden müssen. Nach den für die Bundeswehr vorgesehenen 180 Eurofightern, für die 23,9 Milliarden Mark veranschlagt sind, ist der Kauf der A-400-M-Maschinen der zweitgrößte Posten im Rüstungshaushalt. Im Vergleich dazu nehmen sich die 800 Millionen DM für vier Spionagesatelliten, die ab 2004 bzw. 2005 von zwei polaren Umlaufbahnen aus künftige Kriegsschauplätze aufklären sollen, nahezu bescheiden aus. Die Kosten für spezifische Ausrüstungen der Interventionstruppen, darunter für extrem leichte Schutzwesten, leichte Kommunikationssysteme, automatische Granatwerfer, Laserzielbeleuchter, individuelle Freund-Feind-Kennungsgeräte, leichte Panzerfahrzeuge, automatisierte Führungssysteme, sind bisher ebensowenig bekannt wie die für die Beschaffung der weitreichenden Präzisionsmunition für die Luftwaffe, darunter die sogenannte Modulare Abstandswaffe, einem Flugkörper mittlerer Reichweite für die Tornados sowie die von den USA gegen Jugoslawien eingesetzte Lenkbombe (Guided Bomb Unit) GBU 24. Der Aufbau einer weltweit einsatzfähigen Armee hat eben seinen Preis, denn wer Großmachtpolitik betreiben will, muß nach der Auffassung des deutschen Verteidigungsministers für große militärische Macht sorgen. Wörtlich hat Rudolf Scharping das nicht so grob, aber dafür nicht weniger deutlich formuliert, als er kurz nach dem NATO-Krieg erklärte: „Wer außenpolitisch in der ersten Reihe sein will, darf sicherheitspolitisch nicht zurückfallen."[323]

Nach den Angaben von Heeresinspekteur Helmut Willmann werden auch zwei Divisionen neu geschaffen: eine 9.800 Mann starke „Division für Luftbewegliche Operationen" (DLO) und eine 7.800 Soldaten zählende „Division für Spezialoperationen" (DSO), zu der u. a. auch das schon existierende „Kommando Spezialstreitkräfte" gehören wird. Die DSO-Einheiten sollen die Bundeswehr bei Auslandseinsätzen vor einem verdeckt operie-

---

323 Gespräch mit Rudolf Scharpings in Berliner Zeitung, 29.6.1999

renden Gegner schützen und auch im feindlichen Hinterland eingesetzt werden. „In der NATO sind wir damit auf der Überholspur", schwärmte der Heeresinspekteur, nachdem er vorher bereits betont hatte, daß die Bundeswehr hinsichtlich Führung, Ausbildung und Motivation im Vergleich zu anderen NATO-Ländern in der „absoluten Spitzengruppe" sei.

Nun also braucht es uns ums Vaterland nicht mehr bange zu sein. Mit dem Einsatz im Bürgerkrieg in Bosnien-Herzegowina hatte es die Tür zu einer neuen deutschen Militärrolle aufgestoßen, mit der Teilnahme am Krieg gegen Jugoslawien hatte es sich als gleichberechtigter Bündnispartner bewährt und mit den Umstrukturierungen des Heeres in Auswertung dieses Krieges wird es sich in wichtigen militärischen Bereichen an die Spitze der NATO- und EU-Streitkräfte setzen. Auch im neuen Jahrhundert kündigen sich ruhmreiche Zeiten an.

All das geschieht coram publico, vor aller Augen, aber es geht kein Aufschrei durch das Land. Im Vergleich zur Renten- oder Gesundheitsreform, ja zur Diskussion um die Ladenöffnungszeiten oder das Verbot von Kampfhunden ist das Echo auf den grundgesetzwidrigen Umbau der Bundeswehr zu einer Interventionsarmee, die weltweit und notfalls auch ohne UN-Mandat eingesetzt werden soll, in der Öffentlichkeit gering. Dem deutschen Michel ist die Zipfelmütze wieder einmal über Augen und Ohren gerutscht. Allem Anschein nach merkt er nicht, daß seine Regierungsoberen und die Herren Generale neue Kriege in der Luft, zur See und auf dem Boden vorbereiten, die fern der Heimat geführt werden sollen, da, woher deutsche Soldaten gewiß nicht „glücklicherweise heil und unversehrt" wie die Tornado-Piloten von ihren Luftangriffen auf Jugoslawien zurückkehren werden. Sollte er erst aufwachen, wenn die Truppen in Marsch gesetzt werden und die ersten Särge zurückkommen, wäre es wieder einmal zu spät. Heute gilt die Losung: „Kommt der Krieg nicht zu uns, gehen wir zu ihm." Aber sicher ist auch: Geht die Bundeswehr zum Krieg, dann wird dieser eines Tages auch zu uns kommen.

ANHANG

Chronologie des NATO-Krieges gegen Jugoslawien und der nachfolgenden Entwicklung*

Anfang März 1998	Nach mehreren Angriffen der sogenannten Befreiungsarmee Kosovos (UCK) auf Polizeieinheiten und darauffolgenden Offensiven von Sicherheitskräften, in deren Ergebnis Polizisten, zahlreiche Terroristen, aber auch Zivilpersonen ihr Leben verlieren, kommt es in Kosovo zu Massendemonstrationen, auf denen die Unabhängigkeit des autonomen Gebietes gefordert wird. Während der deutsche Außenminister Kinkel die sofortige Einberufung des Weltsicherheitsrates fordert und die USA Belgrad „schwerste Konsequenzen" androhen, lehnen Rußland und China jegliche direkte Einmischung in die inneren Angelegenheiten Jugoslawiens ab.
25. 3. 1998	Die internationale Bosnien-Kontaktgruppe stellt Jugoslawien das Ultimatum, innerhalb von vier Wochen einen Dialog mit den Kosovo-Albanern zu beginnen.
1. 4. 1998	Der Weltsicherheitsrat beschließt ein Waffenembargo gegen Jugoslawien.
23. 4. 1998	An einem Volksentscheid zur Frage einer „internationalen Vermittlung" im Kosovo-Konflikt beteiligen sich 73 Prozent der Wahlberechtigten Serbiens. Von diesen lehnen rund 95 Prozent eine derartige Vermittlung ab.
15. 5. 1998	Slobodan Milošević, Präsident Jugoslawiens, und Ibrahim Rugova, Führer der Kosovo-Albaner, sprechen sich bei einem Treffen in Belgrad für eine friedliche Lösung des Kosovo-Konfliktes aus.

---

* Die Zeittafel stellt die Fortsetzung der „Chronologie der Entwicklung und des Zerfalls Jugoslawiens" dar, die im Anhang zur Erstausgabe der „ehrlichen Makler" enthalten ist und bis zum 15. 4. 1998 führt. In den nachfolgenden Ausgaben endete die „Chronologie" mit dem 24. 3. 1999, dem Tag des Überfalls auf Jugoslawien.

Sommer 1998	Auf die fortgesetzten Anschläge und bewaffneten Aktionen seitens der sogenannten Befreiungsarmee Kosovos reagieren die jugoslawischen Sicherheitskräfte mit umfangreichen Säuberungsaktionen. Zehntausende albanische und serbische Bewohner Kosovos flüchten aus den Kampfgebieten. Die NATO fordert den Rückzug der jugoslawischen Sicherheitskräfte aus dem Gebiet und droht mit Militärschlägen auch ohne UNO-Mandat.
30. 9. 1998	Die in den Wahlen vom 27. 9. abgewählte Kohl-Regierung beschließt die Bereitstellung von Bundeswehreinheiten für „einen Luftschlag gegen Jugoslawien". Die zukünftige Regierung erklärt ihr Einverständnis.
13. 10. 1998	Unter dem massiven Druck der NATO stimmt Jugoslawien einem Abzug seiner Sicherheitskräfte aus dem Konfliktgebiet zu. 2.000 OSZE-Beobachter und unbewaffnete NATO-Flugzeuge sollen den Abzug sowie eine Einstellung der bewaffneten Auseinandersetzung überwachen.
16. 10. 1998	Unter Verletzung des Völkerrechts und des Grundgesetzes stimmt der Deutsche Bundestag einem möglichen Kriegseinsatz der Bundeswehr in Kosovo zu.
13. 11. 1998	Auf Vorschlag der neuen Bundesregierung beschließt der Bundestag die Teilnahme deutscher Soldaten an der NATO-Luftüberwachung in Kosovo.
20. 11. 1998	Belgrad unterbreitet einen Vorschlag für eine weitgehende Autonomie für das Gebiet Kosovo und Metohien (offizielle Bezeichnung Kosovos).
16. 1. 1999	In Kämpfen mit jugoslawischen Polizeieinheiten verlieren im Dorf Račak mehrere Dutzend UCK-Angehörige ihr Leben.
17. 1. 1999	Der Leiter der OSZE-Beobachter-Mission, der US-Amerikaner Walker, stellt die Toten der internationalen Presse als „zivile Opfer eines serbischen Massakers" dar. Obwohl das „Massaker von Račak" auch später unbestä-

tigt blieb, nimmt es die NATO umgehend zum Anlaß eines Ultimatums: Entweder Belgrad unterschreibt einen 10-Punkte-Plan der internationalen Kontaktgruppe über eine weitgehende Autonomie Kosovos innerhalb der Republik Serbien, oder Jugoslawien wird bombardiert.

6.-17. 2. 1999   In Rambouillet finden „Friedensgespräche" statt. Die Delegation der Republik Serbien unterschreibt den 10-Punkte-Plan der Kontaktgruppe. Die von der UCK geleitete albanische Delegation lehnt die Unterschrift ab und fordert die Lostrennung Kosovos. Unter Ausschaltung Rußlands legen die NATO-Staaten ein Implementierungs-Abkommen vor, dessen Kern in der Errichtung eines NATO-Okkupationsregimes in ganz Jugoslawien sowie in der Besetzung Kosovos durch eine 28.000 Mann starke NATO-Truppe und der Verwandlung des Gebietes in ein NATO-Protektorat mit der Perspektive seiner Loslösung aus der Republik Serbien nach drei Jahren besteht. Dieses 2. Abkommen lehnt die serbische Delegation ab.

15. 3. 1999   Fortsetzung der Friedensgespräche in Paris. Die UCK lehnt direkte Gespräche mit der serbischen Delegation, selbst auf Expertenebene, ab. Statt Verhandlungen zu führen, fordern die NATO-Vertreter die Belgrader Delegation ultimativ auf, das nicht verhandelte „Friedensabkommen" zu unterzeichnen.

18. 3. 1999   Die UCK-Delegation unterzeichnet das „Abkommen", die serbische Seite lehnt das Diktat ab.

20. 3. 1999   Zur Vorbereitung des Angriffs veranlaßt die NATO den Abzug der 1.200 OSZE-Beobachter aus Kosovo.

23. 3. 1999   Das Parlament der Republik Serbien lehnt eine NATO-Okkupation Kosovos ab und erneuert ihre Bereitschaft zu tatsächlichen Verhandlungen zur Gewährleistung einer umfassenden Autonomie Kosovos und Metohiens auf der Grundlage der Respektierung der Gleichberechtigung aller nationalen Gemeinschaften des Gebietes und der territorialen Integrität Serbiens und Jugoslawiens.

24. 3. 1999	Beginn massiver Luftangriffe der NATO auf Jugoslawien unter Beteiligung der deutschen Bundeswehr. Bundeskanzler Gerhard Schröder erklärt in einer Rede über Funk und Fernsehen: „Wir führen keinen Krieg, aber wir sind aufgerufen, eine friedliche Lösung im Kosovo auch mit militärischen Mitteln durchzusetzen." Jugoslawien ruft den Kriegszustand aus. Rußland und China fordern die sofortige Einstellung der NATO-Angriffe, eine auf Verlangen beider Staaten einberufene Sondersitzung des Weltsicherheitsrates bleibt ergebnislos.
25./26. 3. 1999	Belgrad bricht die diplomatischen Beziehungen zu den USA, Deutschland, Großbritannien und Frankreich ab. Die NATO intensiviert ihre Luftangriffe und die EU äußert Besorgnis über Menschenrechtsverletzungen in Kosovo.
27.-31. 3. 1999	Weiter verstärkte Luftangriffe verursachen schwere Zerstörungen in ganz Jugoslawien. In Kosovo fliehen Hunderttausende, vor allem Albaner, vor den NATO-Bomben, den Kämpfen zwischen der UCK und der jugoslawischen Armee sowie vor serbischen Paramilitärs. Die jugoslawische Luftabwehr schießt einen US-Tarnkappenbomber ab. Rußland beschuldigt die NATO der Komplizenschaft mit der UCK. Kriegsgegner protestieren weltweit gegen die Aggression.
28. 3. 1999	Verteidigungsminister Scharping berichtet, „daß im Norden von Priština ein Konzentrationslager eingerichtet wird".
29. 3. 1999	Bombardierung von zwei Flüchtlingszentren bei Niš, die von CARE Australia im Namen des Hohen UN-Flüchtlingskommissars verwaltet werden.
30. 3. 1999	Nach einem Treffen mit dem jugoslawischen Präsidenten in Belgrad unterrichtet der russische Ministerpräsident Jewgeni Primakow Bundeskanzler Schröder über die Ergebnisse seiner Vermittlungsmission. Die Kompromißvorschläge werden brüsk zurückgewiesen.

31. 3. 1999	Jugoslawische Einheiten nehmen drei US-Soldaten gefangen. Verteidigungsminister Scharping verurteilte die Festnahme als Bruch des Völkerrechts.
Ende März/ Anfang April 1999	Beginn der massiven Bombardierung von Raffinerien, Öl-Tanklagern, Kraftwerken, Straßen, Brücken, Tunnels und Eisenbahnanlagen.
1. 4. 1999	Slobodan Milošević und Ibrahim Rugova treffen sich in Belgrad und sprechen sich für eine friedliche Konfliktlösung aus. Angriff auf die Varadinbrücke über die Donau. An den darauffolgenden Tagen werden alle bei Novi Sad über die Donau führenden Brücken zerstört.
Anfang April 1999	Trotz enormer Zerstörungen und wachsender Opferzahlen zeigt Belgrad keine Bereitschaft, das Diktat von Rambouillet im nachhinein zu akzeptieren. In der NATO verstärkt sich die Diskussion um den Einsatz von Bodentruppen.
6./8. 4. 1999	Bombardierung von Wohngebieten in den Städten Aleksinac, Priština und Chupria.
9. 4. 1999	Zerstörung der Zastava-Autowerke in Kragujevac.
12. 4. 1999	Das jugoslawische Parlament spricht sich für den Beitritt des Landes zur Union mit Rußland und Belorußland aus. Zweifacher Angriff auf den von Belgrad nach Ristovac verkehrenden Zug im Augenblick seiner Fahrt auf der Brücke über die Schlucht von Grdelica.
13./14. 4. 1999	Gregor Gysi, PDS-Fraktionsvorsitzender im Bundestag, reist nach Belgrad und trifft mit Milošević zusammen. Sein Vermittlungsversuch bleibt ergebnislos. Kurz danach warnt Bundeskanzler Schröder die PDS, zur „5. Kolonne Belgrads" zu werden.
13. 4. 1999	Unter massivem Druck der Öffentlichkeit veröffentlicht das Auswärtige Amt den Text des Annex B der „Friedensvereinbarung von Rambouillet", in dem de facto die

Errichtung eines Okkupationsregimes für ganz Jugoslawien vorgesehen war. Der Bundesregierung, vor allem dem Außenminister, wird vorgeworfen, Deutschland in den Krieg gegen Jugoslawien hineinmanövriert zu haben.

14. 4. 1999   Außenminister Fischer unterbreitet einen 6-Stufen-Friedensplan, der sich auf wesentliche Elemente des Rambouillet-Diktates stützt, die nun unter Einschluß Rußlands von der G-8-Gruppe und vom UN-Sicherheitsrat gebilligt werden sollen. Für den Fall, daß Jugoslawien beginnt, seine Streitkräfte aus Kosovo abzuziehen, wird eine Einstellung der Luftangriffe für anfangs 24 Stunden in Aussicht gestellt.
Boris Jelzin ernennt Viktor Tschernomyrdin zum russischen Sonderbeauftragten für den Balkan.

15. 4. 1999   Raketenangriffe auf einen Flüchtlingskonvoi an vier verschiedenen Stellen auf einer Strecke von 12 Kilometern auf der Straße von Prizren nach Djakovica.

15. und
18. 4. 1999   Zerstörung des Petrochemischen Komplexes sowie der Düngemittelfabrik in Pančevo bei Belgrad, in deren Ergebnis die Konzentration von krebserregenden Substanzen in der Luft das tolerierbare Maximum bis auf das 7.200-fache übersteigt.

19. 4. 1999   Cruise-Missile-Attacke auf das zentrale Regierungsgebäude des autonomen Gebietes der Vojvodina in Novi Sad.

20. 4. 1999   Jelzin übt erneut scharfe Kritik an der Aggression gegen Jugoslawien. Zugleich schließt er einen Bruch mit dem Westen wegen des „Kosovo-Konfliktes" aus. Die Erklärung wird in den NATO-Staaten mit spürbarer Erleichterung aufgenommen.

21. 4. 1999   Verteidigungsminister Scharping berichtet, daß die Serben mit abgeschlagenen Kinderköpfen Fußball spielten und Schwangeren den Fötus aus dem Leib rissen, diesen grillten und wieder in den Leib zurücklegten.

22. 4. 1999	Der russische Sonderbeauftragte Tschernomyrdin trifft in Belgrad mit Milošević zusammen.
23. 4. 1999	Die NATO lehnt jegliche Kompromißvarianten zur Einstellung der Luftangriffe ab und beharrt auf der Besetzung Kosovos. Angriff auf das Zentralstudio von Radio Televizija Srbija (RTS) im Zentrum von Belgrad.
29. 4. 1999	Treffen von Bundeskanzler Schröder mit Tschernomyrdin. Rußland fordert eine Beendigung der Luftangriffe und akzeptiert die Stationierung einer internationalen Friedenstruppe unter UN-Führung in Kosovo. Der Kanzler besteht auf einer führenden Teilnahme der NATO.
1./2. 5. 1999	US-Bürgerrechtler Jackson besucht Jugoslawien. Belgrad läßt gefangengenommene US-Soldaten frei.
2. 5. 1999	Gleichzeitige Bombardierung von 5 Hauptkraftwerken, wodurch rund 70 Prozent der jugoslawischen Bevölkerung von der Stromversorgung abgeschnitten werden.
6. 5. 1999	Die Außenminister der sieben westlichen Industrieländer und Rußlands (G-8) verabschieden in Bonn „Grundsätze einer politischen Lösung der Kosovo-Krise", die u. a. eine internationale Sicherheitspräsenz für Kosovo vorsehen. Belgrad lehnt eine Beteiligung der NATO-Aggressorstaaten ab.
7. 5. 1999	Die NATO beschießt „versehentlich" die chinesische Botschaft in Belgrad. Mehrstündige Angriffe auf Niš und seine Vororte, Abwurf von Splitterbomben auf den zentralen Marktplatz der Stadt.
12. 5. 1999	Erneuter Angriff mit Splitterbomben auf ein Wohngebiet von Niš.
14. 5. 1999	Bombenangriff auf das Dorf Koriša an der Fernstraße zwischen Priština und Prizren.

Mitte Mai 1999	In der NATO mehren sich die Anzeichen für tiefgehende Meinungsverschiedenheiten über den Kurs zur Fortsetzung des Krieges.
20. 5. 1999	Raketenangriff auf das Dragiša-Mišović-Krankenhaus im Belgrader Stadtteil Dedinje.
27. 5. 1999	Das Internationale Tribunal zur Verfolgung von Kriegsverbrechen für das ehemalige Jugoslawien erhebt Anklage gegen Milošević und weitere Mitglieder der jugoslawischen Führung.
28. 5. 1999	Tschernomyrdin drängt die jugoslawische Führung zur Annahme des Planes der G-8-Gruppe. Belgrad erklärt seine grundsätzliche Bereitschaft, den Plan zu akzeptieren.
30. 5. 1999	NATO-Luftschläge gegen die Brücke über die Morava in Varvarin sowie gegen ein Sanatorium in Surdulica.
2./3. 6. 1999	Tschernomyrdin und der finnische Präsident Ahtisaari als EU-Beauftragter verhandeln mit dem jugoslawischen Präsidenten über den sogenannten Kosovo-Friedensplan. Milošević und das serbische Parlament akzeptieren den Plan.
4. bis 9. 6. 1999	In Kumanovo (Mazedonien) finden Verhandlungen zwischen der NATO und der jugoslawischen Armeeführung über ein militär-technisches Abkommen statt. Vereinbart wird ein phasenweiser Abzug der jugoslawischen Streitkräfte aus Kosovo innerhalb von 11 Tagen.
5. 6. 1999	Die NATO ordnet an, die Luftangriffe fortzusetzen.
7./ 8. 6. 1999	Die Außenminister der G-8-Gruppe verhandeln auf dem Petersberg bei Bonn über den Entwurf einer Resolution des UN-Sicherheitsrates.
10. 6. 1999	Bei Stimmenthaltung Chinas beschließt der UN-Sicherheitsrat die Resolution 1244(1999), die den 78tägigen Angriffskrieg beendet. Die NATO setzt die Luftangriffe bis auf weiteres aus.

	Die EU-Außenminister und deren Amtskollegen aus den Balkanstaaten vereinbaren den „Stabilitätspakt für Südosteuropa". Jugoslawien bleibt ausgeschlossen.
11. 6. 1999	Der Deutsche Bundestag beschließt gegen die Stimmen der PDS die Teilnahme von Einheiten der Bundeswehr an der KFOR.
12. 6. 1999	Die ersten Einheiten des Bundeswehrkontingentes der KFOR- Truppen marschieren in Jugoslawien ein.
11. bis 18. 6. 1999	Russische Einheiten besetzen den Flughafen Priština. An den Folgetagen kommt es zu einer heftigen Kontroverse zwischen Rußland und der NATO über die Beteiligung russischer Truppen an der KFOR. Im Unterschied zu den USA, Großbritannien, Deutschland, Frankreich und Italien erhält Rußland keine eigene Besatzungszone. Unter den Augen der KFOR beginnen albanische „Racheaktionen" gegen Serben und Angehörige anderer Nationen.
21. 6. 1999	Der NATO-Generalsekretär erkärt die NATO-Luftangriffe für beendet. Zwischen der UCK und der KFOR wird ein Abkommen über die „Demilitarisierung" der UCK unterzeichnet.
24. 6. 1999	Das serbische Parlament beschließt die Aufhebung des Kriegszustandes.
23. 7. 1999	Bundeskanzler Schröder besucht ohne Absprache mit Belgrad und unter Verletzung der jugoslawischen Souveränität den deutschen Sektor in Kosovo.
Sommer 1999	Anschläge gegen serbische Bürger und Einrichtungen in Kosovo und Metohien, die Vertreibung nehmen Massencharakter an.
2. 8. 1999	Serbische Oppositionsparteien organisieren landesweit Demonstrationen gegen die Belgrader Führung.
3. 9. 1999	Die UN-Verwaltungsmission (UNMIK) verfügt die Herauslösung Kosovos aus dem jugoslawischen Währungs-

	system und die Einführung der DM als offizielles Zahlungsmittel.
6. 9. 1999	Die EU beschließt die Aufhebung der Sanktionen gegen Montenegro.
9. 9. 1999	In Kosovska Mitrovica weiten sich Zusammenstöße zwischen Albanern und Serben aus.
10. 9. 1999	Der NATO-Rat bestätigt den deutschen General Klaus Reinhardt als Oberbefehlshaber der KFOR.
20. 9. 1999	UCK-Führer Hashim Thaci unterschreibt das Abkommen zur Umwandlung der UCK in das „Kosovo-Schutzkorps" (KSK).
22. 9. 1999	Rußland kritisiert den Aufbau des KSK als Verstoß gegen die UN-Resolution 1244(1999).
24. 9. 1999	Die Regierung von Montenegro kündigt eine eigene Zoll-, Devisen- und Außenhandelspolitik an.
23. 10. 1999	Sprecher der Roma in Kosovo erklären, daß ihr Volk schlimmsten Repressalien ausgesetzt ist.
29. 10. 1999	Moskau beschuldigt die NATO und die UNMIK, die nicht albanische Bevölkerung in Kosovo ungenügend zu schützen.
2. 11. 1999	Die montenegrinische Regierung führt die DM als Zweitwährung ein.
1. 12. 1999	Der serbische Nationalrat in Kosovo lehnt die von der UNMIK vorgesehene Volkszählung und Wahlen unter den existierenden Bedingungen ab.
17. 12. 1999	Am Rande des G-8-Treffens in Berlin treffen die Außenminister der USA und Deutschlands mit Führern der serbischen Opposition zusammen, um über den Sturz von Milošević zu beraten.

31. 12. 1999	Die Mannschaftsstärke des deutschen KFOR-Kontingents beträgt 5.753 Soldaten (davon Heer 5.157, Luftwaffe 414, Marine 182).
2. 1. 2000	UN-Verwaltungschef Bernard Kouchner beklagt die schlechte Finanzsituation der UNMIK für die Erfüllung ziviler Aufgaben.
4. 1. 2000	Die Belgrader Regierung reicht beim Internationalen Gerichtshof in Den Haag Klage gegen die NATO im Zusammenhang mit der Bombardierung Jugoslawiens ein.
17. 1. 2000	Der jugoslawische Vertreter am UNO-Sitz in Genf Branko Branković klagt UNMIK und NATO-Verbände der KFOR der Mittäterschaft an der ethnischen Säuberung in Kosovo an. Seit dem Eintreffen der KFOR seien mehr als 350.000 Personen vertrieben und 786 Serben ermordet worden.
5./ 6. 2. 2000	Die 36. Münchner Konferenz für Sicherheitspolitik erörtert die „Lehren aus dem Kosovo-Krieg". Außenminister Fischer erklärt: „Wir haben den Krieg erst gewonnen, wenn in Belgrad Demokratie herrscht."
17. 2. 2000	Auf dem 4. Parteitag der Sozialistischen Partei Serbiens wird Milošević erneut zum Vorsitzenden gewählt. NATO-Staaten, vor allem die USA, werden beschuldigt, Kosovo sowie Montenegro unter brutalem Druck aus dem jugoslawischen Staatsverband herauszulösen.
2. 3. 2000	Bei einem Treffen mit dem montenegrinischen Präsidenten Milo Djukanović in Berlin sichert Außenminister Fischer der Republik einen Kredit von 40 Millionen DM zu. Fischer erklärt, Deutschland werde den Reformkurs von Djukanović mit allen Kräften unterstützen.
1. Hälfte März 2000	NATO-Kreise bestätigen, daß in Südserbien, in der Nähe zu Kosovo, eine albanische Untergrundorganisation, die sich als „Befreiungsarmee von Bujanovac, Medvedja und Preševo" (UCBMP) bezeichnet, Anschläge verübt, denen zahlreiche Menschen zum Opfer fallen.

16. 3. 2000	NATO-General Robertson warnt Milošević davor, in Kosovo Auseinandersetzungen zu provozieren. UN-Generalsekretär Annan verurteilt die Provokationen der UCBMP.
20. 3. 2000	Die EU setzt das gegen Jugoslawien verhängte Flugembargo für 6 Monate aus. Zuvor war die „schwarze Liste" der Belgrader Regierungsvertreter, denen die Einreise in EU-Länder untersagt ist, von etwa 160 auf 800 Personen erweitert worden.
21. 3. 2000	Wie die UN-Umweltorganisation (UNEP) mitteilt, hat die NATO eingeräumt, in Kosovo etwa 31.000 Geschosse uranhaltiger Munition abgefeuert zu haben. Laut UNEP seien möglicherweise Zivilisten, NATO-Soldaten und internationale Helfer gefährdet.
24. 3. 2000	Der UN-Sonderberichterstatter für Menschenrechte, Jiri Dienstbier, bezeichnet den NATO-Luftkrieg als insgesamt kontraproduktiv. Er hätte die Wirtschaft auf dem Balkan ruiniert und von ethnischer Säuberung seien nun die Serben in Kosovo betroffen.
18. 4. 2000	Der spanische General Juan Ortuño löst den deutschen General Reinhardt als Oberkommandierenden der KFOR ab. Damit übernimmt das sogenannte Eurocorps das Kommando über die KFOR.
23. 4. 2000	Führer der serbischen Opposition treffen sich bei Athen mit dem jugoslawischen Thronerben Alexander Karadjordjević und rufen zum Sturz der Regierung in Belgrad auf.
13. 5. 2000	Der Regierungschef des autonomen Gebietes der Vojvodina, Boško Perošević, fällt einem Attentat zum Opfer. In der Folgezeit verschärft die Regierung ihr Vorgehen gegen die Studentenbewegung Otpor (Widerstand), der sie terroristische Aktionen und Vorbereitungen zum Bürgerkrieg vorwirft.
17. 5. 2000	Die serbische Regierung beschuldigt die Sender Studio B und Radio B-92, Aufrufe zum Aufstand verbreitet zu

	haben und setzt neue Direktoren ein. Es kommt zu Protestdemonstrationen und Auseinandersetzungen mit der Polizei.
2./ 3. 6. 2000	In Berlin tagt das Internationale Europäische Tribunal unter Vorsitz von Prof. Dr. Norman Paech. Nach vorangegangenen Hearings in Berlin und Hamburg und zweitägiger Anhörung von Zeugen aus Jugoslawien und internationalen Sachverständigen erklärt es die Regierungschefs, Außen- und Verteidigungsminister und andere Verantwortliche der NATO-Staaten der schweren Völkerrechtsverletzungen für schuldig.
7. 6. 2000	Die Belgrader Regierung fordert vom UN-Sicherheitsrat den sofortigen Abzug von UNMIK und KFOR sowie die Außerkraftsetzung aller Verfügungen von UN-Verwalter Kouchner, da diese der Resolution 1244 zuwiderliefen. Amnesty international klagt die NATO an, bei den Luftangriffen Menschenrechtsverletzungen begangen und zivile Opfer bewußt in Kauf genommen zu haben. NATO-Generalsekretär George Robertson weist das zurück und erklärt, die NATO habe internationales Recht beachtet.
11. 6. 2000	Bei Wahlen in Montenegro siegen in Podgorica die Djukanović-Koalition „Für ein besseres Leben" und in Herceg Novi das Bündnis „Für Jugoslawien" unter Momir Bulatović.
13. 6. 2000	Die Chefanklägerin beim Haager Tribunal Carla del Ponte veröffentlicht einen Bericht, in dem festgestellt wird, daß die NATO bei ihren Luftangriffen zwar Fehler gemacht habe, diese aber nicht ausreichen, um Ermittlungen wegen Kriegsverbrechen einzuleiten. Rußland hatte bereits zuvor gegen diese Entscheidung protestiert.
15. 6. 2000	Vuk Drašković, Vorsitzender der oppositionellen Serbischen Erneuerungsbewegung, wird bei einem Attentat in Budva (Montenegro) leicht verletzt.
Ende Juni 2000	In Berlin findet eine Konferenz zur Förderung der Demokratie in Südosteuropa statt. Die Außenminister

der USA und Deutschlands versprechen der serbischen Opposition erneut Hilfe zum Sturz von Milošević.

6. 7. 2000   Das jugoslawische Parlament beschließt Verfassungsänderungen, nach denen der Präsident statt wie bisher durch das Parlament direkt vom Volk gewählt und die Wahlen vorgezogen werden sollen. Die Regierung Montenegros lehnt das als Verfassungsbruch ab. Bundeskanzler Schröder vergleicht die Verfassungsänderungen und die damit möglich gewordene Wiederwahl von Milošević mit Hitlers Ermächtigungsgesetzen.

August 2000   17 oppositionelle Parteien schließen sich zum Wahlbündnis DOS (Demokratische Opposition Serbiens) zusammen. Zoran Djindjić, Vorsitzender der Demokratischen Partei, übernimmt die Organisation des Wahlkampfes, Vojislav Koštunica, Vorsitzender der Demokratischen Partei Serbiens, wird gemeinsamer Präsidentschaftskandidat.

13. 8. 2000   Koštunica kündigt für den Fall seines Wahlsieges die Respektierung der bestehenden Verfassung an. Weiter erklärt er u. a., daß nach Milošević die USA die zweitgrößte Verantwortung für das Leid des serbischen Volkes trügen und keine ausländische Organisation den Wahlkampf für ihn betreiben werde.

14. 8. 2000   KFOR-Truppen besetzen und schließen die Bleihütte des serbischen Industriekomplexes Trepča in der Nähe von Kosovska Mitrovica wegen „unerträglicher Luftverschmutzung". Der Widerstand der Arbeiter wird von ihnen gewaltsam gebrochen.

18. bis
21. 9. 2000   Vor dem Bezirksgericht in Belgrad findet ein Prozeß gegen führende Politiker der NATO-Staaten wegen Kriegsverbrechen gegen Jugoslawien und seine Bevölkerung statt. Sämtliche Beklagten, darunter Schröder, Scharping und Fischer, werden in Abwesenheit zur Höchststrafe von 20 Jahren verurteilt. Es werden Haftbefehle erlassen.

17. 9. 2000	Die Führer der Demokratischen Opposition Serbiens rufen im staatlichen Fernsehen dazu auf, für Koštunica zu stimmen.
18. 9. 2000	Die EU-Außenminister veröffentlichen eine Erklärung, in der sie für den Fall eines Wahlsieges der Opposition die vorbehaltlose Aufhebung der Sanktionen und Wiederaufbauhilfe versprechen. Belgrad verurteilt diese Erklärung als grobe Einmischung in die inneren Angelegenheiten eines souveränen Staates.
21. 9. 2000	Die jugoslawische Nachrichtenagentur meldet, daß mehr als 210 ausländische Parlamentarier und andere Persönlichkeiten aus 52 Ländern zur Wahlbeobachtung in Belgrad eingetroffen seien.
24. 9. 2000	Die Präsidentschafts-, Parlaments- und Kommunalwahlen verlaufen friedlich und ohne nennenswerte Zwischenfälle. Die internationalen Wahlbeobachter bestätigen, daß am Wahltag die demokratischen Grundregeln eingehalten wurden.
25. 9. 2000	Während noch keine offiziellen Wahlresultate bekannt sind, verbreiten die konkurrierenden Parteien jeweils zu ihren Gunsten sprechende Ergebnisse. Die EU verständigt sich auf eine gemeinsame Interpretationslinie und auf eine Wahlniederlage von Milošević.
26. 9. 2000	Die Bundeswahlkommission gibt vorläufige Ergebnisse bekannt. Danach entfielen auf Koštunica 48,22 und auf Milošević 40,23 Prozent der Stimmen. Nach Auffassung der Kommission werde eine Stichwahl notwendig sein.
27. 9. 2000	Die Demokratische Opposition Serbiens teilt mit, daß nach ihren eigenen Zählungen 53 Prozent der Wähler für Koštunica gestimmt haben. Koštunica erklärt auf einer Kundgebung, daß die DOS die Wahlen gewonnen habe. Eine 2. Wahlrunde werde es nicht geben.
28. 9. 2000	Die Bundeswahlkommission verkündet das endgültige Ergebnis der Wahlen. Bei einer Wahlbeteiligung von 69,7 Prozent entfielen auf Koštunica 2.474.392 (48,96

Prozent) und auf Milošević 1.951.761 (38,62 Prozent) der Stimmen. Die Kommission kündigt eine 2. Wahlrunde an.
Während der Linksblock, bestehend aus Sozialistischer Partei Serbiens, Jugoslawischer Linken und montenegrinischer Sozialistischer Volkspartei, im Parlament, vor allem dank des Aufrufs der montenegrinischen Regierung zum Wahlboykott, die Mehrheit der Abgeordnetenmandate errang, mußte er in den Kommunalwahlen eine deutliche Niederlage hinnehmen.
Die serbische orthodoxe Kirche erkennt Koštunica als neuen Präsidenten Jugoslawiens an. Die EU erklärt, daß Koštunica eine neue BR Jugoslawien vertritt.

Ende Sept. Anfg. Oktober	Die innenpolitische Lage spitzt sich zu. Die Opposition lehnt eine Stichwahl ab, spricht von Wahlbetrug und ruft das Verfassungsgericht an. Gleichzeitig ruft sie zum Generalstreik auf. Oktober Die serbische Regierung warnt vor subversiven Handlungen. Das Verfassungsgericht lehnt den Einspruch der Opposition gegen eine Stichwahl ab.
5. 10. 2000	Die Opposition organisiert in Belgrad eine Protestdemonstration, in deren Verlauf ein Teil ihrer Anhänger die Gebäude der Bundesskupština und des zentralen Fernsehens stürmt. Die Miliz leistet so gut wie keinen Widerstand, die Armee verbleibt in den Kasernen. EU-Politiker, darunter Kanzler Schröder, rufen die Regierung auf, keine Gewalt anzuwenden. Außenminister Fischer bezeichnet die Ereignisse als „beeindruckende Freiheitsrevolution des serbischen Volkes".
6. 10. 2000	Der russische Außenminister Iwanow führt in Belgrad Gespräche mit Koštunica und Milošević. Das Verfassungsgericht bestätigt überraschend den Wahlsieg von Koštunica. Milošević teilt in einer kurzen Fernsehansprache seinen Verzicht auf das Präsidentenamt mit und beglückwünscht Koštunica.
7. 10. 2000	Koštunica legt vor den Abgeordneten der neugewählten Bundesskupština den Amtseid als Präsident der Bundes-

	republik Jugoslawien ab. Als vorrangige Aufgabe bezeichnet er die Erhaltung des Landes – sowohl hinsichtlich der Union von Serbien und Montenegro als auch Kosovos und Metohiens.
8. 10. 2000	Eine Sprecherin des Auswärtigen Amtes in Berlin bestätigt, daß Deutschland der serbischen Opposition umfangreiche materielle und finanzielle Wahlhilfe gewährte.
11. 10. 2000	Außenminister Fischer erklärt im Bundestag, daß „mit der friedlichen, demokratischen und freiheitlichen Revolution in Belgrad ... der letzte Rest einer kommunistischen Diktatur gefallen (ist)". Ohne das „Eingreifen" der NATO in Kosovo „hätte es garantiert nicht einen Sieg der Demokratie in Belgrad gegeben".
Herbst 2000	Nach der Wahl von Koštunica wird Jugoslawien in kurzer Zeit in die UNO, in die OSZE und in den „Stabilitätspakt für Südosteuropa" aufgenommen. Unterbrochene diplomatische Beziehungen werden wieder hergestellt, die Sanktionen teilweise suspendiert.
23. 10. 2000	Die Parteien der bisherigen Opposition einigen sich mit der serbischen Regierung über vorgezogene Wahlen zum serbischen Parlament und die Bildung einer Übergangsregierung. Während eines Deutschlandaufenthaltes ersucht Zoran Djindjić mit Blick auf die bevorstehenden Wahlen um schnellstmögliche finanzielle und materielle Unterstützung. Er trifft u. a. mit Verteidigungsminister Scharping zusammen.
28. 10. 2000	In Kosovo finden Kommunalwahlen statt, aus denen die von Ibrahim Rugova geführte Demokratische Liga Kosovos (LDK) als Sieger hervorgeht. Aufgrund des Fehlens elementarer Voraussetzungen für freie und demokratische Wahlen boykottieren serbische Parteien den Urnengang.
4. 11. 2000	Die Bundeskupština bestätigt die neue jugoslawische Regierung, die von einer Koalition der DOS und der SNP (Sozialistische Volkspartei Montenegros) getragen

wird. Ministerpräsident Zoran Zizić (SNP) erklärt, daß KFOR und UNMIK die Schuld für die katastrophale Lage in Kosovo tragen. Jugoslawisches Ziel bleibe die Wiederherstellung der Souveränität über das Gebiet.

24. 11. 2000	Das serbische Innenministerium gibt bekannt, daß seit dem KFOR-Einmarsch in Kosovo 1055 Menschen getötet und 983 entführt wurden. Die meisten Opfer seien serbische Zivilisten.
25. 11.2000	Auf einem Außerordentlichen Parteitag der Sozialistischen Partei Serbiens wird Slobodan Milošević als Vorsitzender bestätigt.
23. 12. 2000	Bei den Parlamentswahlen in Serbien gewinnt das Wahlbündnis der DOS eine Zweidrittelmehrheit. Die Demokratische Partei Serbiens (Koštunica) und die Demokratische Partei (Djindjić) erhalten jeweils 45 Sitze, die Sozialistische Partei Serbiens 37.
Anfang Januar 2001	In den NATO-Staaten häufen sich Berichte über Krebsfälle bei Soldaten, die in Bosnien sowie in Kosovo eingesetzt wurden. Die Erkrankungen werden auf den Einsatz von Munition aus abgereicherten Uran (DU) zurückgeführt.
6. 1. 2001	Der jugoslawische Außenminister Goran Svilanović erklärt nach einer USA-Reise, Belgrad sei zu einer Zusammenarbeit mit dem UN-Kriegsverbrechertribunal bereit, wobei ein Prozeß gegen Milošević auf jugoslawischem Boden stattfinden müsse. Der jugoslawische Regierungschef distanziert sich von dieser Erklärung. Er bekräftigte, daß die Verfassung eine Auslieferung jugoslawischer Bürger an fremde Staaten verbiete.
10. 1. 2001	Die NATO und Jugoslawien erneuern den politischen Dialog. Außenminister Svilanović besucht das NATO-Hauptquartier in Brüssel. Ein jugoslawischer Armeesprecher teilt mit, daß an Stellen, an denen die NATO uranhaltige Munition einge-

	setzt hat, eine um mehr als das Tausendfache über dem Normalwert liegende Radioaktivität gemessen wurde.
Mitte Januar 2001	Verteidigungsminister Scharping gerät wegen des Einsatzes von Uran-Munition in Bedrängnis. Einerseits beteuert er deren Unbedenklichkeit und spricht von einem mediengemachten „Hysterie-Syndrom", andererseits beschuldigt er die USA einer ungenügenden Informationspolitik und tritt beim NATO-Rat, erfolglos, für ein Einsatzmoratorium ein.
17. 1. 2001	Gespräche zwischen dem jugoslawischen Staatsoberhaupt Koštunica und dem montenegrinischen Präsidenten Djukanović enden ergebnislos. Während Djukanović für eine internationale Anerkennung der Unabhängigkeit Serbiens und Montenegros und die Bildung eines losen Staatenbundes eintritt, besteht Koštunica auf dem Erhalt der Föderation und wirft „USA-Kreisen" vor, Montenegros Separationsbestrebungen zu ermuntern.
23. 1. 2001	Der Präsident der Roma-Organisation in Kosovo, Haxhi Zulfi Mergja, informiert, daß von den einst 150.000 bis 200.000 Roma nur noch 50.000 in Kosovo leben. Er fordert eine Beendigung der ethnischen Vertreibung. Koštunica empfängt die Chefanklägerin des Haager Jugoslawientribunals Carla del Ponte. Er lehnt eine Auslieferung seines Amtsvorgängers Milošević ab.
24. 1. 2001	In einer Studie der Parlamentarischen Versammlung des Europarates zu den durch den Kosovo-Krieg verursachten Umweltschäden wird eine massive toxische Belastung des Bodens, der Luft und des Wassers in Jugoslawien und in den Nachbarländern festgestellt, was eine deutliche Erhöhung der Sterblichkeit zur Folge haben werde.
25. 1. 2001	Das serbische Parlament wählt Zoran Djindjić zum Regierungschef. Sein Kabinett besteht aus Vertretern der DOS und parteilosen Experten.

30. 1. 2001   Auf Antrag Jugoslawiens verurteilt der UN-Sicherheitsrat gewaltsame Übergriffe der UCBMP in Südserbien.

8. 2. 2001   Koštunica empfängt in Belgrad eine hochrangige EU-Delegation. Die EU verspricht Jugoslawien eine bedeutende ökonomische und finanzielle Unterstützung. Gegen die Delegationsteilnahme von Javier Solana kommt es zu heftigen Protesten.

Personenverzeichnis

Agani, Fehmi 50
Ahtisaari, Martti 24 f., 27, 170, 237
Albright, Madeleine 19 f., 27, 93, 97, 106, 148, 151, 170, 172, 174, 195, 210, 211
Aleksić, Stojanka 133
Annan, Kofi 26, 43, 241

Bagger 28
Bahr, Egon 84, 166, 187
Beer, Angelika 26, 36, 108, 158, 165
Berisha, Sali 65
Biedenkopf, Kurt 181
Blair, Tony 26
Branković, Branko 240
Brecht, Bertolt 179
Brecht, Eberhard 205
Brie, André 226
Brzezinski, Zbigniew 195, 197
Bukoshi, Bujar 63, 142
Bulatović, Momir 242
Bülow, Andreas von 90
Bungarten, Harald 105
Bush, George 195

Calic, Marie-Janine 59
Carrington, Peter 126
Ceaușescu, Nicolae 17
Chirac, Jacques 18

Chomsky, Noam 193
Christopher, Warren 123
Clark, Wesley 28, 175, 178, 196, 199
Clinton, Bill 9, 19, 26 f., 92, 172, 174, 193, 195
Cohen, William S. 177, 222 f.
Cook, Robin 110, 164
Čosić, Dobrica 64 f.
Cremer, Uli 59

D'Alema, Massimo 164
Demba, Judith 52
Dennis, Mark 178
Dienstbier, Jiri 241
Dieterich, Johannes 36
Dizdarević, Raif 58
Djindjić, Zoran 22, 208, 211, 214, 217, 219, 243, 246 f., 249
Djukanović, Milo 207, 218, 240, 242, 248
Drašković, Vuk 211, 243
Dregger, Alfred 122
Drewenkiewicz, Karol 105
Dumas, Roland 123

Eggert, Heinz 90
Eichner, Klaus 145
Eppler, Erhard 166 f.
Erler, Gernot 166

Faligot, Roger 145
Fichter, Tilman 90
Fischer, Joseph 9 f., 15, 19-21, 23-25, 27-29, 31, 34 f., 38, 40, 42, 44, 51 f., 54, 86 f., 106 bis 108, 111 f., 144, 155, 160 bis 162, 165, 167 f., 173, 175, 180, 183, 187, 204, 206, 210 bis 213, 215 f., 218, 221, 225, 235, 240, 244-246
Flounders, Sarah 46
Frankenberger, Klaus-Dieter 163

Gall, Charlotta 178
Gansel, Norbert 122
Gaus, Günter 54 f.
Gehrcke, Wolfgang 47
Geiger, Hans Jörg 145
Gelbard, Robert 146 f., 208 f.
Genscher, Hans-Dietrich 15, 121 bis 123, 125-127, 144, 188
George, Lloyd 24
Gerster, Johannes 90
Gingold, Peter 53
Goebbels, Joseph 44
Grabert, Horst 94, 183, 192
Gremliza, Hermann L. 49
Gutman, Roy 136
Gysi, Gregor 27, 234

Hähle, Fritz 181
Harff, Hartmut 171
Haxhiu, Baton 50
Herzog, Roman 142, 144
Hitler, Adolf 49 f., 52, 83 f., 90, 243
Holbrooke, Richard 93, 96, 102 f., 150, 196

Hombach, Bodo 154, 208, 212
Honecker, Erich 17
Hoon, Geoffrey 222
Höppner, Reinhard 166
Hunzinger, Moritz 217

Ischinger, Wolfgang 29, 116-118, 120
Iwanow, Igor 27, 197, 245
Izetbegović, Alija 125

Jackson, Jesse 236
Jackson, Michael 29, 199
Jelzin, Boris 13, 27, 168-171, 199, 235
Jens, Walter 38 f.
Jeremić, Zoran 191
Johnstone, Diana 81
Jović, Borisav 149, 216

Kalbe, Ernstgert 82
Kanther, Manfred 122
Karádi, Matthias Z. 158
Karadjordjević, Alexander 241
Kielmansegg, J. A. Graf von 90
Kinkel, Klaus 15, 115, 120, 123, 129, 135, 141, 144, 150, 175, 230
Kirchbach, Hans Peter von 223 f., 227
Kissinger, Henry A. 128
Klimmt, Reinhard 166
Koenigs, Tom 155, 158 f.
Kohl, Helmut 15, 123, 126, 128, 135, 149, 231
Kolbow, Walter 177, 179
Korff, Fritz von 30
Körzdörfer, Norbert 17

Koštunica, Vojislav 16, 18 f., 22, 214-218, 243-249
Kouchner, Bernard 240, 242
Kraus, Karl 38
Kujat, Harald 227
Kunckel, Karl-Heinz 181
Küntzel, Matthias 58, 142 f.
Kwaschnin, Anatoli 198

Lafontaine, Oskar 123, 166
Lamers, Karl 26, 90, 116, 120, 122, 126, 159-161, 194
Larcher, Detlev 166
Loquai, Heinz 35 f., 103 f.
Luschkow, Juri 171
Lutz, Dieter S. 36

Mahon, Alice 157
Mappes-Niediek, Norbert 158
Marjanović, Mirko 150
Marjanović, Svetozar 29
Marković, Ante 119
Marković, Mihailo 214
Marschall, Christoph von 17
Meier, Viktor 135 f.
Mergja, Haxhi Zulfi 248
Miloš, Fürst 68, 74
Milošević, Slobodan 9, 16-21, 24, 31, 35, 46, 49 f., 52, 55 bis 57, 66 f., 73 f., 80, 82 f., 93 f., 96, 102, 106, 115, 117 f., 130, 132, 135, 137, 150, 163, 169 f., 175, 190-192, 196, 202, 206 f., 210 f., 214 f., 217 f., 230, 234, 236 f., 240 f., 243-248
Milutinović, Milan 114
Modrow, Hans 113, 226

Mutz, Reinhard 128, 194
Narr, Wolf-Dieter 83, 183
Naumann, Klaus 28, 37, 107, 137-139, 221, 223
Newhouse, John 125

Odermann, Heinz 45
Ortuño, Juan 241
Oskar, Prinz von Preußen 90

Pavle, Patriarch 131
Peach, Norman 85
Pérez de Cuéllar, Javier 125
Perošević, Boško 241
Pflüger, Tobias 176
Pinter, Harold 192
Ponte, Carla del 242, 248
Pradetto, August 88, 200
Primakow, Jewgeni 169, 233
Prlinčević, Čedomir 156
Pumphrey, Doris 48
Pumphrey, George 48

Rathfelder, Erich 135 f.
Reents, Jürgen 37
Reifenrath, Roderich 37
Reinhardt, Klaus 154, 239, 241
Richter, Wolfgang 182
Robertson, George 222, 241 f.
Rohloff, Joachim 23
Rose, Jürgen 91
Rossum, Walter van 83
Roth, Roland 183
Rubin, James 147
Rugova, Ibrahim 50, 63-65, 141 f., 230, 234, 246
Rühe, Volker 32, 92, 122
Rühl, Lothar 174, 177

Rupp, Rainer 171

Saña, Heleno 192
Schäfer, Paul 138
Scharping, Rudolf 9 f., 23 f., 26, 28 f., 32, 34-36, 39, 42 f., 49, 51 f., 54-57, 59, 66, 73 f., 81 f., 86 f., 93, 102, 107, 152 f., 166 f., 175, 179 f., 183, 187, 204-206, 217 f., 221, 223, 227 f., 233-235, 244, 246, 248
Schäuble, Wolfgang 90, 136
Scheer, Hermann 106, 166
Schmeljow, Boris 196
Schmidt, Christian 19
Schmidt-Eenboom, Erich 145
Scholz, Rupert 189
Schreiner, Ottmar 166
Schröder, Gerhard 8, 15, 22 f., 25, 28 f., 33, 35, 38, 48, 54, 87, 92, 107, 154 f., 165-168, 170, 180 f., 183, 187, 204, 218, 221, 233 f., 236, 238, 243-245
Schumann, Michael 88
Schwarz-Schilling, Christian 90, 190
Shea, James 49
Sjuganow, Genadi 171
Sokolwski, Kay 50
Solana, Javier 10, 28, 96, 98, 131 f., 163 f., 222, 249
Spoo, Eckart 45 f., 51
Stalin, Jossif Wissarionowitsch 50, 52
Standke, Olaf 214
Stefanović, Obrad 29

Steiner, Michael 22, 29, 165
Stolpe, Manfred 166
Ströbele, Hans Christian 27
Struck, Peter 26 f., 41
Strutynski, Peter 167
Stützle, Walter 23, 29
Svilanović, Goran 247 f.

Talbott, Strobe 27
Thaci, Hashim 239
Thomas, Timothy L. 178
Tito, Josip Broz 57, 216
Tschernomyrdin, Viktor 24, 27, 169-171, 235-237
Tucker, David 197
Tudjman, Franjo 122

Vack, Klaus 183
Vedrine, Hubert 110
Verheugen, Günter 139 f.
Voigt, Karsten 129, 135

Walker, William 36, 102, 104 f., 231
Weizsäcker, Richard von 227
Whitley, John 145
Willmann, Helmut 28, 153, 227 f.
Wimmer, Willy 96, 102 f.
Wöhlert, Torsten 194
Woit, Ernst 48
Wolf, Winfried 179
Wolffsohn, Michael 138

Zizić, Zoran 247
Zweig, Arnold 55
Zwerenz, Gerhard 139 f.